Lauingers

Eine Familiengeschichte aus Deutschland

Umschlag vorn:
Artur und Wolfgang Lauinger im Juni 1939

Alle Abbildungen im Buch stammen aus Privatbesitz.

Die Deutsche Nationalbibliothek verzeichnet diese Publikation in der Deutschen Nationalbibliografie; detaillierte Daten sind im Internet über https://portal.d-nb.de/ abrufbar.

Inh. Dr. Nora Pester
Wilhelmstraße 118, 10963 Berlin
info@hentrichhentrich.de
http://www.hentrichhentrich.de

Lektorat: Christoph Schneider
Gestaltung: Barbara Nicol

1. Auflage 2015

Printed in the E.U.
ISBN 978-3-95565-080-3

Bettina Leder

Lauingers

Eine Familiengeschichte aus Deutschland

Mit einem Vorwort von Volker Beck

Reihe
»Jüdische Memoiren«
Herausgegeben von Hermann Simon
Band 26

HENTRICH & HENTRICH

Vorwort

Dieses Buch erzählt die Geschichte des jüdischen Journalisten Artur Lauinger und seines Sohnes Wolfgang. Er blieb, als sein Vater 1939 nach London emigrierte, im „Deutschen Reich“ zurück. Zwei Jahre später wurde er als Mitglied einer Gruppe von Swingkids verhaftet. Schon damals hatte die Gestapo den Verdacht, Wolfgang Lauinger wäre homosexuell. Einer seiner Freunde, Franz Kremer, wurde wochenlang verhört und gefoltert, um ein entsprechendes Geständnis zu erzwingen, aber der damals 15-Jährige sagte nicht, was die Gestapo hören wollte. So wurde Wolfgang Lauinger am Ende wegen des Besitzes von einem Stück Leder verurteilt. Er verdankt Franz Kremer vermutlich sein Leben: Schwul und Sohn eines Juden – das hätte KZ bedeutet.

Den Mai 1945 hat Wolfgang Lauinger als Befreiung erlebt. Aber er irrte sich: Für schwule Männer brachte die Befreiung keine wirkliche Freiheit. 1950 wurde er zum zweiten Mal verhaftet. Der § 175 bestand in der von den Nationalsozialisten verschärften Form fort. Schwule Männer konnten weiter inhaftiert werden, nun in Gefängnissen des Rechtsstaates Bundesrepublik Deutschland. Menschen wurden bespitzelt, verhaftet und als Verbrecher behandelt, nur weil sie anders liebten als die Mehrheit. Ein bloßer Verdacht auf „widernatürliche Unzucht“ konnte Existenzen vernichten. Der deutsche Staat hat auch nach 1949 einer ganzen Bevölkerungsgruppe das Recht auf ein selbstbestimmtes Leben verweigert. Homosexuelle wurden weiter geächtet, Menschen um ihr Lebensglück betrogen.

Erst am 1. September 1969 wurde die generelle Strafbarkeit der Homosexualität unter erwachsenen Männern in der Bundesrepublik aufgehoben. Die damalige große Koalition hat § 175 StGB aber nicht gestrichen. Homosexualität galt weiter als sittenwidrig und als Übel, das staatlich überwacht und eingedämmt werden sollte. Für homosexuelle Handlungen wurde ein deutlich höheres Schutzalter festgelegt als für heterosexuelle. Eine ähnliche Bestimmung bestand von 1968 bis 1989 auch in der DDR.

Es dauerte noch einmal 25 Jahre, bis die strafrechtliche Sonderbehandlung von Homosexualität in der Bundesrepublik 1994 endgültig beseitigt wurde. Bis heute kämpfen die Opfer der menschenrechtswidrigen Strafverfolgung nach § 175 StGB und anderer einschlägiger Bestimmungen gegen Homosexualität um ihre Rehabilitierung und Entschädigung. Im Bundestag wird das bis heute von CDU und CSU blockiert. Im Jahr 2000 hat der Deutsche Bundestag in einer einstimmig angenommenen Resolution anerkannt, „dass durch die nach 1945 weiter bestehende Strafdrohung homosexuelle Bürger in ihrer Menschenwürde verletzt worden sind." 2002 wurden die unter der NS-Diktatur nach § 175 StGB Verurteilten gesetzlich rehabilitiert. Für die Opfer der antihomosexuellen Sondergesetze nach 1945 steht dieser Schritt noch aus. Er muss jetzt endlich gegangen werden.

Ich hoffe, dass das Buch über Wolfgang Lauingers Leben dazu einen Beitrag leisten kann. Die strafrechtliche Verfolgung von Homosexualität war von Anfang an menschenrechtswidrig, ein monströser Schandfleck unseres Rechtsstaates – auch wenn der Gesetzgeber und selbst das Bundesverfassungsgericht dies lange Zeit nicht erkannt haben.

Ich danke Wolfgang Lauinger für seine Stärke, uns an seinem Lebensschicksal Anteil nehmen zu lassen.

Volker Beck
Mitglied des Deutschen Bundestages

Einleitung

1

Wolfgang Lauinger lernte ich kennen, als ich 2001 zusammen mit Kollegen des Frankfurter Fritz Bauer Instituts eine Ausstellung vorbereitete, die am Beispiel Hessens von der Ausplünderung der jüdischen Bevölkerung im Nationalsozialismus erzählt – von Sondersteuern und Zwangsabgaben, der Beschlagnahmung von Bibliotheken, der Entziehung von Kunst, der Enteignung von Fabriken, schließlich von den Versteigerungen, auf denen die letzten Habseligkeiten der Deportierten – Porzellan, Wäsche, Besteck, Möbel, Kinderspielzeug – „unter großer Anteilnahme der Bevölkerung" veräußert wurden.

Was zeigt man in einer Ausstellung, die von „verschwundenen" Dingen erzählt? Dokumente und auch einige Fotos hatten wir gefunden. Aber eine Ausstellung ohne Objekte? Ich erzählte einem Kollegen davon. „Geh zu Wolfgang Lauinger", sagte er, „er kann Dir helfen."

Ich rief Wolfgang Lauinger an. Er musste mindestens 70, wenn nicht 80 Jahre alt sein, aber die Stimme am Telefon klang so jung. „Ich möchte Herrn Wolfgang Lauinger sprechen", sagte ich noch einmal. „Ja", sagte der Mann am anderen Ende der Leitung belustigt, „das bin ich".

Er lud mich ein. Wir hatten vergessen, ein Kennzeichen zu vereinbaren, aber er stand vor mir, kaum dass ich aus dem Zug gestiegen war. „Gnädige Frau", sagte er und verneigte sich formvollendet, „leider war ich zu spät und habe es nicht geschafft, den roten Teppich auszurollen, aber fühlen Sie sich willkommen". Ich sah in junge, helle

Augen, in denen Vergnügen blitzte und Schabernack. Er führte mich zu seinem Auto, einem alten, geländetauglichen Volkswagen. Ich wunderte mich.

Unterwegs versuchte ich, aus dem Fenster zu sehen: Wir fuhren durch ein kleines Dorf, eine schmale Straße schlängelte sich bergauf, bergab durch die Landschaft. Er bog von der Straße ab. Ein asphaltierter Weg führte vorbei an einem einsamen Hof, es ging steil hinauf, und plötzlich war der Blick frei über eine Hochebene: ein paar Häuser in der Ferne, auf einem Hügel eine Burg, einzelne Baumgruppen, Wiesen mit unzähligen Blumen und Felder bis zum Horizont: ein Idyll; aber nun hatte ich einen Satz verpasst und verstand nicht mehr, was er gerade erzählte. Seit wir ins Auto gestiegen waren, erzählte Wolfgang Lauinger ununterbrochen Geschichten, ich konnte ihm kaum folgen. Meine Irritation wuchs: Wie alt mochte er sein?

Der Wagen begann zu rumpeln. „Hier möchte ich einmal begraben werden", sagte er und zeigte auf eine uralte, gewaltige Eiche, die den darunter liegenden jüdischen Friedhof versteckte. Der Weg, über den wir fuhren, war voller Schlaglöcher und nahm bedrohlich scharfe Kurven, bevor er, zum Trampelpfad geworden, noch einmal steil anstieg.

Wolfgang Lauingers Haus steht am Ende der Hochebene, da, wo der Hang steil hinunterstürzt in ein schmales Tal, durch das sich die Lahn schlängelt; ein Hexenhäuschen mit einer steilen Treppe hangabwärts ins Erdgeschoss. Damals, als wir uns kennen lernten, sprang er sie noch hinunter, während ich ihm zögernd folgte. Heute geht er sie vorsichtiger, aber noch immer, auch mit 93 Jahren, ist er ein beweglicher Mensch. Wenn ich ihn besuche, hört er mich meist nicht mehr kommen; er sitzt – wenn es kühl ist, in eine dicke Jacke gehüllt – auf seinem Balkon auf einer Höhe mit den Baumwipfeln, legt eine Patience oder liest. Immer liegen Bücher herum, und immer muss er in unseren Gesprächen aufspringen, etwas vorlesen, fragen, wie ich eine Stelle verstehe oder sich über Unfug empören; und er mag sich streiten. Darf man gegen Nazis mit Gewalt vorgehen? Ist es richtig, neonazistische Organisationen zu verbieten? Sage ich ja, sagt er nein und umgekehrt: Die Sache muss verstanden werden und hat mehr als eine Seite.

Auch damals, als wir uns kennen lernten, saßen wir auf seinem Balkon, und Wolfgang erzählte: Von seinem Vater Artur, der 1879 als Sohn einer jüdischen Hopfenhändlerfamilie in Augsburg geboren und ein bekannter Redakteur der renommierten *Frankfurter Zeitung* geworden war; von seiner christlichen Mutter, die die Kinder nach der Trennung der Eltern nicht „Mutter" nennen durften, weil niemand ihr Alter erraten sollte; von Streitigkeiten mit Herbert, Wolfgangs älterem Bruder, der dem Vater nach 1933 „Blauäugigkeit" vorgeworfen hatte; von der Entlassung des Vaters bei der *Frankfurter Zeitung* und wie er Deutschland um keinen Preis hatte verlassen wollen; von dem Stuhl, auf dem ich saß und der der Versteigerung entgangen war.

Wolfgang erzählte ohne Rücksicht auf ein vorher und nachher; die Sätze verliefen sich ohne Punkt und Komma in immer neuen Sätzen und anderen Geschichten – ich verstand vieles nicht, und wenn eine Erzählung etwas ist, das vom Anfang auf ein Ende zuläuft, ein in sich geschlossenes Ganzes von „vorher" und „nachher", dann erzählte Wolfgang damals nicht: Er war ein Erzähler ohne Ruhe, der durch das Leben zu rennen schien.

Wir saßen bis in die tiefe Nacht zusammen zwischen Bergen von Dokumenten, die er herbei geholt hatte: Die Listen, die Artur Lauinger vor seiner Emigration für das Finanzamt geschrieben hatte und die bis zum letzten Kaffeelöffel verzeichnen, was er in die Emigration hatte mitnehmen wollen; was er mitnehmen durfte, darüber entschied das Amt. Gedichte im Ton von Heineliedern,

Gedichte, die im wilhelminischen Patriotismus erstickten, Heldengesänge; ein Artikel, in dem sich Artur Lauinger als älterer Herr über diese Verse lustig macht. Zum Abschied gab mir Wolfgang die unveröffentlichten Lebenserinnerungen seines Vaters, die er mit der Unterstützung eines Freundes hatte veröffentlichen wollen; es war ihm nicht gelungen. „Lesen Sie sie“, sagte er, „vielleicht fällt Ihnen etwas ein, wie man sie veröffentlichen könnte.“

2

Artur Lauingers Erinnerungen sind für seine Söhne bestimmt: Sie „sollen wissen, woher Sie kommen“. Und so verweist er gleich zu Beginn auf ein Dokument aus dem Münchner Staatsarchiv, das belegt, wie lange die Familie schon in Deutschland ansässig ist. In Folge einer Vertreibung, hinter der man die „Rintfleischverfolgung“ vermuten kann, gelangte sie 1300 von Lauingen an der Donau nach Binswangen, wo Artur Lauingers Vater Heinrich 1848 geboren wurde. Doch was wie eine weit ausholende Familiengeschichte beginnt, erzählt kaum etwas von den aus Koblenz stammenden Liebmanns, der Familie seiner Mutter Flora, oder von der Familie Lauinger, seinem Großvater Marx und dessen Frau Emilie (Emilia, Esther), geborene Binswanger.

Hat Artur Lauinger gewusst, dass sein Urgroßvater, Jakob Löb Binswanger, am 25. April 1848, als die Urwahlen für die Nationalversammlung in Frankfurt am Main stattfanden, Wahlmann wurde und zwar nicht nur mit den Stimmen der in Binswangen lebenden Juden, sondern auch mit 20 Stimmen ortsansässiger Christen[1]? Jakob Löb Binswanger scheint ein politisch interessierter und engagierter Mann gewesen zu sein, der offensichtlich auch die Anerkennung eines Teils der christlichen Einwohner des Ortes besaß und er hat wohl zu denen gehört, die die Hoffnung auf rechtliche Gleichstellung und Emanzipation mit der Hoffnung auf die Einigung des Vaterlandes verbanden. Der national gesonnene Artur Lauinger hätte sich mit diesem Urgroßvater vermutlich identifiziert und ihn in seinen Erinnerungen erwähnt, wenn er von ihm gewusst hätte.

Noch das 1813 in Bayern erlassene so genannte Emanzipationsedikt hatte in Artikel 12 bestimmt, dass „die Zahl der Judenfamilien an den Orten, wo sie dermal bestehen, nicht zu vermehren ist, sie soll vielmehr nach und nach vermindert werden, wenn sie zu groß ist“[2]. Die bayerische Regierung hatte, um dieses Ziel zu erreichen, so genannte Matrikelnummern eingeführt. Nur wer eine solche Nummer besaß, hatte das Recht, sich an einem bestimmten Ort niederzulassen. Erworben werden konnte sie beispielsweise für einen Mann durch die Heirat einer Witwe. Da die Anzahl der an einem Ort immatrikulierten Juden nicht zunehmen sollte, musste ein Teil der Kinder in der Regel den Ort verlassen; viele wanderten aus.

Was wäre aus Marx' und Emilies Kindern, Arturs Vater Heinrich und seinen Geschwistern Leopold, Julius, Max, Jacob und Rosa geworden, wäre nicht 1861 das Gesetz geändert worden? Nun erst erhielten Juden innerhalb Bayerns das Recht auf Freizügigkeit und sehr schnell packte viele die „Übersiedlungslust“[3]. Marx Lauinger, Arturs Großvater, Schwiegersohn Löb Binswangers, ging mit seiner Frau und den Kindern nach Augsburg, das „eine Sogwirkung auf das wirtschaftlich gehobene Judentum in den übrigen schwäbischen Gemeinden“[4] ausübte. Dort starb am 4. März 1878 Emilie Lauinger, die gerade noch die Verheiratung ihres ältesten Sohnes Heinrich mit Flora Liebmann, Arturs Mutter, erleben konnte. Der 1879 geborene Artur hat seine Großmutter also nicht mehr kennengelernt.

Nur an einer Stelle der Erinnerungen scheint etwas von der Atmosphäre auf, in der das Kind Artur aufwuchs; darüber hinaus erscheinen der Großvater und der Vater lediglich als Geschäftsleute, die den von den Vorfahren ererbten Hopfenhandel erfolgreich weiter betreiben und um Geschäftsniederlassungen in Nürnberg und Saaz erweitern. Als Personen bleiben die beiden Männer wie auch die Geschwister des Vaters undeutliche Schemen. Einmal erwähnt er beiläufig die liberale Religionsauffassung der Familie, aber der Leser erfährt nichts darüber, was dies bedeutete, nichts über die Beziehungen der Familienmitglieder untereinander, über das gesellschaftliche und religiöse Leben, über Fest- und Feiertage. Auch die Mutter Flora erscheint nur am Rand.

Wie nah war Artur Lauinger seine Herkunft, die eigene Vorgeschichte? Hat jemand dem Heranwachsenden von seiner Familie erzählt? Vermutlich nicht. Heinrich Lauinger starb 1889. Flora übersiedelte nach seinem Tod und einem Zerwürfnis mit der Familie Lauinger 1891 mit ihren Kindern in die Schweiz; gut zwei Jahre später kehrte sie nach Deutschland zurück und gab ihre Söhne Artur und Hans „in Pension" nach Karlsruhe: „Das Karlsruher Milieu bedeute für uns Jungens … eine von manchmal kaum verhülltem Antisemitismus (die Professorin!) praktisch doch stark geförderte Assimilation. Es war das voranschreitende Aufgehen, die Anpassung an eine auch in liberalen jüdischen Kreisen damals noch fremde Lebensauffassung."

In kurzer Zeit hatte der 10-Jährige erst den Vater, dann die vertraute Umgebung, die Großeltern, die Onkel und Tanten, die Nichten und Neffen, mit denen er in Augsburg und Nürnberg nah zusammen gelebt hatte, verloren. In seinen Erinnerungen erzählt Artur Lauinger seinen Söhnen nichts von den Empfindungen des Kindes nach diesem Verlust, und es gibt im Grunde auch keine Reflexion darüber, was dieser Einschnitt für sein Leben bedeutet hat. Was er dagegen berichtet: Sein in Nürnberg lebender Onkel und Vormund Leopold Lauinger „veranlasste" nach der Übersiedlung in die Schweiz „die Ausbürgerung sämtlicher Kinder seines Bruders Heinrich aus Deutschland." Diese Ausbürgerung bewegt ihn, er kommt immer wieder darauf zu sprechen. „Ich fühlte mich an der Ausbürgerung völlig schuldlos", schreibt er über den 21-Jährigen, der Militärdienst leisten wollte, aber wegen seiner Staatenlosigkeit in Berlin zurück gewiesen wurde, „ich empfand sie als einen ganz ungerechtfertigten und willkürlichen Eingriff in die Rechte einer alten Heimatzugehörigkeit". Und so leistete er Militärdienst, nachdem ihn ein Münchner Regimentswachtmeister „selbständig zum ‚Bayern'" ernannt und ihm einen bayerischen Wehrpass ausgestellt hatte, mit dem er dann auch am Weltkrieg teilnahm – immer begleitet von der Sorge, irgendjemand könnte entdecken, dass er „kein deutscher Reichsangehöriger" sei.

Es ist, als hätte sich die Heimat, das Vaterland, an die Stelle des Vaters gesetzt. Aber die reichsdeutsche Staatsbürgerschaft hatte es zu der Zeit, als Artur Lauinger staatenlos geworden war, nicht gegeben: Er war Bayer gewesen. Die Erinnerungen unterliegen unausgesprochen den Erfahrungen des 60-jährigen Mannes, dem tatsächlich die „Reichsbürgerschaft genommen" wurde.

3

Was Artur Lauinger seinen Söhnen erzählt, ist die Geschichte eines *Selfmademan*: So hatte ihn Albert Oeser in der Abschiedsrede genannt, die er seinem Kollegen am Tag seiner Entlassung bei der *Frankfurter Zeitung* gehalten hatte. Vermutlich hatte Oeser dabei im Blick, dass Artur Lauinger sich sein Ressort für Versicherungsangelegenheiten selbst geschaffen hatte. Aber für Artur Lauinger berührte das Wort mehr als seinen Beruf: Als erster in seiner Familie hatte er sich „von der jahrhundertealten Tradition der Kaufleute Lauinger" getrennt, und so will er seinen „Söhnen und denen, die ihnen folgen mögen, ... zeigen, wie aus sich selbst heraus, ohne jede Anknüpfung an die Arbeit der Vorfahren, ein erfülltes Leben wachsen kann. ...Wie jeder frei gewählte Weg in das Leben ein Weg der Irrgänge ist, bis die Erfahrung und die innere Kraft, die von den Vorfahren gekommen ist, die in der alten Kultur einer Familie sich bildete, ... zu raschem Aufstieg eines persönlichen Lebens führen kann und dass diese Kraft stark genug sein muss, dem Einzelnen – über die Wünsche und Hoffnungen eines begrenzten Lebens hinweg – das Recht zu schaffen, ein geachtetes Glied einer großen Gemeinschaft im Rahmen der von der eigenen Natur gezogenen Grenzen zu sein."

Das ist das Zentrum des 300 Seiten langen Manuskripts: Die Schilderung seines beruflichen Werdegangs und seiner Tätigkeit als Redakteur bei der *Frankfurter Zeitung* nimmt mehr als ein Drittel seiner Erinnerungen ein; ähnlich umfangreich ist nur noch die Erzählung aus dem Ersten Weltkrieg. Doch den Tag seiner Entlassung am 30. Juni 1937 und die genauen Umstände, wie es dazu gekommen war, schildert Artur Lauinger nicht. Nur Oesers Rede erwähnt er, auch dass sich die „Geschäftsführung der *Frankfurter Zeitung* auf eine sehr anständige Weise" wirtschaftlich mit ihm verständigt habe, dass ihm viele Kollegen ihre Achtung versichert hätten, dass er ihnen gedankt habe: Sein Ausscheiden vollziehe sich „ohne jede Enttäuschung".

Er hatte mit angefüllten Tagen gelebt, war dreißig Jahre lang früh morgens aus seiner Wohnung in die Redaktion gegangen, war gereist, in allen Vorstandsetagen bekannt; er hatte die Börse und Konferenzen besucht, in den zwanziger Jahren gegen „Koryphäen des Schwindels", „Bluffer und Blender" gekämpft: Er war zum „Kriminalredakteur" geworden; er hatte in Gerichtssälen gesessen, Interviews und Hintergrundgespräche geführt, recherchiert, geschrieben. Seine Arbeit war anerkannt: Er war Vorsitzender des Redaktionsausschusses und des Vereins Frankfurter Presse geworden. Nach der Aufdeckung des Favag-Skandals war er 1929 zum Beirat des Reichsaufsichtsamtes für Versicherungswesen berufen und 1932 – im Goethejahr – mit der Goetheplakette der Stadt Frankfurt geehrt worden: ein erfolgreiches Leben. Er war „ein geachtetes Glied einer großen Gemeinschaft", dessen Pflichtbewusstsein, Loyalität und Treue weit reichten: Nachdem er als Weltkriegsteilnehmer 1933 von der ersten großen Entlassungswelle „verschont" worden war, hatte er 1935 seine Funktion als Schriftleiter verloren; 1936 war ihm eröffnet worden, dass man ihn entlassen werde. Noch ein Jahr lang gab er sein Wissen an seinen Nachfolger weiter, führte ihn in die Vorstandsetagen, vermittelte ihm seine Kontakte; dann ging er.

Nach seiner Entlassung stand er „halbleer". Er tat, was er immer getan hatte – er schrieb, aber nun seine Erinnerungen. Es ist charakteristisch, dass ihm kein Wort der Klage über die Lippen kommt – das hatte er sich „zum Gesetz gemacht": „Geistig bin ich ein Kind der ersten deutschen Blütezeit nach 1800", schreibt er, und in der Tat war er in mancher Hinsicht ein Mann des 19. Jahrhunderts. Die Haltung, nicht zu klagen, gehört dazu wie die Wertschätzung von Tugenden wie Anstand und Treue – Treue vor allem gegenüber dem Vaterland und seinen Gesetzen; auch eine grundsätzliche Zurückhaltung im Bereich des Privaten und der Gefühle. Trotzdem ist es nicht schwer zu verstehen, dass die Niederschrift seiner Erinnerungen für Artur Lauinger – um ein Wort zu benutzen, das er nie in den Mund genommen hätte – eine Art Therapie war; Selbstversicherung. Der Mann, der im Zeitalter der Assimilation aufgewachsen war, durch die besonderen Umstände seines Lebens die Bindung an die jüdische Welt verloren und alles getan hatte, um sich seiner Umwelt anzupassen, der sich selbst als Deutscher verstanden hatte, war plötzlich zum Juden gemacht worden.

Die Erinnerungen machen einen wilhelminisch geprägten Mann mit präzisen Vorstellungen von Moral und Verantwortung kenntlich, an denen er auch die Wirtschaft, den Gegenstand seines journalistischen Schreibens, misst; einen Menschen, der als Deutscher unter Deutschen leben will und dem „kein Preis … zu teuer (ist), wenn erreicht werden kann, daß dieses deutsche Volk aus dem Massenelend der Krisen und Arbeitslosigkeit, des Minderwertigkeitsgefühls von Millionen, der Zerstörung seiner Jugend herausgerissen werden kann."

4

Artur Lauinger hat seine Erinnerungen in den 50er Jahren veröffentlichen wollen. Was mag die Triebfeder seines Wunsches gewesen sein? Vielleicht sah er, dass seine Lebenserinnerungen mehr waren, als *seine* Erinnerungen. Vielleicht wollte er denen ein Denkmal setzen, die wie er leidenschaftlich an Deutschland gehangen, sich mit ihrem Vaterland identifiziert hatten und nicht zurückgekehrt waren? Die meisten waren ermordet und von denen, die überlebt hatten, blieben viele in ihren Exilländern oder wanderten nach dem Krieg aus: Die Welt der deutschen Juden war untergegangen.

Als Artur Lauinger, der im Exil in ungesicherten, finanziell kärglichsten Verhältnissen gelebt hatte, zurückkehrte, kann er sich nicht willkommen gefühlt haben. Keine seiner drängenden Fragen wurde beantwortet. Seine Peiniger waren „verschwunden". Das Schicksal seines Bruders Hans ließ sich über Jahre nicht aufklären. Der berufliche Neuanfang für den nun fast Siebzigjährigen war schwer, sein Leben finanziell nicht wirklich gesichert.

Fast bis zu seinem Tod kämpfte er um seine „Wiedergutmachung“; oft genug muss er sich als Bittsteller vorgekommen sein. Vielleicht war der Traum von der Veröffentlichung für ihn auch ein Traum von der Wiedereinsetzung in seinen alten Stand als erfolgreicher, anerkannter Redakteur?

Das Manuskript gibt viele Fragen auf: Das Original ist nicht überliefert, lediglich Durchschriften und Kopien der Durchschriften. Manche Seiten weisen deutliche Bearbeitungsspuren auf, so unter anderem an der Stelle, an der es um seine Entlassung geht: Seiten wurden auseinander geschnitten und neu zusammen geklebt. Ob Artur Lauinger selbst oder andere Personen in das Manuskript eingegriffen haben, darüber kann man nur Vermutungen anstellen. Unklar ist zudem, wer die bestehende Anordnung des Manuskripts hergestellt hat.

Durch textimmanenten Vergleich wird deutlich, dass das Manuskript mehrfach und zu verschiedenen Zeiten bearbeitet wurde: Der größte Teil ist in der Zeit nach seiner Entlassung, also ab Juli 1937, und vor seiner erzwungenen Auswanderung im Sommer 1939, entstanden. In diesen Teil wurden nachträglich früher und später geschriebene Texte eingefügt. Einige kürzere Passagen sind in der Emigration geschrieben worden, andere erst in den 50er Jahren.

Wenn ich die Spuren dieser Bearbeitungen richtig lese, hat Artur Lauinger gespürt, dass sein Manuskript „unfertig“ war, an kein Ende kam. Wie hätte es dieses Ende auch finden können? Die gelingende Geschichte des *Selfmademan* konnte nicht mit der Entlassung bei der *Frankfurter Zeitung* enden. So fügt er der Entlassung, die in der Mitte des vorliegenden Manuskripts steht, Erinnerungen an seine Zeit als Freimaurer und Porträts von Menschen an, denen er im Lauf seines Lebens begegnet war – Erlebnisse und Erfahrungen, die zurückführen zu dem, was er schon geschildert hat, zu seiner erfolgreichen Berufslaufbahn, zu der Anerkennung, die ihm entgegengebracht worden war. Die bis dahin chronologische Erzählung stockt, die Wiederholungen verstärken den Zug einer bis ins Behäbige reichenden Selbstzufriedenheit, die manchmal schwer erträglich ist. Es scheint, als sei Artur Lauinger erstarrt in seinem Selbstentwurf als Deutscher und als erfolgreicher Journalist; an die Stelle der Erzählung treten Redundanz, Beschwörung und Mystifikation. Und doch sind es gerade diese Momente, die den Text über sich und die Intention, den Söhnen ein gelingendes Leben zu beschreiben, hinausschießen lassen: Sie zerplatzt wie eine Seifenblase, und daneben steht eine ganz andere Erzählung, die aus Buchenwald berichtet und sich in dem Textganzen nicht integrieren lässt. Artur Lauinger, der an sich als einen routinierten Schreiber gewöhnt war, wird mit dem Text, das heißt aber hier, mit seinem Leben, nicht mehr fertig. Jenseits seiner Beschwörungen, dass ihn nie das Gefühl überwältigen werde, Schweres zu erleiden, lese ich aus seinen Texten Verzweiflung.

5

Hat Artur Lauinger den Nationalsozialismus gerechtfertigt? Warum hat er seinen Sohn 1939 in Deutschland zurück gelassen? Diese Fragen trieben Wolfgang Lauinger um, als er mir das Manuskript seines Vaters übergab. Sie waren der immer wiederkehrende Ausgangspunkt von Interviews, die ich zehn Jahre lang mit ihm führte und auf die er immer neue Antworten versuchte und bis heute sucht.

Im Lauf dieser Gespräche erzählte er mehr und mehr aus seinem eigenen Leben. Es waren Erzählungen von einem anarchistischen Kind, das Ungerechtigkeit und Bevormundung nicht ertragen hatte, Anekdoten von einem aufsässigen jungen Mann, der zusammen mit anderen 1940 mitten in Frankfurt in einem Caféhaus Swing gehört hatte, der die Gestapo an der Nase herum geführt und seinen Freund Josef aus der Haft befreit hatte, einem Abenteurer, der nach dem Krieg davon träumte, mit einem Kahn über den Großen Teich zu fahren und Deutschland für immer den Rücken zu kehren. Obwohl ich in diesen Erzählungen den alt gewordenen Mann, der mir gegenüber saß, gut wieder erkannte, wollte sich vieles über lange Zeit nicht zusammen fügen. Erst zwei Jahre nach dem Beginn unserer Gespräche zeigte mir Wolfgang Lauinger ein Dokument: Während er 1950 acht Monate lang ohne Anklageschrift in Untersuchungshaft gesessen hatte, hatte Artur Lauinger in einem parallel laufenden Prozess, in dem es eigentlich um seine Wiedergutmachung gegangen war, eine nach § 175 straffähige Beziehung seines Sohnes zu Protokoll gegeben.

Erst jetzt begann ich zu verstehen, dass auch Wolfgang Lauinger über seine Erzähllust hinaus ein verschwiegener Erzähler ist: kein Wort über Gefühle der Trauer, Furcht, Wut, Demütigung und Ohnmacht.

Mir schien, dass ich versuchen müsste, diese Verschwiegenheit in die Erzählweise der Geschichte aufzunehmen und eine Erzählform zu finden, die den Respekt vor „meinen Helden" ausdrückt, nicht urteilt, nicht psychologisiert. So wird die Geschichte von acht Personen erzählt. Haupterzähler sind Artur und Wolfgang Lauinger, beide erzählen – wie alle anderen Erzähler des Buches – in der Ich-Form:

Elisabeth Bamberger war die Mutter von Wolfgangs bestem Kindheitsfreund Franz: Die beiden waren ungefähr zwischen ihrem 10. und 15. Lebensjahr unzertrennlich, Wolfgang war oft im Haus der Familie Bamberger zu Gast.

Auf der Suche nach Franz las ich 2004 die „Wiedergutmachungs"-Akten der Familie Bamberger – Akten, die die ungeheuerliche und bis heute nicht aufgearbeitete, zutiefst fragwürdige Geschichte dessen, was man in Deutschland bis heute „Wiedergutmachung" nennt, vor Augen führen. Darin fand ich einen Text von Elisabeth Bamberger, den sie im amerikanischen Exil 1946 für ihre Kinder geschrieben hatte: Hier erzählt sie ausführlich von den Jahren vor und nach 1933. In ihrer Erzählung, aus der ich für das vorliegende Buch einige Teile in gekürzter Form ausgewählt habe, scheint etwas auf von der Vorstellungswelt des linksliberal orientierten jüdischen Großbürgertums: ein Kontrast zu Artur Lauingers Sehweise.

Herbert Berry Westenburger ist ein Jugendfreund Wolfgangs aus den Jahren 1936 bis 1939: Die beiden lernten sich im Kreis der damals schon verbotenen Bündischen Jugend kennen. Wie für Wolfgang war auch für ihn der Freundeskreis, nicht die Familie das Zentrum seines Lebens. Seine Mutter, eine evangelische Christin, galt im Nationalsozialismus als „Halbjüdin". Sein Verhältnis zu seinem Stiefvater, einem überzeugten Nationalsozialisten, war äußerst angespannt. Er erzählte mir 2010 in drei Interviews aus seinem Leben. Auf der Basis dieser Gespräche schrieb ich seinen Text.

Auch *Carlo Gramlich* war schon früh mit Wolfgang befreundet. Auf einem der sehr wenigen Fotos, die aus den 30er Jahren erhalten sind, sieht man ihn zusammen mit Wolfgang, Wilfried Swarzenski und anderen Freunden. Wie Wolfgang gehörte er zu den Frankfurter Swing-Jugendlichen, die von der Gestapo verfolgt wurden. Nach dem Krieg hat er im Rahmen eines Spruchkammerverfahrens gegen den Gestapo-Mann Baldauf ausgesagt. Auf der Basis dieser Aussagen entstand sein Text im Manuskript.

Josef Steingass hat Wolfgang in vielfältiger Weise unterstützt, nachdem er allein in Deutschland zurück geblieben war: Er gab ihm Arbeit, bezahlte seine Krankenhausaufenthalte und gab ihm – wie die anderen Freunde – so etwas wie Halt. Als Josef verhaftet wurde, befreite ihn Wolfgang aus dem Gefängnis. Das Material für seine Erzählung sind ebenfalls Aussagen im Rahmen von Spruchkammerverfahren.

Franz Kremer kannte Wolfgang aus dem „Harlem-Club“. 2004 haben wir uns einige Male getroffen: Er erzählte mir von seinen Erinnerungen an Wolfgang – wie zurückhaltend er gewesen war und davon, wie die Gestapo versuchte, von ihm ein Geständnis über Wolfgangs Homosexualität zu erzwingen.

Meine Wiedergabe seiner Erzählung hat er kurz vor seinem Tod noch frei gegeben.

Elisabeth Abendroth, die 1994 die Lindenstraßen-Konferenz über die ehemalige Gestapo-Zentrale in Frankfurt organisierte, erzählt von ihrer Beziehung zu Wolfgang und zu Franz Kremer und davon, wie in der jungen Bundesrepublik niemand die Geschichten der Verfolgten hören wollte.

Die Erzählungen kontextualisieren die Berichte Artur und Wolfgang Lauingers, führen sie weiter, ergänzen sie, lassen manche Details plötzlich in einem anderen Licht erscheinen oder geben auch Fragen auf, die kaum eine Antwort finden: Welche Auswirkungen hatte der frühe Tod Heinrich Lauingers, der Verlust der Familie und der jüdischen Identität auf Artur und Wolfgang Lauinger? Es gibt wenige glückliche oder glückende Familiengeschichten; aber wie kann ein Vater seinen Sohn verraten? Kann der Sohn dem Vater wirklich verzeihen? Wie lebt ein Mensch, der selbst Freunden zum Spott wurde? Manchmal glaube ich Antworten zu finden, aber sie sind weit entfernt von etwas Endgültigem und mir scheint, dass die Fragen wichtiger sind als die Antworten, zumal sie sich manchmal über das hinwegsetzen wollen, was die Helden dieser Geschichte zu sagen haben.

Artur Lauingers Texte stammen vor allem aus seinen unveröffentlichten Memoiren, aber auch aus Zeitungsartikeln und Briefen; sie wurden gekürzt und vorsichtig redigiert, um seine Sprache und seinen Stil zu erhalten.

Wolfgangs Texte habe ich vor allem auf der Basis unserer Gespräche geschrieben. Während er erzählt, spricht er mich von Zeit zu Zeit an und verweist so auf die den Texten zugrunde liegenden Gespräche. Sein Gedächtnis ist gut, er verblüffte mich immer wieder, aber natürlich haben auch wir erfahren: Es gibt eine Erinnerung, und es gibt die Recherche, die mit ihren Ergebnissen plötzlich weitere Erinnerungen zu Tage bringt. Die lange Zeit unserer Gespräche und die Entwicklung, die sie genommen haben, ließ sich in den einzelnen Texten kaum darstellen. In Wolfgangs Erzählungen überlagern sich viele, zu unterschiedlichen Zeiten geführte Gespräche: Manchmal sind Sätze oder Abschnitte aus unseren Gesprächen wörtlich wiedergegeben, manchmal sind sie aus verschiedenen Gesprächen zusammenmontiert.

Ganz am Anfang und am Ende taucht die Frage nach der Mutterliebe auf, die er nicht vermisst hat, „weil man nicht vermissen kann, was man nicht kennt". Diese Formulierung hat sich in unseren Gesprächen immer und immer wiederholt. Wie die Frage, warum der Vater ihn nicht mitgenommen hat, zog sie sich als roter Faden durch unsere Gespräche. Tatsächlich ist es so, dass wir bis heute, obwohl vieles klarer geworden ist und sich viel verändert hat, immer weiter darüber sprechen: Es ist nicht zu Ende.

Bettina Leder, 2011/2015

Anmerkungen

1 Gerhard Hetzer: „Beteiligung der Juden an der politischen Willensbildung“ In: Peter Fassl (Hg.): Geschichte und Kultur der Juden in Schwaben, Sigmaringen 1994, S. 85. Gerhard Hetzer zählt Binswangen zu einer „eigenen Verdichtungsgruppe bei Wertingen“ mit besonders großen jüdischen Bevölkerungsanteil, der bei der Volkszählung im Jahr 1861 38,4% betrug (ebd, S. 74). Durch die Abwanderung in die Städte und durch die Auswanderung in die USA sank die Mitgliederzahl ab.

2 Vgl. Tobias Brinkmann: „Bayerische Juden in Amerika 1820–1900. Emanzipationspolitik und Auswanderung in Bayern“, Vortrag im Rahmen des Kolloquiums des Bayerischen Hauses der Geschichte „Auswanderung aus Bayern nach Nordamerika“, 11. Oktober 2002, www.hdbg.de/auswanderung/docs/brinkmann.pdf und Monika Richarz, Jüdisches Leben in Deutschland: Selbstzeugnisse zur Sozialgeschichte 1780–1871, Stuttgart 1976, S. 27f.

3 So der Lehrer Bloch aus Osterberg in einem Schreiben an die Königliche Bayerische Regierung von Schwaben und Neuburg vom 17. Januar 1865. Zitiert bei: Ute Ecker-Offenhäuser, In: Peter Fassl (Hg.): Geschichte und Kultur der Juden in Schwaben II, Stuttgart 2000, S. 186.

4 Peter Fassl: „Die wirtschaftliche Bedeutung der Juden in Augsburg“, in: ders. (Hg.): Geschichte und Kultur der Juden in Schwaben, Sigmaringen 1994, S. 137.

Dank

Ich danke Wolfgang Lauinger für seine Geduld und sein Vertrauen, am meisten aber für die innige Freundschaft, die zwischen uns entstanden ist. Sie bewegt mich; ich habe viel gelernt, und ich lerne immer noch.

Ich danke den Menschen, mit denen ich über Wolfgangs Lebensgeschichte sprechen konnte: Franz Kremer, der leider unterdessen gestorben ist, Berry Westenburger, Marlies Flesch-Thebesius, Elisabeth Abendroth, Elisabeth Steingass (Neu Isenburg) und Elisabeth Steingass (Morcote).

Und ich danke denen, die – manchmal über viele Jahre hinweg – meine Recherchen unterstützten: Lutz Becht, Sylvia Goldhammer, Silvia Stenger und Tobias Picard, Institut für Stadtgeschichte Frankfurt Main; Dr. Volker Eichler, Dr. Diether Degreif und Dr. Johann Zilien, Hessisches Hauptstaatsarchiv Wiesbaden; Jürgen Fiedler, Stadtarchiv Wertingen; Gunther Friedrich und Ursula Schmidt-Fölkersamb, Staatsarchiv Nürnberg; Kathrin Flor, Pressesprecherin International Tracing Service (ITS) Bad Arolsen; Dr. Christian Groh, Stadtarchiv Pforzheim – Institut für Stadtgeschichte; Marianne Haerri, Stadtarchiv Zürich; Gerhard Jochem, Stadtarchiv Nürnberg; Ron Kohls, Jüdischer Friedhof Weißensee; Dr. Astrid Krüger und Jutta Seidenfaden, Stadtarchiv Bad Homburg vor der Höhe im Gotischen Haus; Michael Lenarz, Jüdisches Museum Frankfurt am Main; Dunja Mangold, Frankfurter Neue Presse; Steffen Römhild, Bundesagentur für

Arbeit, Regionaldirektion Hessen; Hedwig Regensburger-Glatzmaier, Förderkreis Synagoge Binswangen e.V.; Leibl Rosenberg, Journalist und Beauftragter zur Erforschung und Restitution von Buchbeständen aus NS-Raubgut der Stadtbibliothek Nürnberg; Anne-Marie Sana, Stadtarchiv Konstanz; Angelika Sauer, Stadtarchiv Karlsruhe; Eleonore Sawan, Bundesarchiv; Sabine Schafferdt, Politisches Archiv des Auswärtigen Amts; Janett Scheibner, Stadtarchiv Tübingen; Günter Steiner, Staatsarchiv Augsburg; Thomas Ulbrich, Brandenburgisches Landeshauptarchiv; Maria Hecht, Stadtverwaltung Baden-Baden, Stadtmuseum/-archiv.

Ich danke den Menschen, die mich in der langen Zeit, die die Fertigstellung dieses Manuskripts gebraucht hat, auf verschiedenste Weise unterstützt haben, besonders Andreas Leusink, Marion Meub, Dr. Katharina Stengel, meiner Tochter Stella und meinem Mann Klaus Konrad-Leder.

Sehr dankbar bin ich Christoph Schneider für sein Lektorat und die angenehme Zusammenarbeit: Dass er die Intention des Manuskripts so gut verstand, war ein großes Glück für mich.

Ich danke der Ernst Ludwig Chambré Stiftung zu Lich und Dr. Johannes Heimbucher, ohne deren finanzielle Unterstützung das Buch nicht hätte erscheinen können und der Verlegerin Dr. Nora Pester, die wie ich fand, dass diese Geschichte aufbewahrt werden sollte.

Kapitel 1

Wolfgang Lauinger

Im Bett der Eltern ist es warm. Ich glaube, ich bin drei oder vier Jahre alt. Habe ich schlecht geträumt? Vermutlich. Jetzt darf ich im Gräbele zwischen Vater und Mutter liegen. Es ist dunkel. Ich kann nichts sehen. Ist es wirklich meine Mutter, die neben mir schläft?

Ich erinnere mich nicht an die Zeit, als sie noch bei uns lebte. Der Vater hat sich von Tilde* scheiden lassen, als ich vier oder fünf Jahre alt war. Hat er mir gesagt, sie sei verreist? Ich weiß es nicht mehr. Jedenfalls war sie weg, und ich habe sie nicht vermisst. Wir lebten damals, zu Beginn der zwanziger Jahre, in der Sophienstraße in Frankfurt. Das Haus, ein großes, vierstöckiges Mietshaus, steht noch, es liegt heute mitten in der Stadt. Damals lag gegenüber ein Acker. Als ich Dir das Haus zeigte, sah ich plötzlich den Bauern wieder vor mir: Ich bin auf dem Weg in die Schule, und er kommt mir mit seinem Pferd auf der Straße entgegen. Und ich sah meinen Bruder Herbert und mich auf dem Balkon unserer Wohnung stehen. Wir beobachten den Herrn, der sich im Stockwerk unter uns in einem Liegestuhl sonnt, und pissen auf ihn hinunter. Ich habe viel Unsinn gemacht, manchmal gab mir der Vater eine Ohrfeige. Aber ich hatte immer das Gefühl, dass er alles verzeiht.

---

* siehe Personenregister

Versorgt wurden mein Bruder und ich nach der Scheidung von einem Kindermädchen. Herbert kam bald danach in ein Internat und war nur gelegentlich zu Hause. In den Ferien reiste der Vater mit uns in ein Hotel im Schwarzwald. Mein Lieblingsplatz dort war die Küche: Ich sah dem Koch zu, wie er in den großen Töpfen rührte.

Eines Tages reiste der Vater nach Stuttgart, kam zurück und sagte: „Ihr bekommt eine neue Mutter". Das war 1927, ich war neun Jahre alt.

Artur Lauinger

Im Jahre 1924 musste ich mich von meiner Frau trennen. Ich spreche es rücksichtslos aus: Ich trug mein gerüttelt Maß Schuld daran. Ich war geduldlos, ich war in einer geistigen und beruflichen Entwicklung ins Weite und Große, und ich war ein Mensch, der bis in ein spätes Alter hinein niemals mit einer Frau gebunden zusammenleben konnte. Eine ewige Unruhe erfüllte mich. Was die Stunde gab, war mir nie genug und jede persönliche Pflicht jahrzehntelang eine Last. Unbändiges Zigeunertum, eine stete Unzufriedenheit, sobald einmal Zeit und Umstände Stille und Ruhe brachten. Es war, wenn ich heute zurückschaue, als ob eine Uhr in überhasteten Schlägen laufen und auslaufen muss, bis das Werk versagt. So war ich damals nicht innerlich bereit zur Ehe, nicht alt genug, und sie hat nicht lange gewährt. Ich musste mich scheiden lassen, ohne dass ich mich für berechtigt hielte, der Mutter meiner Kinder einen Vorwurf zu machen. Ich verstehe sie heute. In sehr jungen Jahren nach kurzer Ehe ist sie auf viele Jahre des Kriegs allein gewesen. Wirtschaftlich zwar gesichert, aber durch den Krieg völlig isoliert, ohne geistige Bindung mit dem fernen Mann, ohne Verständnis und Liebe zu finden bei ihren Geschwistern, selbst ohne echte Neigung zu ihren Eltern. Sie war eben zu jung. Was sollte aus ihr werden? In meinem eigenen Kreise als Nichtjüdin – die Narren und Närrinnen meiner Kreise empfanden meine Ehe auch aus wirtschaftlichen Gründen als Mesalliance – ungern gesehen und kaum beachtet, sobald ich fort war. Wie könnte ich da das Recht zu einem Vorwurf besitzen? Als ich mich von ihr trennen musste, sicherte ich sie – es fiel mir sehr oft schwer – schon der Kinder wegen wirtschaftlich noch viele Jahre.

Außer der Erinnerung ist mir das von ihr geblieben, was mir die Verbindung mit ihr trotz allem niemals hat zur Enttäuschung werden lassen: meine Söhne. Ich will hier nicht von ihnen sprechen, weil diese Zeilen an sie gerichtet sind. Wie ich immer in den schwersten Zeiten sie gemahnt habe, die Verbindung mit ihrer Mutter aufrechtzuerhalten, so sage ich ihnen das auch heute wieder; sie gehören nicht weniger zu ihr, als zu mir. So wenig sie von mir je ein Wort der Geringachtung gehört haben, so sehr sollen sie sich in aller Zeit ihrer Mutter verpflichtet fühlen. Alles andere wäre unwürdig, das aber haben sie von ihrem Vater nicht gelernt.

Ich bin ohne mein Verschulden geschieden worden. Es gibt für den Mann gewisse Dinge, in denen er keine Konzessionen zu machen im Stande ist. Doch verlangt die Ehrlichkeit, zu bekennen, dass ich an der Entwicklung meiner Ehe nicht schuldlos war. Ich war unbefriedigt, ich war immer allein, ohne geistige Ergänzung. Das hat mich ungeduldig gemacht, manchmal auch ungerecht. Die Charaktere waren in keiner Weise in Übereinstimmung, in Zusammenklang zu bringen. So trennten sich in Wahrheit früh die Wege, trotz des äußeren Zusammenhalts.

Herbert kam auf die Landschule in Hochwaldhausen (Prof. Dr. Steche), die ihm körperlich und geistig, vor allem aber auch durch Kameradschaftserziehung und Disziplin, ganz ausgezeichnet bekommen ist. Wolfgang lag noch in seinem Kinderbettchen.

Emilie, Arturs zweite Frau, war in erster Ehe mit einem Rechtsanwalt verheiratet gewesen. Seiner Zeit war der Herr Rechtsanwalt Strauß von Emilies Vater, dem Kommerzienrat Moos, begutachtet und als standesgemäßer Kandidat beurteilt worden. Aber nach der Eheschließung hatte sich herausgestellt, dass Herr Strauß an der Porzellansammelwut krankte und all sein Geld für diese Leidenschaft ausgab: Er kaufte ununterbrochen teure Vasen, Figuren, Nippes aller Art – nur vom Feinsten. Eines Tages hatte der alte Kommerzienrat beschlossen, dass jetzt Schluss sei. Seine Frau war schon gestorben und so fühlte er sich wohl berufen, über die finanziellen Erträge der Tochter zu wachen. Die Ehe der Emilie Strauß wurde also geschieden, und nun war Emilie die übrig gebliebene Tochter. Der Kommerzienrat hatte insgesamt acht Kinder: Die fünf Söhne arbeiteten alle in der väterlichen Firma, die mit Häuten und Fellen aus Argentinien handelte. Die Töchter Martha und Hermine waren gut verheiratet – Hermine mit einem Textilfabrikanten in Ulm, Martha mit einem Zigarrenfabrikanten in Heidelberg. Aber was sollte aus Emilie werden?

Der Kommerzienrat Moos war ein vermögender Mann. Den Vater lernte er auf einer Geschäftskonferenz in Stuttgart kennen und erkannte in ihm einen möglichen Nachfolger des Porzellansammlers. Er lud ihn zu sich nach Hause zu einem Familienessen ein, Emilie war anwesend. Kaum war der Vater aus Stuttgart zurück, fuhr er eine Woche später schon wieder hin; und dann kam er zurück und sagte: Ihr kriegt eine neue Mutti. Acht Tage später war die Frau da, sie war eine nette Frau. Mein Bruder Herbert hatte lebenslang ein sehr gutes und enges Verhältnis zu ihr, auch nach seiner Emigration. Wir besuchten manchmal ihren Vater, den Kommerzienrat, den ich gern mochte. Er ging dann mit mir spazieren und ich erinnere, wie uns sein Chauffeur in einigem Abstand folgte: Der Großvater, durch den langen Weg erlahmt, bleibt stehen und winkt ihm. Er fährt vor, wir steigen ein und fahren nach Hause.

Während es mit der Familie Moos so etwas wie verwandtschaftliche Beziehungen gab, kannte ich aus der Familie des Vaters eigentlich nur seine Mutter Flora*, und auch an sie habe ich nur schemenhafte Erinnerungen. Sie war eine sehr energische Frau. Ihr Mann Heinrich*, mein Großvater väterlicherseits, war früh gestorben. Später habe ich erfahren, dass es nach seinem Tod zwischen Flora und der Familie Lauinger zu einem Zerwürfnis gekommen war, es ging wohl um die jüdische Erziehung der Kinder.

Nach Floras Tod – auch das ist eine ganz undeutliche Erinnerung – kam es zu einer Auseinandersetzung zwischen dem Vater und seiner Schwester Milli*: Er hatte seine Mutter, meine Großmutter, finanziell unterstützt und sie hatte ihn – sozusagen im Gegenzug – in ihrem Testament bevorzugt und ihm ihren Schmuck vererbt. Milli wollte das nicht akzeptieren. Dennoch hieß es irgendwann, dass sie uns besucht: Sei es, dass sie sich versöhnen wollte, sei es, dass dieser Besuch nur der „guten Formen halber“ geplant war; es muss kurz nach der Hochzeit des Vaters mit Emilie gewesen sein. Wir waren in die Rheinstraße umgezogen, hier gab es auch ein Gästezimmer. Dieses Zimmer kannte ich gut, immer, wenn Streit zu Hause war, flüchtete ich unter das Bett. Ich hatte viel Zeit gehabt, die Konstruktion zu studieren: Die Seitenteile des Bettes waren mit Scharnieren ins Kopf- und Fußteil eingehängt. Als nun Milli sich angekündigt hatte, habe ich sie ausgehängt und lose auf die Vorsprünge der Scharniere aufgelegt. Es kam, wie es kommen musste: Als Milli sich abends schlafen legte, brach das Bett zusammen, das Kopfteil muss ihr auf den Kopf gefallen sein. Am nächsten Tag reiste sie ab. Du fragst, ob ich dem Vater auf diese Art in dem Streit beistehen wollte – kann sein.

Auch Vaters Bruder Hans* erinnere ich kaum: Er besuchte uns gelegentlich, aber ob ich ihn mochte? Wen mögen Kinder? – Menschen, die ihnen etwas schenken. Er hat mir vermutlich nichts geschenkt. Er war ein sehr zurückhaltender, stiller Mensch.

Aus den Aufzeichnungen des Vaters weiß ich, dass sein ältester Bruder Emil* zu dieser Zeit schon tot war: Er hatte als Kaufmann in London gelebt und ertrank 1907 beim Untergang der Berlin vor Hoek van Holland. Erst von Dir habe ich erfahren, dass er und Flora auf dem Jüdischen Friedhof in Berlin begraben wurden. Zu den anderen Geschwistern des Vaters, zu Richard* und Edwin* oder zu seinen fünf Onkeln und Tanten in Nürnberg hatten wir keinen Kontakt. Es stimmt, was Du sagst: Aus Arturs Lebenserinnerungen geht hervor, dass er trotz des Zerwürfnisses zwischen Flora und der Familie Lauinger in seiner Jugend noch irgendeine Beziehung zu den Geschwistern seines Vaters Heinrich gehabt haben muss. Er schreibt, dass er sich mit 21 Jahren ihrem Wunsch, er möge ins Familiengeschäft eintreten, erfolgreich widersetzt habe. Aber wann dieser Kontakt verloren ging oder ob es ihn in meiner Kindheit vielleicht sogar noch gab, das weiß ich nicht, ich kannte sie jedenfalls alle nicht.

Artur Lauinger

Geistig bin ich ein Kind der ersten deutschen Blütezeit nach 1800, gewachsen auf dem Boden der Humanität, der Demokratie, die mir nie anders möglich erschien, als in der Verpflichtung unablässigen Dienstes an der Allgemeinheit. Ich bin geboren am 23. August 1879 als Sohn des Heinrich Lauinger und der Flora Liebmann, als zweites ihrer sechs Kinder Emil, Artur, Hans, Richard, Edwin und Emilie, von denen heute noch Artur, Hans (1939 verschleppt) und Emilie leben.

Mein Geburtsort ist Augsburg. Meine älteste Erinnerung: Ich sitze auf den Knien meines Großvaters; er erklärt mir zu meinem größten Erstaunen die lange Dauer einer Minute. Auch der Garten des großväterlichen Hauses Bahnhofsstraße 7 ist in meiner Erinnerung unauslöschlich eingeprägt mit den von unserem Kinderfräulein veranstalteten Butterbrot-Wettessen mit meinem Vetter Berthold Lehrberger.

Einzelne Bilder aus Nürnberger und Augsburger Zeit: Die Geheimnisse des väterlichen Geschäftshauses mit dem großen, schwarzen Hund Nero; mit seiner zur Hopfenbearbeitung notwendigen Schwefelkammer. Ich sehe vor mir den gemieteten Garten vor den Toren, die Gefechtskämpfe mit Nachbarkindern über die Zäune, die meinem Bruder Hans ein Auge kosteten, unsere Johannisbrot-Diebstähle bei den Höckerfrauen auf dem Nürnberger Marktplatz und die darauf folgende öffentliche Strafe durch meinen Vater vor allen Marktfrauen. Ich denke zurück an die Schule, an den Karzer auf dem Aegidienberg, an die Nürnberger Burg mit der Eisernen Jungfrau, an den Brand einer großen Schokoladenfabrik und seine für die vorbeiwandernde Schuljugend erfreulichen und nahrhaften Begleiterscheinungen.

Der Tod meines Vaters im Jahre 1889 machte es bei eingetretenem Zerwürfnis zwischen der mütterlichen und väterlichen Familie erforderlich, dass meine Mutter mit ihren Kindern 1891/1892 in die Schweiz übersiedelte: Dort lebten damals ihre Eltern.

Mein Vormund Leopold Lauinger in Nürnberg veranlasste 1892 (die Urkunde liegt in meinem Archiv) die Ausbürgerung sämtlicher Kinder seines Bruders Heinrich aus Deutschland. Meine Mutter erwarb für sich und für meine Schwester Millie die eidgenössische Staatsangehörigkeit im Kanton Zürich. Die fünf Söhne, darunter ich, wurden im unmündigen Alter staatenlos.

Aus meiner Züricher Zeit sind mir in Erinnerung manche Bilder ernster und heiterer Art: von der Gemeinschaftserziehung von Buben und Mädels auf der Freiherr-von-Beustschen-Schule im Vorort Hottingen, vom völligen Zufrieren des Zürichsees und der auf dem Eise abgehaltenen Kirchweih. Noch in der ersten Hälfte der 90er Jahre erfolgte aus Zürich die Rückkehr nach Deutschland.

Wolfgang Lauinger

Mit Emilies Ankunft hatte sich unser Leben verändert. Die neue Wohnung im Frankfurter Westend war ein Palast mit neun Zimmern und einem Dienstboteneingang. Die Möbel wurden angefertigt: Schleiflack fürs Schlafzimmer, ein Rauchzimmer für den Vater, ein Salon, der nur am Sonntagvormittag für den Empfang der Gäste benutzt wurde und einen wunderbaren Bechstein beherbergte – alles sehr fein. Heute denke ich, ich hätte gern Klavier spielen gelernt, es fehlt mir in meinem Leben – Musik ist etwas Wunderbares. Aber der kostbare Flügel wurde abgeschlossen, nachdem ich etwas ungestüm versucht hatte, auf ihm zu spielen.

Am Hintereingang der Wohnung gab es eine Klappe in der Tür. Mittags klopften dort Bettler, und das Dienstmädchen reichte Essen hinaus. Im Traum stand ich neulich noch einmal vor dieser Tür, die auch wir Kinder benutzten, damit wir mit unseren Rädern die kostbaren Teppiche nicht beschmutzten. Im Traum war die Tür aus Glas und ich konnte in die Wohnung hineinsehen. Da ging der Vater im Schlafanzug mit einer Flöte umher. Jedes Detail konnte ich erkennen und alles war, wie es wirklich gewesen ist. Aber warum spielte der Vater ein Mozartkonzert? Er konnte gar nicht Flöte spielen und war überhaupt nicht musikalisch, wenn er auch gern und oft in die Oper ging und gelegentlich sogar ein Konzert im Feuilleton der *Frankfurter Zeitung* besprach. Es war nicht sein Ressort, Artur war Wirtschaftsjournalist und sein Spezialgebiet war das Versicherungswesen. Ein Journalist muss über alles schreiben können, sagte er immer.

Wir hatten oft Gäste. Besonders gern denke ich an die Familie des Bankiers Merzbach*, die wir manchmal in ihrer Wohnung in der Bockenheimer Landstraße besuchten, wenn wir sonntags spazieren gingen. Frau Merzbach öffnete dann eine ihrer Schubladen, die mit kleinen Spielzeugen gefüllt war und ich durfte mir etwas aussuchen. Das Ehepaar kam auch oft zu Vaters Abendgesellschaften. Es kamen auch Arnold Lazarus* und Lothar Adler, dem zusammen mit seinem Bruder und einem Cousin die Schuhfabrik Schneider gehörte. Die Brüder waren stadtbekannt: Ihre Firma produzierte Hausschuhe, „Schlappe", wie man in Frankfurt sagt, und unterstützte die „Eintracht". Einige der Spieler waren in der Fabrik angestellt, aber häufiger beim Training als auf der Arbeit. Deshalb wurde der Verein im Volksmund „Schlappekicker" genannt. Der Vater ging regelmäßig ins Stadion, um die Spiele zu sehen, und manchmal nahm er mich mit. Natürlich lud er auch Kollegen aus der *Frankfurter Zeitung* ein oder Georg Swarzenski*, den berühmten Direktor des Städel. Auch er schrieb oft für die Zeitung, dadurch hatten die beiden sich kennen gelernt. Sein Sohn Wilfried besuchte wie ich das Goethe-Gymnasium und war einer meiner engsten Freunde. Bei ihm zu Hause habe ich zum ersten Mal ein modernes Bild gesehen, ein Porträt* seiner Mutter Marie von Max Beckmann. Es gefiel mir überhaupt nicht: Warum war das Gesicht so schief? Wilfried konnte es mir nicht erklären.

Wenn die Gäste kamen, lag ich meist schon im Bett. Aber der Vater kam noch einmal zu mir ins Kinderzimmer und brachte mir einen Teller mit Leckerbissen vom Buffet.

Emilie hat dann geschimpft, „du zerstörst die Garnitur". Schon am Nachmittag hatte sie kunstvoll angerichtet, was von der Firma Scheppler zur Bewirtung der Gäste ins Haus geliefert worden war. Doch er sagte: „Erst kommen meine Söhne." Er war sehr liebevoll mit uns.

Der Vater schätzte das gute Leben. Geld war zum Ausgeben da. Sparsamkeit, das Geld für künftige Generationen aufzuheben, schien ihm ein Unsinn. Er vertraute darauf, dass wir unseren Weg finden würden, wie er seinen gefunden hatte. Jeden Morgen ging er früh um sieben aus dem Haus, abends kam er oft erst spät zurück. Meinen Bruder Herbert und mich hat sehr beeindruckt, wie tüchtig er war. Wenn er sprach, staunten wir. Er erschien uns unendlich klug, und er war für uns die absolute Autorität. Manchmal sah ich ihn, wenn ich zur Schule ging, in einem Café an der Hauptwache sitzen. In der Mittagszeit war es der Treffpunkt von Geschäftsleuten der Gegend, die sich dort zum Essen oder zu einem Glas Bier trafen. In den frühen Morgenstunden hatte es eigentlich geschlossen, aber Artur wurde als Stammgast eingelassen. Durch die Fensterscheiben sah ich ihn Kaffee trinken und vor dem Gang in die Redaktion die Zeitung lesen. Jahre später, als der Besuch von Restaurants für Juden gerade noch möglich war, hat er sich in diesem Café gelegentlich auch mit Elisabeth von Kayser getroffen. Ich erinnere noch genau, wie Tilde – also die Mutter – mir einmal erzählte, sie habe den Vater dort zusammen mit einer hübschen Frau gesehen und sie wollte wissen, wer das sei. Das ist die Witwe seines guten Freundes Georg von Kayser, sagte ich. Eine gewisse Eifersucht war bei Tilde auch noch Jahre nach der Trennung im Spiel, sie hat das nie so recht verschmerzt. Der Vater hatte keine Verpflichtungen ihr gegenüber, die Frau war schuldig geschieden worden. Trotzdem hat er sie viele Jahre finanziell unterstützt und er wollte auch, dass unser Kontakt zu Tilde erhalten blieb. Sie lebte sehr bescheiden in einer

Pension in der Bockenheimer Landstraße, in einem möblierten Zimmer. Dort besuchten wir sie, als wir noch klein waren. Sie ging dann mit uns in den Palmengarten, setzte sich auf eine Bank und strickte. Wir spielten auf dem Spielplatz, schaukelten und tobten herum. Was ich noch genau weiß: Wenn fremde Leute kamen, durften wir sie nicht Mutter nennen. Sie fürchtete, durch uns Kinder könnte jemand ihr wahres Alter erraten. Sie war schön und sah noch sehr jung aus. In den dreißiger Jahren lernte sie den Baron von Porembski kennen. Er war ein alter, sehr würdiger Aristokrat, groß und schlank, gut aussehend, intelligent – ein wunderbarer Mann. Er arbeitete für den Reclam-Verlag als Generalvertreter. Und er wollte sie immer heiraten. Sie lebten dann viele Jahre zusammen, erst in Heidelberg, später in Baden-Baden. Nachdem der Baron hoch betagt gestorben war, haben Tilde und ich oft zusammen seine Schwägerin besucht. Die ganze Familie, wir alle waren überzeugt, Tilde sei mit ihm verheiratet gewesen. Aber eines Tages kam ein Brief: Sie dürfe sich nicht mehr Baronin nennen. Da erst stellte sich heraus: Er hatte sie immer wieder gedrängt, aber ihr hatte angeblich mal dieses und mal jenes Papier für die Hochzeit gefehlt; sie hatte auch den Baron über ihr Alter belogen und befürchtet, es könnte herauskommen. Ich bin sicher, dass es ihm vollkommen gleichgültig gewesen wäre, ob meine Mutter nun dreißig, vierzig oder fünfzig Jahre alt gewesen ist. Ich habe noch die Kuverts mit dem Absender: Baronin von Porembski. Das war ihre Welt.

Nach seinem Tod lebte sie wieder in Heidelberg in einer Pension, ich besuchte sie nach Möglichkeit. „Warum kommst Du so selten und kümmerst Dich so wenig um mich, ich bin doch schließlich deine Mutter", fragte sie einmal. Da hab ich ihr geantwortet: „Liebe Mutter, ich war fünf Jahr alt, als du verschwunden bist." Vielleicht war es etwas hart, aber ich habe ihr gesagt: „Du bist für mich eine liebenswerte Bekannte." Danach unterschrieb sie ihre Briefe nicht mehr mit „Deine Mutter", sie schrieb nur noch „Deine Bekannte". Sie war enttäuscht, aber ich frage mich, was sie erwartet hat. Wir haben uns nur bei gelegentlichen Besuchen gesehen.

Seit ich mit Dir spreche, kommen so viele Erinnerungen zurück, mehr und mehr. Und ich träume so viel. Neulich träumte ich, ich liege im Bett und habe Schmerzen. Ich rufe nach meiner Mutter. Sie kommt und steht in der geöffneten Tür im hellen Licht. Ich kann nicht erkennen, welche meiner Mütter es ist, aber wie sie sieht, dass ich es bin, der ruft, dreht sie sich um und geht. Warum träume ich so etwas? – Ich habe die Mutterliebe nicht vermisst. Man kann nicht vermissen, was man nicht kennt.

Artur Lauinger

Im Alter von etwa zehn Jahren wurde die Familie für mich sozusagen aufgelöst, die letzte Konsequenz des frühen Todes meines Vaters. Mein Bruder Hans und ich bezogen das humanistische Gymnasium in Karlsruhe. Wir wohnten zusammen, in einem Pensions- oder Internatsverhältnis zu Prof. Dr. Kienitz, genauer: beim Professor und seiner Frau sowie deren Kindern Hans und Margarethe, die beide etwa in unserem Alter waren. Wir blieben nicht die einzigen Pensionäre, die Zahl stieg auf fünf bis sechs, darunter auch junge Männer in vorgeschrittenem Alter, zeitweise auch eine Pensionärin.

Das Karlsruher Milieu bedeutete für uns Jungens eine von manchmal kaum verhülltem Antisemitismus (die Professorin!) praktisch doch stark geförderte Assimilation. Es war das voranschreitende Aufgehen, die Anpassung an eine auch in liberalen jüdischen Kreisen damals noch fremde Lebensauffassung, trotz mancher Beziehungen zu Karlsruher jüdischen Kreisen. Die sehr liberale Religionsauffassung meines väterlichen Hauses erleichterte die Angleichung. Soweit ich mich erinnere, vollzog sich dieser Vorgang ohne jede Aktivität, also unter Vermeidung jeder gewollten Anpassung. Die allgemeine Atmosphäre in Karlsruhe, auch im Gymnasium, kam dem entgegen. Das Karlsruher Gymnasium war eine Schule strengster Klassizität. Der Leiter und Rektor Dr. Wendt, dem badischen Hofe nahestehend, hätte sich ausgezeichnet auf jeder altgriechischen Rednertribüne dargestellt: bis auf die Schultern wallendes silbernes Lockenhaar, scharf geschnittenes Profil, ein völlig durchgeistigtes Gesicht, flatternder Professorenmantel. Unter den Professoren eine gemischte Gesellschaft: ein Teil, die üblichen Mittelerscheinungen mit rundem Bauch und Mangel an höheren Aspirationen, ermüdet. Daneben, im Laufe der Jahre sich mehrend, die „Modernen": So mein letzter Pensionsvater in Karlsruhe – ich wurde von manchen zu manchen weitergereicht – Prof. Dr. Lang, ein junger, energischer, kluger Mann mit einer sehr netten Frau aus dem Markgräfler Land, trinkfest und fidel, der sehr viel Verständnis für meine Jugend hatte und mir die letzten Jahre in Karlsruhe sehr verschönte. Er war ein Mathematiker von hohen Graden. Er fiel im Weltkrieg, nachdem er der Heeresverwaltung wertvolle mathematisch-artilleristische Dienste geleistet und brauchbare Erfindungen auf artilleristischem Gebiete gemacht hatte.

Das aber fehlte uns kleinen Buben, die kein eigentliches Elternhaus mehr hatten: ein bisschen Verständnis und Wärme. Bei Kienitz regierte Unfreundlichkeit und die Rute in den ersten Jahren. Sie fiel später unserer energischen Opposition zum Opfer. Aber gerade diese ersten Jahre brachten auch etwas Gutes: den starken Willen zu eigenem, freieren Leben und die innere Unabhängigkeit. In diesen Jahren wuchs ich.

Mit der Sehnsucht nach glücklicheren äußeren Umständen, nach mehr Verständnis erwuchs aber auch eine starke Sentimentalität, die den jungen Mann frühzeitig zu dem Versuch, ein Dichter zu sein, führte. Seltsam, woher die Anlage kam. Sie bildete sich vielleicht unter dem Einfluss schulmäßiger, dauernder Beschäftigung mit alter mehr als neuer Dichtkunst; sie wurde ein Bedürfnis: Alles wandelte sich in mir in Verse, jede Empfindung, jeder Wunsch und es entstand jene heute lächerlich dilettantisch anmutende Sammlung zu dem Goldschnittband „Der erste Schritt". Mein „Sturm und Drang" – keine Kunst, eine Fülle unklarer Empfindungen in schlecht gereimter Form. Immerhin genügte das Bändchen, um dem Verfasser in Schule und Familie, im Freundes- und Tanzstundenkreise jene besondere Note zu verleihen, derer mein damaliges Gemüt anscheinend bedurfte. Es verfolgte mich bis in Prima und Abitur und noch ins weitere Leben. Bezeichnend: Der im Abitur prüfende Schulrat fragte die Einzelnen nach ihren Berufswünschen. Ich antwortete: „Dichter"; und er, in sehr kluger Welt- und Menschenkenntnis, ein Prophet: „Nun, es wird schon irgendwie auf den Journalisten hinauskommen." Er hat Recht behalten.

Die Karlsruher Jahre verflossen sehr schön. Eine geheime Schülerverbindung, „Corps Rhenania", mit dem Neffen des Großherzoges an der Spitze, mit Mützen und Schlägern, mit geheimen Kneiplokalen in Rüppur bei Grünwinkel. Auf Veranlassung des Grafen Rhena ein mitternächtlicher Besuch in gehobener Stimmung beim „Onkel Großherzog" im Schloss, der die entsetzte Abwehr der alarmierten Schlosswache und allerhand andere Unannehmlichkeiten im Gefolge hatte; „eine rohe Bande hat gewagt, den Schlaf des geliebten Landesvaters zu stören", schrieb die badische Landeszeitung. Unterdrückung des Skandals im Hinblick auf den hochgeborenen Neffen. Im übrigen Fußball, Tennis, herrliche Ausflüge und Wanderungen, Tanzstunde, Wald – und Ruderpartien und gelegentlich auch etwas Schularbeit, in den großen Ferien zu Mutter nach Frankfurt am Main.

Ich habe immer Boote besessen. Eines der ersten war ein Faltboot, ein Pionier-Einer, den mein Vater mir geschenkt hatte. Er lag in einem der Bootshäuser am Main und hieß Alpha. So bin auch ich viele Jahre von meinen Freunden genannt worden.

So ein Faltboot ist ohnehin eine wackelige Angelegenheit, aber ich hatte auch noch einen Segelmast hineingesetzt. Dafür war es nun überhaupt nicht geeignet, zumal das Segel riesengroß war, beinahe doppelt so groß wie das Boot. Wenn Westwind herrschte oder ein Gewitter aufzog und die Wellen hoch gingen, war der Main wie leer gefegt. Ich aber rannte von der Rheinstraße zum Fluss hinunter und ließ mein Boot ins Wasser: Der Mast bog sich im Sturm, die Wellen schwappten mir über den Kopf, ich schluckte Wasser, immer wieder kippte das Boot um und kenterte. Schwimmend brachte ich es ans Ufer zurück, richtete es wieder auf, schöpfte das Wasser raus, und fuhr wieder los. Unter der Wilhelmsbrücke war der Wind besonders stark, man musste kreuzen, weil man mit einem Mal gar nicht durch den Brückenbogen kam. Immer wieder habe ich die Wende machen müssen, bis ich es gegen den Wind hindurch geschafft hatte. Oben standen Leute und schüttelten die Köpfe. Ein Verrückter, müssen sie gedacht haben. Es hat mich fasziniert: Wasser, Wasser, Wasser. So lange ich denken kann, war mein Lieblingsplatz in Frankfurt der Main. Tage und Tage habe ich dort verbracht, und manchmal ging ich nicht einmal abends heim. Der Vater rief dann bei der Eigentümerin des Bootshauses an, und sie sagte: „Machen Sie sich keine Sorgen. Er ist hier und schläft in seinem Boot". Wenn er gewusst hätte, was ich tue – er hätte sich Sorgen gemacht.

Auf dem Main waren damals schon viele Passagierschiffe unterwegs. Sie fuhren zur Gerbermühle oder anderen Ausflugszielen. Die Bullaugen im Unterdeck

Der Alpha hatt' ein Paddelboot,
Er paddelte im Main.
Jedoch,das alte Reff litt Not -
Es muss ein neues sein.

Denn auch ein Boot wird altersschwach.
Wenn seine Zeit vorbei,
Dann lässt es halt allmählich nach -
Nicht ewig währt der Mai !

Ein Boot,das kostet Geld gar sehr.
Jedoch,zum guten Glück,
Muss halt der brave Papa her.
Doch der hat's nicht so dick.

Der Alpha überlegt sichs schwer
Dann kommt er auf den Dreh:
Jsts "schon gebraucht",ists billig sehr -
Der Papa zahlt,o je !

Nun ist der neue " Alpha " da:
Kanadier, gut im Schwung !
Bezahlt hat stöhnend der Papa -
Den Spass,den hat der Jung !

9.Mai 1938.

Gedicht Artur Lauingers über Wolfgangs Boot

waren bei schönem Wetter meist geöffnet: Dort war die Küche, die die Passagiere versorgte. Ich hielt mich am Rand des Fensters fest und sah den Küchenjungen zu, wie sie das Essen zubereiteten. Oft hängte ich mich mit meinem kleinen Boot an die großen Lastkähne und ließ mich zum Rhein ziehen. Dort fuhren noch Schaufelraddampfer, die hatten es mir besonders angetan: Ich näherte mich ihnen und beobachtete die hohen Wellen, die die Schaufelräder aufwarfen. Man musste den richtigen Augenblick abwarten und dann hieß es schnell sein: Ich lenkte das Boot hinter das Schaufelrad in ein Wellental, um dann auf der nächsten Welle zu reiten. Das war natürlich gefährlich, aber an Gefahren denkt man nicht, wenn man jung ist – das galt auch für die Hitlerzeit. Angst hat etwas mit Erfahrungen zu tun, scheint mir, jedenfalls bin ich heute viel ängstlicher als damals. Doch die Liebe zum Wasser ist mir geblieben. In den siebziger und achtziger Jahren bin ich zusammen mit Freunden in der Karibik gesegelt – von Miami bis zu den Bahamas.

Der Vater hat uns sehr frei aufwachsen lassen, eigentlich konnte ich machen, was ich wollte. Das heißt: Er war streng, aber unglaublich nachsichtig. In der Schule zum Beispiel hatte ich wahnsinnig schlechte Noten, ich bin immer knapp am Sitzenbleiben vorbei gerutscht. Dann schimpfte er gelegentlich. Aber am nächsten Tag schenkte er mir, weil er zu viel geschimpft hatte, eine neue Uhr oder irgendein Spielzeug. Er tröstete mich immer damit, dass er auch nicht besser in der Schule gewesen sei und seine Brüder auch nicht.

Ich habe zuerst die Volksschule in Bockenheim besucht, später das Goethe-Gymnasium, von dem der Vater mich aber bald wieder heruntergenommen hat: Ich war einfach zu schlecht, besonders in Latein und Griechisch. Danach ging ich in die Wöhlerschule und schließlich auf das Hasselsche Privatinstitut. Doch gleichgültig, wo ich war, ich denke ungern an die Schule zurück. Nicht wegen des

Unterrichts oder wegen der Sprachen, sondern wegen des Abstands zwischen den Lehrern und mir. Es gab absurde Strafen: Nachmittags fünf Stunden lang in der Hitze nachsitzen, weil man etwas falsch gemacht hatte. Täglich wurde geprügelt. Schon in der Volksschule schien es mir so, als könnte der Lehrer alles mit mir machen und ich dürfte mich nicht wehren. Er thronte in einem steifen Anzug auf seinem erhöhten Platz und griff zum Stock, sobald sich jemand muckste. Ich habe das gehasst. Wir hatten Schulbänke mit einem eingebauten Tintenfass, das vom Pedell nachgefüllt wurde. Ich weiß noch, wie ich es eines Tages aus der kleinen Vertiefung herausnahm und vor mich auf das Pult stellte. Dann hab ich mich geräuspert oder bin auf meinem Stuhl hin- und hergerutscht – was auch immer. Jedenfalls sah der Lehrer gleich zu mir hinüber, schnappte seinen Rohrstock, rannte zu meiner Bank und holte aus. Meistens schlug er auf die Schulter. Aber dieses Mal bin ich ihm im letzten Augenblick ausgewichen. Der Stock sauste auf den Tisch, das Tintenfass sprang hoch und die Tinte floss über seinen Arm. Es gab keinen Lehrer, der nicht einen spanischen Rohrstock vor sich liegen hatte. Sie machten sich einen Spaß daraus, sie prügelten grundlos, prophylaktisch sozusagen, ich könnte Dutzende solcher Geschichten erzählen.

Einem unserer Lehrer, der uns wegen irgendeiner Missetat in der Hitze hatte nachsitzen lassen wollen, sandte ich in der Pause zwischen zwei Schulstunden vom Postamt nebenan ein Telegramm: „Ankomme heute 13 Uhr Hauptbahnhof. Bitte, hole mich ab. Dein Bruder". Die nächste Stunde begann, es klopfte an die Tür, der Pedell trat ein. Das Telegramm trug er ehrfürchtig in der Hand und übergab es dem Lehrer. Der las es, sagte aber nichts. Ich dachte schon, er hätte die Sache durchschaut. Als es klingelte, verkündete er, das Nachsitzen am Nachmittag werde auf einen anderen Tag verschoben, er erhalte unerwarteten Besuch. Auf diese Art und Weise habe ich mich gerächt, immer, auch als ich schon 15 oder 16 Jahre alt war. Die Ohnmacht hat mich rasend gemacht. Ich wollte beweisen, dass auch ein kleiner, schwacher Mensch sich wehren kann. Ob ich diesen Stolz vom Vater habe? Vielleicht ist es sogar eine Art Familienerbe. Ich erinnere noch, wie der Vater auf einer unserer Schulfeiern im Frankfurter Volksbildungsheim an einem langen Tisch mit meinen Mitschülern saß, die ihm alle gebannt zuhörten: Er erzählte von seinem Bruder Hans, mit dem er nach der Rückkehr der Familie aus der Schweiz die Schule in Karlsruhe besucht hatte. Eines Tages hatte der Direktor Hans mit Arrest bestraft: Er wurde auf dem Dachboden in eine Kammer eingesperrt und sollte Aufgaben machen. Hans hat dann den Dachstuhl angesteckt, um zu sagen, dass sie ihn raus holen müssen. Es war ein Riesentheater. Vaters Mutter, meine Großmutter Flora, musste 100.000 Goldmark für die Reparatur bezahlen.

Keinen meiner Mitschüler, nicht einmal meinen Freund Franz Bamberger, habe ich eingeweiht, wenn ich eine meiner Aktionen plante. Ich wusste: Wenn ich keine Zeugen habe, kann mir niemand etwas nachweisen. Das ist mir später zugutegekommen, bei der Gestapo.

Sieben fünf sechs eins vier – ich weiß heute noch die Telefonnummer von Franz, er war mein bester Freund. Durch ihn kam ich zum ersten Mal bewusst mit einer religiösen jüdischen Familie in Berührung. Bei uns zu Hause spielte Religion überhaupt keine Rolle. Mein Bruder war evangelisch getauft worden. Ich wurde in der Schweiz geboren, dann gingen wir zurück nach Deutschland. Ich glaube mich zu erinnern, dass der Vater einmal erzählt hat, das zweite Kind – also ich – hätte jüdisch erzogen werden sollen. Aber dann hatten sich die Eltern getrennt und es gab gar keine religiöse Erziehung. Ich wusste, dass der Vater jüdisch war und auch Emilie. Aber wann habe ich das wahrgenommen und wodurch? Auch nach seiner Hochzeit mit ihr haben wir weiter die christlichen Feiertage gefeiert. Besonders gern mochte ich Weihnachten – wegen der Gans und natürlich wegen der Geschenke. Bei Franz war das anders. Es wurde Schabbat gefeiert, und die Familie besuchte die Synagoge. Aber auch bei ihnen, so war mein Eindruck, spielte Religion keine große Rolle.

Franz' Eltern waren vermögend, ihnen gehörte das große Textilhaus Bamberger & Herz auf der Zeil, da wo später Peek & Cloppenburg drin war. Sie lebten in einem schönen Haus in der Roonstraße und besaßen, was mich ziemlich beeindruckte, mehrere amerikanische Wagen. Alle Angestellten wurden sehr gut behandelt, und einige haben der Familie nah gestanden. Das war damals nicht ungewöhnlich. Zum Beispiel der Chauffeur, er war seit langen Jahren bei Bambergers beschäftigt. Morgens brachte er die Kinder in die Schule, später den Vater ins Geschäft. Franz' Vater Heinrich war eigentlich nie ohne seinen Chauffeur zu sehen, der ihn überallhin begleitete. Zwar aß er mittags nicht mit am Tisch, doch durch seine Stellung war er mit allem und jedem vertraut, auch mit den Familienproblemen. An den Wochenenden fuhr er Franz und mich oft nach Falkenstein ins Landhaus der Familie. Es lag etwas versteckt auf einem riesigen Grundstück, das an den Wald grenzte und so noch größer schien. Das war unser Revier. Wir waren sehr gern dort und nahmen oft auch Freunde mit. Ein Kiesweg führte vom Haus hinunter auf die Landstraße: Mit einem selbst gebaut Leiterwagen fuhren wir in rasendem Tempo hinab. Den ganzen Tag über tollten wir draußen herum, im Winter liefen wir Ski.

Franz war, anders als ich, ein sehr guter Schüler. Wir gingen in eine Klasse, bis der Vater mich vom Goethe-Gymnasium herunternahm. Doch auch danach habe ich ihn fast jeden Tag besucht. Ich sehe noch sein Zimmer vor mir: Es gab dort alles, was man sich als Kind oder Jugendlicher wünscht, auch Schallplatten und ein Grammophon. Die herrlichen Lieder von Claire Waldoff habe ich dort zum ersten Mal gehört. Durch eine halbrunde Fensterfront sah man in den Garten. Das Zimmer war so groß, dass man bei schlechtem Wetter Fahrrad darin fahren konnte.

Elisabeth Bamberger (1945/46)*

Wir hatten im Sommer 1930 wie in jedem Jahr ein Personalfest veranstaltet. Dieses Mal fand in Bacharach am Rhein ein Fußballspiel zwischen den Mannschaften der Firmen Bamberger und Herz, Frankfurt und Köln statt. Später wurde in einem hübschen, typisch rheinischen Gasthaus gegessen, getrunken, getanzt, fotografiert, Reden gehalten. Der Tag hatte aber noch eine andere Bedeutung, eine symptomatische für die Vorhitlerzeit. Einige Tage zuvor war das Rheinland entsprechend einer Vereinbarung zwischen Briand und Stresemann von der Besatzung geräumt worden. Ein Zeichen des good will von Seiten der Franzosen, die laut Versailler Vertrag damals noch nicht dazu verpflichtet waren. An jenem Sonntag waren einige unserer Angestellten unter Anführung des Prokuristen M. bei dem Personalfest nicht zugegen. Warum? Der Stahlhelm, die rechts stehende Organisation der Kriegsteilnehmer, hielt eine Parade in Koblenz ab und die „Patrioten", wie Herr M. und Konsorten, waren vom nahe gelegenen Bacharach aus dorthin gewallfahrtet. Heinrich war außer sich, dass man eine solche Versammlung im eben geräumten Rheinland abhielt, er betrachtete es als Provokation der Franzosen. Die in Koblenz gehaltenen Reden ließen keinen Zweifel an der Gesinnung der Herren, die mit Spazierstock exerzierten, da die armen Deutschen laut Versailler Vertrag ja keine Waffen hatten.

Ein zweites Erlebnis aus der Vorhitlerzeit: Ich war sehr interessiert an allen Friedensbestrebungen und Mitglied zweier Organisationen. Die eine war die Frauenliga für Frieden und Freiheit, die Zusammenkünfte und Vorträge veranstaltete. Im letzten Jahr vor Hitlers Machtantritt sollte der Generalsekretär des katholischen Friedensbundes sprechen. Man fand sich im Handwerkerhaus in der Altstadt zusammen, also einer Proletariergegend. Heinrich, der auch viel Interesse für diese Fragen hatte, begleitete mich, ebenso Vetter Louis H., der gerade in Frankfurt anwesend war. Als wir dem Versammlungsort nahe kamen, freuten wir uns der Menschenmassen, die dem Lokal zustrebten. Man saß an Tischen, die quer zur Tribüne standen. Ich saß vorne, so dass ich Heinrich den Rücken kehren musste. Als der Redner aufstand und beginnen wollte, sprang plötzlich ein Mann auf die Tribüne und donnerte eine Rede herunter, die von den Anwesenden der Altstadt frenetisch beklatscht wurde. Er verbot die Versammlung, die nicht in ihrem Sinne sei. Es entstand ein ungeheurer Tumult. Ich blieb ruhig sitzen, um abzuwarten, wie sich die Dinge weiter entwickeln würden. Da fühlte ich mich von Heinrich etwas unsanft am Arm gepackt und dem Ausgang zugeschoben. Plötzlich merkte ich, dass ich vollkommen blind war und fühlte nur, dass Louis meinen anderen Arm packte und die Beiden mich ins Freie schleppten. Dort kehrte das Augenlicht schnell zurück und ich erblickte Heinrich, ganz weiß im Gesicht und ohne Kneifer. Man hatte Tränengasbomben in den Saal geworfen. Ein Mann, der an unserem Tisch vorbei ging, hatte Heinrich mit der Faust einen Schlag auf die Backe gegeben, so dass sein Augenglas herunter fiel und zerbrach.

Der Mann, der die Rede gehalten hatte, wurde in der Nazizeit Kulturreferent der Stadt Frankfurt/Main.

Den Bambergers gegenüber wohnte in einer Villa eine christliche Familie, die zwei sehr hübsche Töchter hatte. Die beiden waren im selben Alter wie wir, etwa 13 oder 14 Jahre. Sie gefielen uns sehr und ich erinnere mich, dass wir ständig ihr Haus beobachteten –, vielleicht kamen sie heraus? Wochenlang ging das so. Eines Tages sahen wir, wie an der Villa eine riesengroße Hakenkreuzfahne aufgezogen wurde. In diesem Augenblick war der Bruch da: Die beiden Mädchen wussten, dass wir Juden sind. Wir waren in schlechter Stimmung, weil ausgerechnet unsere Angebeteten Nazis sein mussten.

So habe ich Hitlers Machtübernahme erlebt: Überall in der Stadt hingen die Fahnen, es gab riesige Aufmärsche. Ich war 14 Jahre alt. In meinem Leben änderte sich nichts. Der Vater ging weiter in die Redaktion, ich besuchte zu dieser Zeit die Wöhlerschule und hatte Tanzstunde. Reihum fand sie bei einem der Teilnehmer zu Hause statt. Dann wurden die Möbel beiseitegeschoben, die Tanzlehrerin kam und brachte einen Klavierspieler mit. Wenn die Stunde zu Ende war, tanzten wir noch weiter nach Musik vom Grammophon.

Auch Emilies Freundinnen kamen wie immer zu Besuch und hielten einmal in der Woche ihren Kaffeeklatsch. Die Damen waren alle etwas korpulent und liebten *Petits fours*, die Emilie für diese Gelegenheiten im verschlossenen Eichenbuffet im Wohnzimmer aufbewahrte. Einmal habe ich das große, schwere Möbel von der Wand abgerückt, um an die Küchlein heranzukommen. Ich schraubte die Rückwand ab, nahm das Gebäck und rückte alles wieder ordentlich an seinen Platz. Ich sehe noch Emilies erstauntes Gesicht vor mir, als sie wenige Tage später die Türen öffnete und ins Leere griff.

Es hat nicht lange gedauert, da waren die Fahrten nach Falkenstein beendet. Was aus dem Haus wurde, weiß ich nicht. Auf jeden Fall begann schon kurz nach '33 die so genannte Arisierung. Jüdische Geschäftsleute verloren ihre Unternehmen. Sei es, dass sie die Zeichen der Zeit früh erkannten und deshalb den Verkauf betrieben; sei es, dass sie dazu gedrängt und schließlich gezwungen wurden: Innerhalb weniger Jahre verloren sie alles. Auch bei Bambergers hatte sich eine Zelle der NSDAP gebildet, die eine immer größere Rolle im Geschäft spielte. Wenn zum Beispiel Hitler eine Rede hielt, dann versammelte sich die Belegschaft in einem Raum, den die NSDAP-Gruppe praktisch für sich beschlagnahmt hatte. Dort stand auch ein Radio und alle Mitarbeiter hörten die Rede gemeinsam an. Ausgerechnet der alte Chauffeur hatte sich als Obernazi entpuppt. Er war der erste, der im Geschäft in Uniform erschienen war. Ich erinnere noch das große Entsetzen in der Familie, dass er, der alte Vertraute, eine Hauptrolle in der „Ausrichtung der Belegschaft" spielte. Und natürlich auch dafür sorgte, dass die Firma möglichst schnell vom „jüdischen Einfluss befreit" wurde. Wie er das geschafft hat, weiß ich nicht.

Elisabeth Bamberger (1945/46)

Am 30. Januar 1933 hörten wir die Radionachrichten. Hindenburg hatte Hitler zum Reichskanzler ernannt und dieser hielt über's Radio eine Rede, die an den späteren gemessen sehr maßvoll klang – für meine Ohren sowohl wie für die anderer heute. Nicht so für Heinrich. Er sagte mir am nächsten Morgen, dass die Rede ihn die ganze Nacht nicht schlafen ließ, ihn, dessen tiefer und fester Schlaf eine Quelle der Regeneration für sein krankes Herz war, das trotz Überfülle an Arbeit und begreiflicher Sorgen oder Aufregungen bis dahin verhältnismäßig gut intakt blieb. Im März fuhr ich meine Mutter und Geschwister nach Berlin besuchen, Heinrich folgte gegen

Ende des Monats nach. Da wurde von der Regierung, in der damals noch zum Schein die Vertreter einiger andrer Parteien saßen, die erste große Aktion gegen die Juden angekündigt. Heinrich besuchte das Büro des CV (Centralverein Deutscher Staatsbürger jüdischen Glaubens). Er kam zurück und erzählte, wie fieberhaft dort gearbeitet würde und dass man vor allem versuche, die Gesandtschaften und Konsulate der andern Länder für die Vorgänge zu interessieren. Am 29. März saßen wir in einem Berliner Restaurant. „Wenn ich heute in Frankfurt gewesen wäre, säße ich nicht so ruhig beim Essen", sagte Heinrich plötzlich. Er hatte, bevor wir uns trafen, mit Frankfurt telefoniert und Folgendes erzählt bekommen: Der Detaillistenverband*, dessen Vorsitzender er war, hatte die jüdischen Mitglieder in ein Lokal beordert, um zu dem zu erwartenden Boykott Stellung zu nehmen. Als die Herren versammelt waren, wurde die Türe aufgerissen, SS drang herein, sprang auf die Tische und erklärte mit vorgehaltenen Revolvern die Versammlung für geschlossen und die Männer für verhaftet. Man zwang sie, mit hinter dem Kopf verschränkten Armen im Laufschritt durch die bekanntesten Geschäftsstraßen zu rennen und hatte einen auffallend jüdischen Herrn ausgesucht, der an der Spitze laufen musste. Die Polizeiautos fuhren hinterher. Die Polizei benahm sich, solange es ging, sehr anständig und ihrer alten Tradition getreu, bis sie mit jungen Nazis so durchsetzt wurde, dass die älteren Leute später nur noch unter vier Augen ihre wahre Gesinnung zu erkennen gaben. Als Vertreter der Firma Bamberger und Herz war wegen Heinrichs Abwesenheit Herr Piorkowski zu der Versammlung gegangen. Dieser durch den Ersten Weltkrieg körperlich behinderte Mann konnte im Laufschritt nicht mithalten und fiel hin. Darauf lud man ihn auf eines der Polizeiautos und er hörte auf diese Weise eine Diskussion mit: Die SS-Leute wollten die Männer in das „Braune Haus" bringen, und das bedeutete Misshandlungen schlimmster Art, doch die Polizei plädierte für das Gefängnis und behielt glücklicherweise die Oberhand. So brachte man die Missetäter dorthin, sperrte sie zwar in Einzelzellen, doch war die Behandlung nicht allzu streng und eine Woche später wurden sie entlassen. Es war keine von der Obrigkeit vorgeschriebene Tat, sondern eine so genannte Einzelaktion, wie sie später noch ungezählte Male vorkamen und leider nicht immer so glimpflich abliefen. Mittags am 31. März reisten wir nach Frankfurt. Der Zug kam von Berlin und war so voll, dass wir mit Mühe Plätze fanden. Es war ein D-Zug, der über Frankfurt nach Basel fuhr. In unserm Coupé saß eine Erzieherin mit zwei Kindern, die sie zu ihren Eltern nach Lugano bringen sollte. Das christliche Fräulein war reizend mit den Kindern. Es war ein typischer Flüchtlingszug, allerdings einer des Jahres 1933. Später sahen sie anders aus. Wir kamen in Frankfurt an, vom Schwager Max Loeb und Klara erwartet. Auch die Herren Schmidt und Wolfram waren anwesend. Sie waren gekommen um Heinrich zu sagen, dass im Geschäft alles ruhig sei. Es war damals noch ein Rest von Anhänglichkeit vorhanden. Wolfram, einer der Prokuristen, hat sich später zu einem der wüstesten Nazis entwickelt, der das ganze Personal aufhetzte – soweit es dessen noch bedurfte. Meine Schwester Klara, die gute Seele, war unserer, vor allem Heinrichs wegen in großer Aufregung und wollte uns durchaus veranlassen, sofort ins Ausland zu reisen. Wir fuhren nach Hause, von Friedel und den Mädchen erwartet. Franzl, damals 13 Jahre alt, schlief schon. Die beiden Kinder waren wie alle jüdischen Kinder am Vormittag aus der Schule nach Hause geschickt worden. Am nächsten Morgen war das Geschäft zwar geöffnet, aber Boykottwachen standen davor. Am Vormittag erschienen die Herren Schmidt und Wolfram in unserer Wohnung und hatten eine stundenlange Unterredung mit Heinrich und Fritz. Sie rieten dringend, die B.u.H. Geschäfte zu verkaufen, da man die Macht der Nazis nicht hoch genug einschätze. Am Montag wurde das Geschäft wieder geöffnet, und neuerlich ging alles seinen Gang wie bisher. Eine erfreuliche Episode möchte ich erwähnen. Mit dem ersten Angestellten, der das Geschäftslokal aufschloss, erschien der erste Kunde. Herr Stier, Inhaber eines Damenkonfektionsgeschäftes, früherer Offizier. Dieser Herr, der niemals ein Kunde von B.u.H. gewesen war, kam, um sich einen Anzug anmessen zu lassen. Er war nicht nur ein vornehm gesinnter Mensch, sondern auch ein großer Bewunderer Heinrichs, dessen Charakter und Tüchtigkeit er gleicherweise schätzte. Auch in späteren Monaten war er furchtlos genug, sich öffentlich in Heinrichs Gesellschaft sehen zu lassen. Nach seinem Tod schrieb mir Herr Stier den schönsten Beileidsbrief, den ich damals bekam. Darin bezeichnete er Heinrich als einen „königlichen Kaufmann".

Im Privatleben machte sich die Zeit natürlich auch fühlbar. Vor allem lebten wir in ständiger Angst vor einer Haussuchung. Am Abend beschäftigten wir uns damit, Bücher und Briefschaften zu durchstöbern und alles zu entfernen, was als verdächtig gelten konnte. Es war manches darunter, was einen dokumentarischen Wert hatte – aber weg damit. Wenn die Mädchen zu Bett gegangen waren, schlich ich hinunter in den Heizraum und sah zu, wie die Flammen die Papiere verzehrten, an denen vielleicht noch Kinder und Kindeskinder Interesse gehabt hätten, z.B. Geheimberichte aus dem 1. Weltkrieg, Ausschnitte aus der berühmten *Weltbühne* usw. Unsere als auch Willis und Friedels Bibliotheken unterzogen wir einer Revision und vor allem die Papiere des „Weltfriedensbundes der Frauen und Mütter", an denen ich jede Woche einmal mit Gleichgesinnten gearbeitet hatte, mussten verschwinden. Wir fürchteten, dass es zu viel sei, um in der Zentralheizung verbrannt zu werden. So packte ich alles in einen Koffer und brachte ihn in das Jüdische

Krankenhaus, das damals noch ziemlich unbehelligt geblieben war. Der Chauffeur bemerkte, dass der Koffer auf der Hinfahrt voll und bei der Rückfahrt leer war. Daraufhin erfolgte seine Denunziation.

Meine Mädchen benahmen sich anständig, und in der Schule hatten Friedel und Franz nicht zu leiden. Goethe-Gymnasium und Viktoriaschule waren von jeher in einem schönen, echt demokratischen Sinne verwaltet worden. Natürlich gab es auch dort „auf höheren Befehl" Lächerlichkeiten, zum Beispiel sollte Friedel ein literarisches, selbst gewähltes Thema bearbeiten. Sie suchte dazu ein Werk von Hugo v. Hoffmannstahl aus, es wurde ihr aber untersagt, da der Dichter nicht „rein arisch" war! Den Sommer verbrachten wir wie immer in Falkenstein. Heinrich fuhr morgens ins Geschäft und kehrte immer blasser und immer stiller am Abend zurück. Die Sonntage verbrachte er meist grübelnd im Liegestuhl oder die Probleme der Zeit immer wieder mit Freunden diskutierend. Der Hitleranhänger wurden immer mehr, der Wohlgesinnten immer weniger. Und die, die es noch waren, wagten immer weniger es zu zeigen. Wir fuhren öfter nach Saarbrücken, dort gab es die Möglichkeit, in Deutschland verbotene ausländische Zeitungen und Zeitschriften zu lesen. Die nach D. hereingelassenen Zeitungen wie *Matin, Observer* las Heinrich regelmäßig, was in Anbetracht des darum wissenden Chauffeurs nicht richtig war. In Saarbrücken also schöpften wir neue Kraft und Hoffnung aus der Lektüre. Ein Artikel der *Weltbühne* beeindruckte mich besonders stark. Der Titel: „Prügel, die andere kriegen, werden schnell vergessen". Daran anschließend sprach ich für die Auswanderung. Ohne Erfolg. Leider waren die Bamberger und Herz-Firmen zu kompliziert aufgebaut: Langjährige Lokalmieten, altes Personal, Hypotheken auf eigenen Grundstücken usw. Dazu die Brüder, die es bis dahin fertig gebracht hatten, dem Leben ihren Willen aufzuzwingen und wo Kampf war, ihn immer gewonnen hatten. Und Optimismus und Durchhaltewillen – zu viel davon! Bei Heinrich allerdings fingen diese sonst so positiven Eigenschaften an abzubröckeln und im Sommer sah er wohl schon klar, was die Zukunft bringen würde. Aber er wollte nicht nachgeben und leider spielte seine Gesundheit, sein krankes Herz, eine wesentliche Rolle. Er fühlte, dass er einer großen Umstellung nicht mehr gewachsen war.

Im Herbst zogen wir wieder nach Frankfurt und die dringend nötige Erholungsreise wurde geplant. Heinrich gewöhnte sich schweren Herzens an den Gedanken, aber es musste sein. Ich packte, und der Abend der Abreise war festgesetzt. Um halb Zehn kam Heinrich nach Hause, noch elender aussehend als gewöhnlich. Alles was er sagte war: „Es tut mir leid, aber wir können nicht fahren." Ich packte stillschweigend alles wieder aus. Was war geschehen? Heinrich hatte sich den Zellenobmann ins Buereau kommen lassen und ihm gesagt: „Ich will verreisen, Herr E., und hoffe, dass alles ruhig seinen Gang weiter gehen wird." Ich weiß nicht mehr alles was der Gangster antwortete, nur dass er sagte: „Sie wissen doch, dass Sie unser Feind sind, Herr B." Heinrich glaubte, nicht richtig gehört zu haben und fragte noch einmal: „Ja, Sie sind unser Feind, Sie lesen ausländische Zeitungen." Als Heinrich die Treppe hinunter ging, kam ihm Herr Schmidt, sein Adlatus nach: „Herr B., wenn ich Ihnen raten darf, fahren Sie nicht ins Ausland. Es könnte böses Blut machen und man weiß nicht, was passiert." Also fuhren wir nicht nach Spanien.

Ich las damals mit brennendem Interesse „Die Familie Oppenheimer" von Lion Feuchtwanger, die so viele Parallelen mit der Familie Bamberger aufwies. Heinrich regte es zu sehr auf, er legte das Buch nach den ersten Seiten ungelesen fort. Ich sprach mit der Frau eines Frankfurter Arztes. Die Rede kam auf das Buch und sie meinte, es sei doch recht übertrieben. Ich war ganz erstarrt über dieses Urteil. Heinrichs und meine Gespräche drehten sich naturgemäß um dieselben Probleme. Wenn ich meinem Zorn und Hass Luft machte über das, was seine Angestellten Heinrich angetan hatten, nahm er sie immer in Schutz: „Sie sind nicht schlecht, nur verhetzt". Ich konnte da nicht mit, so sehr ich ihn bewunderte; er handelte nach dem Bibelvers: „Herr vergib ihnen, denn sie wissen nicht was sie tun." Er besaß in seltenstem Maße das Gefühl für Objektivität und sagte mehr als einmal: „Man muss sich vor Verallgemeinerungen hüten."

Es trat eine plötzliche Verschlechterung in Heinrichs Befinden ein, das Ende war unabwendbar. Während der schrecklichen Leidenszeit kreisten seine Gedanken immer wieder um dieselben Probleme. Unsere persönlichen und die der Juden im Allgemeinen. Er äußerte damals Ideen, die ich für Ausgeburten seiner kranken Seele ansah, aber später zeigte es sich, dass er alles bis zur letzten Konsequenz durchdacht hatte und mit geradezu dämonischer Klarheit aus der Vergangenheit die richtigen Schlüsse für die Zukunft zog. So äußerte er einmal: „Sie, die Nazis, wollen die Juden herabdrücken, bis sie wie die Zigeuner mit dem Handkarren durch das Land ziehen werden." Unter den damaligen Verhältnissen ein phantastisch unvorstellbarer Gedanke für uns alle.

Artur Lauinger

Zunächst brachte der politische Umschwung viel Wandel und Bewegung in mein Leben. Die ersten Tage des neuen Regimes brachten eine ungeheure, in dieser Stärke unerwartete Volksbewegung. Die neue Einstellung auch sehr breiter Kreise des Bürgertums kam plötzlich, teilweise erstaunlich plötzlich, doch war gar nicht zu verkennen, dass in der übergroßen Mehrheit die Begeisterung echt und ungeheuer war. Noch erstaunlicher war, wie falsch die wirkliche Volksmeinung und Volksstimmung von sehr vielen eingeschätzt worden war. Es fielen auch mir wirklich Schuppen von den Augen. Viele von denen, die sozusagen berufsmäßig die Hand am Puls des Geschehens zu halten hatten – und dazu gehörte ja auch ich – wurden von dem, was sich vollzog, und zwar in Stunden- und Tagesfrist vollzog, sozusagen über den Haufen gerannt. Die Bewegung hatte eine elementare Wucht, sie war unwiderstehlich.

Nun, das alles gehört heute schon der Geschichte an. Ich habe mich zu beschränken auf das, was mir geschah und was ich in diesen Zeiten erlebte. Als ich am Tage der Machtergreifung in mein Büro ging, fand ich es von SS-Männern besetzt. Eine kurze Untersuchung meines Zimmers, ohne jede persönliche Inanspruchnahme. Die Untersuchung war natürlich ergebnislos. Kurz darauf wurden einige der dem Betriebe Angehörigen, darunter auch mein ältester Kollege Albert Oeser*, in den Hof zusammengerufen, um einige Worte über die Tatsache des Umschwungs zu hören. Ich war nicht dabei.

In den ersten Tagen der Machtergreifung hielt ein inzwischen verstorbener, früherer Prokurist eines ersten Privatbankhauses, später in hoher Parteistellung, eine Rede in der Börse, die ich anhörte. Am selben Tage hatte ich einige Privatakten, die ich in der Zeitung hatte – es waren lediglich Exemplare der *Frankfurter Zeitung* und anderer Zeitungen, die Artikel von mir enthielten – in meine Privatwohnung schaffen lassen. In der darauf folgenden Nacht erschienen bei mir drei Männer, die Einlass begehrten; sie waren uniformiert. Ich verlangte polizeiliche Beglaubigung oder Ausweis. Nachdem das nicht beigebracht wurde, öffnete ich die Wohnung nicht. Am nächsten Tage war mittags Haussuchung, zwölf Uniformierte. Ich kam während der Haussuchung von der Börse nach Hause. Sie wurde sehr gründlich, aber auch sehr höflich und schonend vorgenommen, alles wurde wieder an seinen Platz gestellt, nichts in Unordnung zurückgelassen. An der Haussuchung nahmen auch zwei Beamte in Zivil teil. Der Grund war mir unbekannt, es wurde nicht das Geringste festgestellt, was zu beanstanden gewesen wäre. Als ich mich bei dem Führer der Mannschaft erkundigte, was man eigentlich suche, bekam ich die Antwort: Eine große Anzahl Kisten, die in meine Wohnung gebracht worden seien. Es konnte festgestellt werden, dass es sich um Kisten des über mir im 1. Stock arbeitenden italienischen Generalkonsulats handelte, die in der vergangenen Nacht auf Lastwagen aus Stuttgart angekommen und abgeladen worden waren. Auch nach den in meine Wohnung gebrachten Privatakten ging die Frage; ich zeigte sie vor. Dann war die Haussuchung beendet, sie hatte sich in höflichen Formen vollzogen.

Am folgenden Tag wurde ich an der Börse verhaftet, zum Präsidium gebracht und im Polizeigefängnis in Schutzhaft genommen. Möglicherweise hing dieser Vorgang noch zusammen mit der vortägigen Haussuchung, bzw. mit ihrem vermuteten Anlass. Meine Schutzhaft dauerte eine Nacht und einen Tag. Es war in dieser bewegten Zeit eine kurze Frist ungetrübter Ruhe. Ich habe mich nicht um Fingerbreite über die Behandlung zu beschweren. Ich ließ mir Bücher kommen, meine Zigarren, Geld; ich hatte eigene Verpflegung aus einem benachbarten Restaurant und noch nicht einmal Langeweile. Ich erhielt auch Besuch dreier englischer und amerikanischer Journalisten aus Berlin, die mich aufsuchten und interviewten. Einer mit der englisch gestellten Frage: „Welche Gräuel hat man an Ihnen begangen?" Ich konnte ihn beruhigen und ließ die Herren meine Zigarren rauchen. Es war friedlich, fast gemütlich. Auf diese Weise bin ich auch einmal im Gefängnis gewesen, ich habe allerdings 53 Jahre gebraucht, um dahin zu kommen. Man hat mir nichts getan. Es hat mir auch nicht geschadet. Ich fuhr vom Gefängnis in mein Büro, von wo aus man inzwischen meine Frau getröstet hatte, man hatte auch sonst für mich allerhand zu tun unternommen, in guter Kollegialität. Ich wurde als Wiedererstandener sehr lebhaft begrüßt, selbstverständlich auch zu Hause und schließlich des Abends bei meinen Freunden. Warum ich eigentlich gesessen habe, kann ich nicht mit Bestimmtheit sagen. Diese Sache ist eine nicht einmal unangenehme Erinnerung. In der Vielseitigkeit seiner Erscheinungen liegt die Würze des Lebens.

Wolfgang Lauinger

Elisabeth Bamberger gehörte zu den ersten, die ihre Kinder ins Ausland schickte: Franz' Bruder Willi, der 1931 an Kinderlähmung erkrankt war, hatte sich zum Zeitpunkt der „Machtergreifung" zur Erholung in Spanien aufgehalten und war dort geblieben. Seine Schwester Friedl ging nach Italien, wo sie bei ihrem Onkel, dem berühmten Filmregisseur Max Ophüls, Assistentin wurde. Franz wurde zum weiteren Schulbesuch nach England geschickt. Ich habe ihn nie wieder gesehen. Dass er vor seiner endgültigen Emigration in die USA noch einmal in Frankfurt war, habe ich erst von Dir erfahren.

Der Vater und ich haben über all das, was sich damals ereignete, nicht gesprochen. Ich lebte in meiner Welt, von der er nichts wusste, und über seine sprach er nicht mit mir. Aber ich erinnere, wie mein älterer Bruder, der politisch sehr interessiert war, heftig mit dem Vater gestritten hat. Ich habe damals nicht ganz verstanden, um was es ging, aber Fetzen dieser Auseinandersetzung, die sich kurz vor Herberts Auswanderung zugetragen haben muss, sind in meinen Kopf eingebrannt. Der Vater hatte *Das schwarze Korps* abonniert, das – wie es im Untertitel hieß – „Organ der Reichsführung SS. Zeitung der Schutzstaffeln der NSDAP". Herbert hat ihm das vorgeworfen.

Der Vater brauste auf: Er brauche das Blatt für seine Arbeit. Mein Bruder warf ihm Blauäugigkeit vor. Du verstehst überhaupt nichts, schrie der Vater dann, und dass „das alles" bald vorüber sein würde. Der Vater hatte immer noch das Gefühl: Ich bin Deutscher, mir kann nichts passieren. Herbert hat Vaters Ansichten nicht geteilt. Er hatte bei der Deutschen Bank eine Lehre absolviert und dann versucht, nach Zürich zu emigrieren, dort aber keine Arbeitserlaubnis erhalten. Schließlich wanderte er 1937 nach Argentinien aus. Der Vater hat ihm im Januar 1937 eine Art Abschiedsbrief geschrieben:

> „Du wirst also nun Deutschland verlassen und Deinen neuen Wirkungskreis über See finden. Du weißt, mein lieber Sohn, dass ich Dir immer als Freund verbunden war. Daran wird sich durch die größere Entfernung nichts ändern. Ich habe zu Dir immer unbeschränktes Vertrauen gehabt und Du hast es in Deinem ganzen Verhalten wie in Deiner Arbeit in jeder Lage gerechtfertigt. So bin ich auch unbesorgt wegen Deiner Zukunft. Ein offener, ehrlicher Mensch mit Wissen und Können, mit guten Formen, wird sich überall durchsetzen. Ich sage Dir noch einmal: Lebe wohl, bleibe gesund, denke an Deine Eltern, wie diese immer an Dich denken, in alter Herzlichkeit und Liebe. Lass Dich nicht verblüffen, schreib mir gleich Deine Ankunft durch Flugpost, dann später Deine Aufnahme, Deine Eindrücke. Und nun, mein Junge, reise mit Gott."

Jahrzehnte später, als ich 2003 Herberts Kinder und Enkel in Buenos Aires besuchte, habe ich sein Abschlusszeugnis gesehen, aus dem hervorgeht, dass sein Lehrverhältnis bei der Deutschen Bank in Frankfurt 1934 vorzeitig beendet worden war. Offensichtlich hatten sie ihn wegen seiner jüdischen Herkunft hinausgeworfen. Du kannst ihn nicht mehr danach fragen, Herbert ist 1981 gestorben.

Das Jüdischsein hat in meiner Kindheit keine Rolle gespielt, überhaupt keine. Erst als Vater Emilie geheiratet hat, ist mir bewusst geworden, dass er Jude ist und Emilie Jüdin. Die beiden haben auch nicht nach jüdischem Ritus geheiratet, sondern nur standesamtlich. Emilie war geschieden und nicht mehr jung, und der Vater brauchte eine Mutter für uns Kinder. Die Hochzeit wurde also ganz klein gehalten, ich war nicht einmal dabei.

Für mich bedeutete Jüdischsein die Zugehörigkeit zu einer Religionsgemeinschaft, so wie es eben auch andere gab. Ich war zu dieser Zeit neun Jahre alt und habe da keinen Unterschied gesehen, kannte also auch nicht die jüdische Geschichte. Erst später ist mir aufgefallen, dass die Juden in Frankfurt in bestimmten Vierteln wohnten. Erst durch Hitler ist das Jüdischsein ein Thema geworden. Vorher wusste man, es gibt Juden, Protestanten, Katholiken. Und die Protestanten schimpften auf die Katholiken und die Katholiken auf die Juden und so weiter. Antisemiten gab es schon immer. Aber dass da Feindschaften, also wirkliche Rache- und Hassgefühle entstehen, das hat es erst nach 1933 gegeben. Was geschah, war ohne Beispiel, es sei denn, man denkt an die Verfolgungen im Mittelalter. Aber wir sind nicht mehr im Mittelalter, wir sind in der Neuzeit. Wie Hitler das von heute auf morgen geschafft hat, den Großteil des deutschen Volkes nicht zu Gegnern einer Religion, sondern einer „Rasse“ zu machen, ist mir unerklärlich. Diese Entwicklung war auch damals kaum zu fassen. Stufe um Stufe wuchs die Gewaltandrohung, aber es passte nicht in die Vorstellungswelt – erst recht nicht bei einem Jugendlichen. Und für alles Weitere gab es keine Vorwarnung mehr.

Tatsächlich hat sich in meinem Leben 1933 so gut wie nichts verändert. Ich habe die Fahnen wahrgenommen, die Hakenkreuze, die äußeren Symbole. Radio hörte ich nicht. In der Zeitung sah ich natürlich diese Artikel, später die Verordnungen über gewisse Einschränkungen. Man fühlte sich schuldig. Man wusste nicht, ob das stimmt, was da steht. Waren die Juden so privilegiert, wie dort zu lesen war? Ich sah das Elend um uns herum, ich sah die vielen Häuser leer stehen, weil die Leute die Mieten nicht mehr bezahlen konnten. Während wir im Westend lebten, sind viele unserer Nachbarn ausgezogen, überall hingen die Schilder: Wohnung zu vermieten. Und ich sah die Arbeitslosen, uns ging es gut –, ich hatte ein schlechtes Gewissen. So fragte ich mich, ob wir nicht doch irgendwie Schuld hatten an dem Hass, der uns Juden entgegenschlug.

Trotzdem hat uns Jugendliche das alles wenig betroffen. Wir hatten unsere eigenen Interessen. Dass mein Freund Franz Bamberger plötzlich weg war, habe ich natürlich wahrgenommen, aber ich war ja nicht nur mit jüdischen Jungs zusammen. Unter uns wurde kein Unterschied gemacht. In unserem eigenen Kreis, der später dann auch zum Anlass der Verfolgung wurde, spielte das kaum eine Rolle. Unser Leben zwischen 1933 und 1938 blieb eigentlich unberührt von den Veränderungen. Großveranstaltungen sind wir möglichst aus dem Weg gegangen.

Weil ich in meinem Umfeld keinerlei Benachteiligungen gespürt oder wahrgenommen habe, war ich eigentlich nicht betroffen, es sei denn, ich war zu Hause und nahm Kenntnis von den dauernden Beleidigungen und Einschränkungen, die meine Familie auf sich nehmen musste. Die jüdischen Familien spürten natürlich ständig die Einschränkungen. Man war bedrückt, schon vor der so genannten Kristallnacht: Juden durften kein Schwimmbad benutzen, kein Theater oder Restaurant besuchen. Die Stimmung war schlecht. Viele Juden und Christen hatten Freundschaften, die waren in gewisser Weise auch verboten, das heißt, sie konnten nur geheim stattfinden. Keine christliche Familie mit jüdischem Freund hätte es gewagt, am Tag sein Haus zu betreten.

Und natürlich war man traurig, wenn einer verschwand, aber in jungen Jahren findet man sich schnell mit Veränderungen ab. Es waren viele, die gingen. Die

Merzbachs zum Beispiel, die zu den besten Freunden meines Vaters zählten. Die Flucht kam oft von heute auf morgen. Ich erinnere mich noch, dass da gar kein Übergang war: Leute, die man kannte, waren von einem Tag auf den anderen verschwunden. Die hatten irgendwie ihre Probleme gelöst mit der Auswanderung und ruckzuck, ohne Vorankündigung, verschwanden sie. Auch die Familie Swarzenski, da habe ich nichts mitbekommen von Umzugsplänen. Wir waren viel zusammen, und plötzlich waren sie weg. Das heißt also, die Familien, die die Möglichkeit hatten – finanziell und durch Aufenthaltsgenehmigungen und Bürgschaften und so weiter – die verließen fluchtartig das Land, schon 1934, '35, '36. Es war vielleicht auch eine Mentalitätsfrage. Manche waren ängstlich und haben gesagt, besser wir gehen gleich. Sie haben ein paar Mark bekommen für den Verkauf ihrer Firmen und haben sofort die Konsequenz gezogen, haben gesagt: Wenn ich meinen Beruf und meine Firma verliere, will ich auch aus dem Land verschwinden. Die Menschen dagegen – wie soll man sagen? –, die ihr Vaterland besonders liebten, an Deutschland und seinen Landschaften hingen oder in sonst einer Abhängigkeit standen, sind eben hier geblieben und sind später getötet worden.

Artur hat mit mir nicht über Politik gesprochen. Ich war 15, 16, 17 Jahre alt, der Vater hat mich als Kind angesehen. Mit meinem Bruder, der fünf Jahre älter war als ich, hat er gestritten. Herbert hat ihn wegen seiner nationalen Gedanken und Gefühle immer wieder angegriffen, vehement. Er hat versucht, ihm zu sagen, dass das alles nicht trägt. Aber der Vater hat das abgewimmelt, indem er sagte, du bist noch unerfahren, du hast keine Ahnung. Er glaubte, dass das über Nacht wieder verschwindet, dieses System; so kannte er es aus der chaotischen Weimarer Zeit. Mich wollte er mit diesen politischen Auseinandersetzungen nicht belasten, er wollte mir nicht das Gefühl geben, dass ich verfolgt oder benachteiligt bin.

Es sollte nichts an die Kinder herangetragen werden, was unangenehm war. Ich glaube, das war das Entscheidende, er wollte mich und meinen Bruder fernhalten von den unangenehmen politischen Ereignissen. Und ich selbst, wie gesagt, wurde erst wach, als wir zum Gegenstand einer staatlichen Aktion wurden, als unser harmloses Zusammensein im Freundeskreis und das Eigenleben, das wir führten, uns den Vorwurf einbrachte, den Staat zu unterminieren. Aber das war später, im Krieg.

Mein Vater hat den Antisemitismus nicht ernst genommen. Er hat gedacht, das wäre eine vorübergehende Erscheinung. Er hatte die Monarchie erlebt und dann die Weimarer Zeiten, auch da ging es drunter und drüber. Es hatte niemals etwas Ähnliches wie diesen Nationalsozialismus gegeben, man hatte keine Vorstellung, was passieren kann.

Artur Lauinger

In dieser Zeit des Umschwungs wurde mir die ganze Schwere der jüdischen Frage besonders klar. Es ist ganz zweifellos zu einem Teil, und offenbar nicht zum kleinsten, eine Folge des Verhaltens der Juden, wenn ihre Anwesenheit in Deutschland zu einem Problem, ja bis zur vollendeten Katastrophe des Judentums in Deutschland, geführt hat. Es mag alles richtig sein: dass die Juden als Vertriebene einst auch in deutsche Lande gekommen waren, dass sie durch Gesetze durch Jahrhunderte auf wenige Berufe beschränkt waren, auf Berufe zudem, die – wie die Geldleihe und der Hausier- und Kleinhandel – sie vielen verhasst werden ließen. Das alles ist richtig. Aber ebenso richtig ist es auch, dass das Zeitalter der Aufklärung ihnen die Emanzipation gebracht hatte und dass sie von dieser keinen ausreichenden Gebrauch zu machen verstanden haben.

Auch hier muss man gerecht sein. Die Emanzipation in der Form, wie sie vor mehr als 125 Jahren kam, war ein dilettantischer Fehler. Man emanzipiert eine Gruppe im Volke nicht, indem man ihr nach Jahrhunderte langer Abschließung im Ghetto kurzerhand die Türe öffnet und ihr sagt: Du bist frei, Du bist gleichberechtigt – sieh zu, wie Du damit fertig wirst. Die Juden wurden damit nicht fertig, oder doch nur verhältnismäßig wenige unter ihnen. Sie konnten die Jahrhunderte der Isolierung nicht in Jahren oder auch Jahrzehnten überspringen, sie haben es in erheblicher Zahl bis heute nicht fertiggebracht. Sie waren verloren unter einer abgeneigten Volksmasse; in ihren „Staatsersatz", die Religionszusammengehörigkeit, verstrickt; in engste Banden gebunden; isoliert, gleichgültig freiwillig oder unfreiwillig, in einen unsichtbaren, aber darum nicht weniger wirksamen Ghetto. Sie sind zum großen Teil bis heute darin geblieben. Mit ihrer Religionsverbundenheit, eifersüchtig von ihren Geistlichen behütet, mit ihren landesfremden Sitten und Gebräuchen, ihrer sonderbaren Ghettojargon-Sprache, mit ihren Speisegesetzen, Ehegebräuchen und Innenheiraten, mit ihren Sonderfeiertagen und ungeschriebenen Gesetzen, ihren fremdsprachigen Gebetbüchern: Sie klammerten und klammern sich immer noch aneinander, trotz allem, trotz aller Emanzipation. Sie haben zum Teil den ihnen durch Jahrtausende anerzogenen Handelsgeist mit der besonderen, nicht immer rücksichtsvollen und altruistischen Einstellung. Sie haben Hochmut und Kastengeist, auch in ihren eigenen Schichten. Sie haben freilich hochstehende und erlesene Geister unter sich, wie jedes andere Volk auch. Aber sie schätzen sie nur, wenn sie in ihrer Kaste bleiben. Die Emanzipation hätte, um Erfolg zu haben, von einer Zwangsschulung und von der geistigen Anpassung durch Generationen eingeleitet werden müssen. Und die deutschen Juden hatten das Unglück, dass sie, wenn sie schon eine Volksgruppe für sich waren, ohne einen geistigen Führer blieben, der ihnen die Wege eines erträglichen Zusammenlebens mit dem Wirtsvolke gezeigt und sie geleitet hätte. Ihre Führer, ihre Geistlichen, Dichter und Philosophen, ihre Großkaufleute und Juristen glitten nur zu oft in Unwirklichkeiten ab oder blieben in der Kurzsichtigkeit des nur äußerlich beseitigten Ghetto. Gelang es aber, das Niveau der deutschen Juden im Ganzen zu heben, sie empfänglicher für das zu machen, was Deutschland heißt, so waren sie immer wieder dem Massenzustrom kulturell tiefer stehender Juden aus dem Osten ausgesetzt, die mit der ganzen Bedenkenlosigkeit und Brutalität dem Joch entsprungener Sklaven über das deutsche Land hereinbrachen, die Ellenbogen gebrauchten. Das waren die großen Nutznießer jeder Krise, das waren die, die den Namen „Jude", indem sie ihn missbrauchten, diffamierten. Die sorgsam und mühevoll vorbereitende Deutschkultivierung der alteingesessenen Juden zerbrach und verschwand mit unheilvollsten Auswirkungen, unter dem Ansturm dieser fremden Masse. Statt sie abzulehnen, ihnen mit jeder Schärfe distanzierend entgegenzutreten, ließen sie sich von ihren Religionsorganisationen, unter der Führung ihrer sehr kurzsichtigen Geistlichen, dazu bringen, diese Fremdjuden trotz aller Unterschiede, die selbst in der Religionsauffassung bestanden, als ihresgleichen anzusehen, sie als eine Einheit mit sich selbst zu betrachten. So flammt der Antisemitismus immer erneut auf, so wurde oder blieb die Gesamtheit der Juden der gehasste Fremdkörper. Jeder wurde für Jedes Taten und Verhalten verantwortlich gemacht. Das war vielleicht die wichtigste Grundlage dessen, was in der Judenfrage 1933 geschah. Nun kam die Entbürgerung, die Verachtung, die gewaltsame Abscheidung, es kam das Emigrantentum mit seinen höchst üblen Begleiterscheinungen. Ja, in dieser Zeit beherrschte zudem viele Juden ein gewisser Mangel an Selbstzucht. Sie gaben innerlich in ihrer großen Mehrzahl den moralischen Anspruch, Deutsche zu sein, auf. Allzu viele ließen sich hinüberdrängen in die Rolle des unfreiwillig unsesshaft gewordenen Weltbürgers. Meine Denkart und meine Erziehung haben mich andere Wege gehen lassen. Ich hoffe für mich und meine Söhne auf anständige Weise mit dem Geschehen dieser letzten Jahre fertig geworden zu sein und noch weiterhin fertig zu werden. Ich will von niemandem Mitleid, ich will nicht bedauert sein. Man soll mich in Ruhe lassen und das Gefühl einer Enttäuschung achten, das eine Stärke in sich trägt, weil es nicht zur Schwäche führt.

Wolfgang Lauinger

1935 sind wir aus der schönen großen Wohnung in der Rheinstraße in eine kleinere in der Nidenau umzogen. Ich glaube, es hatte damit zu tun, dass der Vater nicht mehr so viel bei der *Frankfurter Zeitung* verdiente, wir mussten uns einschränken. Ich habe mich nicht darum gekümmert. Mit 17 Jahren war ich auch abends kaum noch zu Hause; ich traf mich mit meinen Freunden. Die Swarzenskis waren noch nicht emigriert, Wilfrieds älterer Bruder, Wolfgang, hatte von seinem Vater einen amerikanischen Wagen geschenkt bekommen – ein todschickes, beiges Cabriolet. Er war der erste in unserem Kreis, der ein Auto besaß. Damit fuhren wir in der Gegend herum. Oft sind wir in Dillingen gewesen, wo die Großmutter der Swarzenski-Brüder ein Haus besaß.

Einige meiner Freunde waren Bündische gewesen. Sie hatten dem Nerother Wandervogel* angehört, der mittlerweile verboten war. Dennoch trafen sie sich heimlich weiter. Als ich Herbert Westenburger und die anderen kennen lernte, fiel mir auf, wie sie miteinander umgingen: Sie erzählten von Fahrten, die sie unternommen hatten; sogar von Weltfahrten war die Rede. Sie waren miteinander auf eine Weise nah und vertraut, wie ich es noch nie erlebt hatte und wie es mir rückblickend für die damalige Zeit als vollkommen ungewöhnlich erscheint. Ich fühlte: Das ist meine Welt. Diese Freundschaften haben mich sehr glücklich gemacht. Mit der Hitlerjugend hatte niemand in diesem Kreis etwas zu tun. Heimlich trafen sie sich, um ihre Lieder zu singen und Touren zu planen, und heimlich gingen sie noch immer zusammen wandern. Herbert ist deshalb im September 1938 verhaftet worden. Tagsüber trafen wir uns oft auf der Körnerwiese im Westend, abends auf ein Glas Bier im Börsenstüble. Wenn ich dann spät nachts nach Haus kam, schlich ich leise in die Wohnung. Doch der Vater lag meistens noch wach im Bett oder er schrieb, und rief mich zu sich herein. Hauch mich mal an, sagte er. Ja, sagte ich, natürlich hab' ich zwei Bier getrunken. Das war das Einzige, was ihn interessierte. Über den Kreis, in dem ich verkehrte, wusste er nichts. Er fragte nie, hast Du eine Freundin, hast Du einen Freund? Er hat uns ausgezeichnet versorgt und fragte mich immer, ob ich Geld hätte: Wenn Du was brauchst, sagst Du's mir. – Geld hatte ich immer. Dass er sich Gedanken darüber machte, wie mein Privatleben aussieht oder wie es um mein Seelenheil steht, das kann ich mir nicht vorstellen. Nach wie vor sprach er mit mir nicht über Politik oder seine Angelegenheiten. Ich galt noch immer als Kind.

Herbert Westenburger (2010)*

Im Jahr 1935 bin ich mit meiner Mutter und meinem Stiefvater an die Körnerwiese gezogen: Sie liegt – umschlossen von schmalen Straßen mit vier- bis fünfgeschossigen Häusern und kleinen Vorgärten – im Frankfurter Westend, einem gut bürgerlichen Viertel damals wie heute. Viele Anwälte, Ärzte, Professoren leben hier. Vor kurzem ist hier ein Stolperstein für meine Mutter gelegt worden. Sie war getauft, evangelische Christin, aber nach Nazigesetzen galt sie als „Halbjüdin“. Sie ist in Auschwitz umgekommen. Mein Stiefvater, mit dem ich mich überhaupt nicht verstand, war ein überzeugter Nazi und hatte früh der NSDAP angehört. Er wollte sich trotzdem nicht scheiden lassen. Das Gaugericht Hessen-Nassau schrieb damals an das oberste Parteigericht der NSDAP: „Seine Begründung, die er gibt, zeigt nur, dass er von dem Rassegedanken und der Gefährlichkeit des jüdischen Blutes überhaupt noch nichts begriffen hat.“[1]

1934 wurde er aus der Partei geworfen, aber das änderte wenig an seiner Einstellung. Es war schwer zu Hause. Gegen seinen Willen hatte ich ab 1932 dem Nerother Wandervogel angehört. Nun entdeckte ich nach unserem Umzug zu meiner Überraschung, dass wir in eine Gegend gezogen waren, in der unterschiedliche bündische Gruppen noch aktiv waren: In einem der Nachbargärten trafen sich Mitglieder des Habonim, eines zionistischen Jugendbundes. Im nahe gelegenen Gemeindehaus der St. Ignatius-Kirche gingen Angehörige der katholischen Sturmschar und des Quickborn ein und aus; und auch auf der Körnerwiese versammelten sich junge Leute: Viele von ihnen waren – wie ich – Mitglieder im Nerother Wandervogel gewesen. Hier, in diesem Kreis, habe ich Wolfgang kennengelernt. Er war nicht bündisch organisiert gewesen, aber wir teilten viele Interessen, die Liebe zum Wasser und zum Wandern zum Beispiel. Und wir alle hatten mit den Nazis nichts im Sinn. Tagsüber saßen wir auf den Parkbänken, spielten Gitarre, redeten; manchmal kam die HJ vorbei, dann gab es eine Schlägerei. Wir alle waren damals 15, 16, 17 Jahre alt. Bis auf Paul Leser: Er war viel älter als wir und hatte zu den Gründern des Nerother Wandervogels gehört. Wenn alle Freunde da waren, gingen wir zu ihm in die Wohnung: Auch er lebte an der Körnerwiese. Die Lage, die mit der „Machtergreifung“ entstanden war, hatte er schon 1933 sehr klar erkannt und in einem Brief beschrieben:

„Jetzt kann jeder ohne Grund verhaftet oder zur Zwangsarbeit verwandt werden, wie z.B. die kommunistischen Reichstagsabgeordneten, und beliebig lange in Haft gehalten werden – nach den Angaben der deutschen (zensierten!) Blätter sind bisher seit dem Umsturz 15.000 den neuen Herren missliebige Personen verhaftet worden, größtenteils Kommunisten, aber z.T. auch ganz harmlose Literaten (…), ferner alle Pazifisten usw., und (…) auch Richter, die sich verhasst gemacht haben, darunter ein Landgerichtspräsident, eine ganze Anzahl Staatsanwälte usw. Die Schweizer Zeitungen schätzen die Zahl der Verhafteten auf 30.000 (…). Selbstverständlich werden daneben Leute in Mengen erschossen (…). Die Reichstagswahlen, vor denen jede sozialdemokratische und kommunistische Zeitung und fast alle Zentrumsblätter verboten waren, bei denen alle kommunistischen Führer und die meisten sozialdemokratischen verhaftet waren, von denen kein einziges sozialistisches Plakat gezeigt werden durfte – das waren wirklich Balkanwahlen. Noch heute ist die gesamte sozialistische Presse verboten – jede Zeitung, die Mut hat, ist verboten, und die Generalanzeigerpresse hat natürlich brav das Kommando ‚Rechts, schwenkt marsch' ausgeführt. (…) Unsere Freunde sind natürlich fast alle begeisterte Nazis geworden (…). Das Bürgertum in Deutschland jubelt, und jede Nachricht, die gleichnishaft den Untergang der bürgerlichen Freiheit verkündet, wird freudig begrüßt…"

Nach der Auflösung des Nerother Wandervogels hatte Paul Leser den Orden der Pachanten gegründet, dem auch Tomy, ein gemeinsamer Freund von Wolfgang und mir, angehörte; wir mochten ihn beide besonders gern und ich erinnere, wie wir in meinem Zimmer sitzen: Es hat Zeugnisse gegeben, Tomys ist sehr schlecht ausgefallen. Er traut sich nicht nach Hause und hat mich gefragt, ob er bei mir bleiben könne. Ich sehe uns, wie wir die ganze Nacht in meinem Zimmer sitzen: Tomy, Wolfgang und ich, und wir reden über Gott und die Welt.

Ich gehörte zu dieser Zeit schon einer Gruppe von 12 Jungen an, die sich – aus verschiedenen Bünden kommend – an den Ideen der dj. 1.11 orientierte. Die Deutsche Jungenschaft vom 1.11.1929 war von Eberhard Koebel, genannt tusk, als „Aufstand der Jungen" gegen den Einfluss der Älteren in der bündischen Jugend am 1. November 1929 gegründet worden. Auch wir sind gewandert, haben Fahrten unternommen und viel gesungen; doch schon der knappe, sachliche Name unterschied sich vom romantisierenden Geist anderer Gruppen. Wir beschäftigten uns mit dem Bauhaus und mit Zen-Philosophie. Zu unserer Ausrüstung gehörte die Kohte, ein schwarzes Zelt mit Rauchabzug. Die Jungenschaft pflegte die Traditionen, aber sie war auch modern, auf der „Höhe der Zeit". Den Nazis waren wir schon wegen unserer Kleidung ein Dorn im Auge: Wir trugen Rubaschkas, Stehkragenhemden, wie man sie aus Russland kennt und wie sie heute viele Bündische tragen. Damals war das ganz neu, und auch unser musikalischer Geschmack unterschied sich von den von vielen Bündischen bevorzugten deutschen Volksliedern: Wir liebten Serge Jaroff und die Donkosaken. Wir gingen zu jedem Konzert, das der Chor in Frankfurt gab. Das waren Exilrussen, Antikommunisten, aber das wussten die Nationalsozialisten nicht: Für sie waren Russen Sowjets, Kommunisten. Deshalb galt die dj. 1.11 als besonders „verdächtig". Dazu kam: tusk war 1932 tatsächlich Mitglied der Kommunistischen Partei geworden. Die ungeheure Armut vieler Arbeiterfamilien hatte ihn beeindruckt. Mit einem Brief hatte er sich aus der Jungenschaft verabschiedet: „Am 20. April 1932 trete ich der Kommunistischen Partei Deutschlands bei (...). Die Not und die Schwierigkeit der Heimat ist so groß, dass ich nicht verantworten kann, aus Bequemlichkeit dem politischen Kampf fernzubleiben." Als unsere Gruppe sich zusammen fand, war tusk bereits emigriert, und zwei Jahre später, 1936, emigrierte auch Paul Leser. Die dj. 1.11 war, wie der Nerother Wandervogel, verboten. Aber wir trafen uns weiter. Die Gruppe war für mich eine Art von Familienersatz und ich glaube, das war für viele so. Freundschaften – und Freundschaft ist die Basis des bündischen Lebens – kann man nicht verbieten. Was ich gelernt habe: Einsam stirbst Du schneller.

Wir trafen uns also trotzdem. Alle Nazigegner hatten in Frankfurt ihre Treffpunkte in verschiedenen Lokalen. Die Linken trafen sich im Café Pfister, das Café Flüster genannt wurde; unser Treffpunkt war das Allegria, ein spanisches Lokal. Das wurde irgendwann zu eng für uns und wir suchten und fanden ein Haus im Taunus, das wir mieteten und uns herrichteten. Außer mir gab es noch drei andere Jungen, die als Juden oder „Halbjuden" galten. Einer von ihnen hatte große Schwierigkeiten auf seiner Lehrstelle. Das Leben in der Gruppe und mit den Freunden gab uns Halt. „Bündisch" kommt nicht von „Bund" allein; es bedeutet auch „verbunden sein". Wenn wir uns trafen, mussten wir vorsichtig sein: Überall gab es Kontrollen durch die HJ. Auch auf Wolfgangs Boot haben wir uns oft gesehen. Das heißt: Es gehörte eigentlich nicht ihm, sondern Rudi Lust, der Tuchzeug für Segelboote nähte, sich aber um sein eigenes Schiff kaum kümmern konnte. Wolfgang hatte es „in Pflege". Mit diesem Boot sind wir oft unterwegs gewesen: Wir saßen mitten auf dem Main, wo uns niemand hören konnte, und sangen unsere Lieder.

Wolfgang Lauinger

Tomy mochte ich besonders gern. Er war ein weicher, zarter Mensch mit einem beeindruckenden Haarschopf. Zu Hause hatte er es sehr schwer. Sein Vater, der bei der IG-

Farben arbeitete, war fanatisches Mitglied der NSDAP. Dass sein Sohn beim Nerother Wandervogel gewesen war, war ihm ein Dorn im Auge, Tomy sollte zur Hitlerjugend und seine alten Verbindungen aufgeben. Ich durfte ihn nicht besuchen. Ständig wurde er kontrolliert, aber ich glaube nicht, dass die Eltern wussten, dass Tomy seit der endgültigen Auflösung des Wandervogels zu Paul Lesers Pachanten-Gruppe gehörte. Dennoch gab es ständig Krach bei ihm zu Hause. Vermutlich wird der Vater gelegentlich gespürt haben, dass seine Kontrollversuche nur begrenzten Erfolg hatten, und er wird erleichtert gewesen sein, als Tomy 1938 zum Reichsarbeitsdienst eingezogen wurde. Wie der Dienst in der Wehrmacht galt er als „Ehrendienst am deutschen Volk" und begann mit einer Grundausbildung, in der exerzieren, marschieren, Geländeübungen und politische Schulung auf dem Programm standen. Wie frei war dagegen mein Leben! Ich habe es weidlich ausgenutzt. Zur Schule ging ich nur noch, wann es mir passte. Die gutmütige Emilie hatte mir auf einen Stapel Visitenkarten Entschuldigungen auf Vorrat geschrieben: Mein Sohn Wolfgang hatte Halsweh und musste das Bett hüten, Unterschrift. Ich trug die Kärtchen in der Hosentasche und wenn ich eins brauchte, zog ich es nur heraus. Unter meinen Klassenkameraden sorgte das für große Heiterkeit. Es kam, wie es kommen musste. An einem der letzten Tage vor den Osterferien 1935 sagte der Vater zu mir: Du kommst in eine neue Schule. War es wegen meiner Faulheit und der schlechten Noten? Wegen der Nürnberger Gesetze? Ich weiß es nicht, und ich habe nicht danach gefragt. Ich ging nun auf das Hasselsche Privatinstitut. Unserer Klasse war eine verschworene Gemeinschaft, die fest zusammenhielt. Jüdisch oder nicht, das spielte keine Rolle, nicht unter uns. Es gab einige Lehrer, von denen man wusste, dass sie Nazis waren. Wir grüßten, wie es üblich war, mit dem Hitlergruß und versuchten denen aus dem Weg zu gehen, die mit der neuen Macht sympathisierten.

Eines Tages saß ich beim Vater in der Redaktion, als der Schuldirektor Pfisterer anrief und Artur versicherte, wie leid es ihm täte, dass ich nun schon so lange krank sei. Auch am Hasselschen Privatinstitut habe ich geschwänzt. Meine Noten blieben schlecht, so schlecht, dass der Vater irgendwann dachte, er müsse mich bestrafen. Als unsere Klasse zwischen Weihnachten und Neujahr zum Skilaufen ins Kleinwalsertal fahren wollte, hieß es: „Du bleibst da." Heiligabend kam, die Lichter am Baum wurden angezündet; dann kamen der erste Feiertag und der zweite – ich saß zu Hause, sah aus dem Fenster und wusste: Jetzt gehen die anderen zum Bahnhof und fahren los. Ich fragte den Vater, ob ich nicht wenigstens zum Skilaufen in den Taunus dürfe. Wie immer drückte der Vater ein Auge zu. Ich packte meinen Rucksack, nahm die Skier und stapfte zum Hauptbahnhof. Aber ich wollte nicht in den Taunus, mein Geld reichte für eine Fahrkarte nach Ulm. Ich löste das Billett, stieg in den Zug und fuhr los. Ein paar Stunden später stand ich auf dem Ulmer Hauptbahnhof. Wie weiterkommen? Es schneite sacht, als ich den Bahnhof verließ, um die Straße zu suchen, die weiter nach Süden führte. Nur wenige Menschen waren unterwegs. Ich lief bis zum Stadtrand, stellte mich an die Chaussee und winkte den wenigen Autos, die vorüberfuhren. Als endlich ein Wagen hielt, brachte er mich ein kleines Stück weiter. Der Fahrer wollte nur auf eins der Dörfer ganz in der Nähe. Er bog von der Straße ab und verschwand. Ich sah ihm nach und mir fiel ein, dass ich längst zu Hause hätte anrufen müssen, um dem Vater meine Ankunft in Oberreifenberg zu melden. Aber ich stand hier zwischen den Feldern und wusste nicht mehr, wo ich war. Es war dunkel geworden und das Schneetreiben mittlerweile so dicht, dass man kaum die Hand vor Augen sehen konnte. Irgendwo in der Ferne flackerte dann und wann ein Licht auf, ein Haus? Querfeldein lief ich durch den Schnee und stand bald vor einer Kaserne. Ich klopfte am Torhäuschen. Der Wachhabende öffnete die Tür. Du bist ja ganz durchgefroren, sagte er und ließ mich ein. Am Ofen trank ich heißen Tee und schlief ein. Am anderen Morgen weckte er mich: Du musst gehen, sagte er, die Ablösung kommt gleich. Ich nahm meine Skier und den Rucksack, es war noch dunkel. Zu Fuß und per Autostop hatte ich es am Nachmittag tatsächlich geschafft, ich hatte meine Klasse gefunden. Wo kommst Du denn her, fragte meine Lehrerin. Ich log, der Vater hätte es sich anders überlegt. Aber sie hat dem Frieden nicht getraut und zu Hause angerufen. So ist die Geschichte herausgekommen. Ein gutes Jahr später war es auch mit dem Hasselschen Privatinstitut vorbei. „Das Schuljahr ist zu Ende", sagte der Vater, „Du fängst jetzt eine Lehre an". Ohne mit mir zu sprechen, hatte er sich um eine Lehrstelle bemüht. Ein katholischer Schlossermeister in der Adalbertstraße war bereit gewesen, mich als Lehrling anzunehmen. So war es eben damals: Entscheidungen wurden hinter den Kulissen abgemacht. Wenn der Vater mit der Mutter etwas besprechen wollte, wurde ich aus dem Zimmer geschickt. Das war nicht nur bei uns so. Kinder wurden nicht miteinbezogen. Der Vater hat es gesagt und so wurde es gemacht, die Gründe haben mich auch nicht interessiert: Ich war froh, dass ich die Schule endlich los war. So begann ich 1937 die Lehre und freute mich darauf, Technik interessierte mich.

Heinrich Lauinger, Arturs Vater,
aufgenommen zwischen 1885 und 1889

Artur Lauingers Bruder Emil, 1901

Artur Lauinger, vermutlich als Abiturient (Ausschnittvergrößerung)

Artur Lauinger als Student in Tübingen

Artur Lauingers Mutter Flora, Mitte der 1920er Jahre

Artur Lauinger im Ersten Weltkrieg

Artur Lauingers erste Ehefrau Mathilde, genannt „Tilde", die Mutter von Herbert und Wolfgang Lauinger, zu Beginn der 1920er Jahre

Mathilde und Artur Lauinger, vermutlich vor 1914

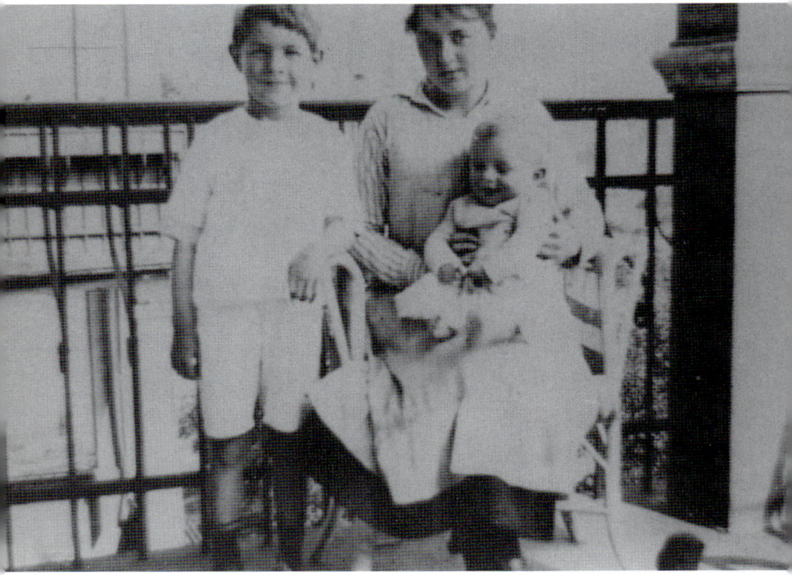

Herbert und Wolfgang Lauinger mit dem Kindermädchen Maria auf dem Balkon der Frankfurter Wohnung, 1919

Wolfgang auf dem Balkon, ca. 1922

Der allein erziehende Vater: Artur Lauinger mit seinen Söhnen Herbert (links) und Wolfgang, ca. 1926 in Frankfurt

Wolfgang an seinem ersten Schultag, Ostern 1925

Matthilde Lauinger, geborene Hepp,
die Mutter von Wolfgang und Herbert

Familie Moos: Links im Bild Emilie, dahinter ihre Schwester Martha Maier mit ihrem Mann Moritz, rechts der Vater, Kommerzienrat Albert Moos

Emilie Lauinger, geborene Moos, ca. 1928

Kapitel 2

Artur Lauinger

Man hat bereits mit den Nürnberger Gesetzen meine Betätigung als Schriftleiter, die man mir zunächst als Frontkämpfer noch ausdrücklich zugestanden hatte, unmöglich gemacht. Nun mehr war auch eine Verlängerung meiner redaktionellen Tätigkeit nicht mehr „tragbar", hieß es: Mit dem 30. Juni 1937 trat ich in eine Art Ruhestand über, es fehlten noch sieben Jahre bis zu meiner Pensionsreife. In Erwartung des Unvermeidlichen hatte ich Jahre zuvor die Bestellung eines Adlatus erst angeregt und dann dringlich gefordert, um ihm meine Ressorts, insbesondere die Versicherungsangelegenheiten übergeben zu können. Ich habe das, um der Mentalität des Geschäftsführers Dr. Hecht Rechnung zu tragen, derart formuliert: Die *Frankfurter Zeitung* hat 30 Jahre lang in mich ein hohes Kapital investiert und in meiner Arbeit und Leistung dafür Zinsen erhalten, deren Angemessenheit Sie besser werden beurteilen können, als ich; dieses Kapital wird verloren gehen, wenn Sie es mir nicht ermöglichen, es in Gestalt meiner Kenntnisse und Erfahrungen auf einen geeigneten Nachfolger zu übertragen. Kurz vor Toresschluss bekam ich endlich, frisch von der Universität, den jungen Hans Hellwig. Hellwig ist ein gescheiter Kerl. Seine Diktion wird noch reifen. Er besitzt das glückliche Selbstbewusstsein der 20er Jahre und jene entzückende Neigung zur Rechthaberei, die mir die Erfahrungen von 30 Jahren genommen haben, und die sie ihm auch nehmen werden. Diese Mentorstelle gewährleistet die Fortdauer einer Tradition, die sich bewährt hat und an deren Aufbau mitzuwirken die Arbeit von 30 Jahren meines Lebens gewesen ist.

Mein eigener journalistischer Werdegang, den ich hier kurz skizzieren möchte, begann bei Arends & Mossner. Rückschauend muss diese Firma als bösartiges Geschwür am deutschen Journalismus bezeichnet werden. Unverhüllte Vermengung von Journalismus und Geschäft. Arends und Mossner schufen ein „Handbuch der Börsenwerte", ein „Adreßbuch der Direktoren und Aufsichtsräte" mit Gefälligkeitsinseraten, das heute noch besteht und gaben eine Kuxen-Zeitung heraus, deren Chefredakteur, der biedere spätere Ufa-Generaldirektor Carl Bratz, mit den Kaligewaltigen saufen musste: Kali ist Salz und macht Durst. Sie ließen in ihrer GmbH ein halbes Dutzend Kopfblätter erscheinen (die *Börsenpost*, die *Neue Börsenpost* usw.), die unter Ausschluss der Öffentlichkeit bestanden und lediglich dazu bestimmt waren, dem freundlichst abgeforderten Inserat mehrfache Bezahlung ohne weitere Unkosten zu verschaffen. Viel mehr als das für den Inserenten bestimmte Belegexemplar wurde von den einzelnen „Zeitungen" nicht gedruckt. Es war ein Hohn auf den Journalismus.

Man suchte einen jungen Herrn, der garantiert nicht zur „Gefolgschaft" einer der beiden Inhaber gehörte, dem beide also vertrauen konnten. Nachdem man mich, ohne auf die Qualität meiner Hosenfransen zu sehen als durchaus repräsentabel anerkannt hatte, gab man mir nach wenigen Tagen Postvollmacht. Die mir anvertraute „Geschäftskasse" bestand aus einer alten Zigarrenkiste, die oft überquoll und in meiner Schreibtischschublade stand. Ich hatte mich beiden Chefs gegenüber verpflichten müssen, keinen von ihnen allein an die Zigarrenkiste heran zu lassen, nur beide gemeinsam durften bei mir Geld entnehmen. Sie trauten sich nicht über den Weg.

Die Firma gab auch die *Correspondenz Gelb* heraus, so genannt nach dem gelben Papier, auf dem sie gedruckt wurde. Diese brachte auf losen Zetteln kleine finanzielle Neuigkeiten und Informationen, auch einen Börsenbericht. Nachdem ich mich geweigert hatte, die Geldgeschäfte weiter zu verwalten, und nachdem ich für das Inseratenschnorren als unbrauchbar erkannt worden war, erhielt ich die Aufgabe des Börsenbesuchs, der Herbeischaffung von Informationen, der Abfassung des Berliner Börsenberichts, daneben des Besuchs von Generalversammlungen für die *Correspondenz*. Der Übergang zur Börse brachte mir die erste, zunächst bescheidene Fühlung mit dem wirklichen Journalismus und der Wirtschaftswelt. Der Besuch von Generalversammlungen vergrößerte meine Erfahrungen, die Kenntnis der Persönlichkeiten führte zu Reportagen und zur Erzielung so genannter Informationen, die bald aus der *Correspondenz Gelb* in die Tagespresse übergingen. Man nahm den kleinen Reporter wohlwollend hin, steckte ihm manche Information zu. So wurde ich in wenigen Monaten etwas weiter bekannt. Der tatsächlich von meinem Verlag verdiente schlechte Ruf schien damals, das war das Überraschende für mich, in Börsen- und Bankkreisen, teilweise selbst im Journalismus gar nicht weiter aufzufallen.

Eines Tages kam der damalige Leiter des Handelsteils des *Berliner Tageblatts*, an der Börse auf mich zu: „Was machen Sie eigentlich denn da bei dieser *Correspondenz Gelb* herum? Wenn Sie stenographieren können, kommen Sie am 1. Oktober zu mir für den Börsendienst!" Ich sagte ohne Weiteres ja und erfuhr dann, dass sich meine festen Bezüge verfünffachen sollten.

An der Spitze des Handelsteils des *Berliner Tageblatts* stand Julius Wiener, damals ein hoher 50er, groß, hager, mit wallendem roten Vollbart, zerfurchter Stirn. Nervös, oft unleidlich und ungerecht. Als Journalist ein durch und durch anständiger Mensch, der mit Feuereifer für Unbestechlichkeit und Unabhängigkeit, für sauberste Redaktions- und Zeitungsführung eintrat. Sein Arbeitszimmer war unordentlich bis zur Schmutzerei, der Boden mit Zeitungs- und Manuskriptfetzen bedeckt. Nach verhältnismäßig kurzer Zeit brachte mir eine Palastrevolution in der Handelsredaktion den völligen Umschwung meiner Stellung und Arbeit. Wiener verschwand. Es kam Arthur Norden, später Geheimrat im Finanzministerium und jüdischer Ehemann der streng katholischen Gräfin Ballestren und Stiefvater einer Hand voll gräflicher Kinder. Er war ein famoser Kollege, jung, frisch und absolut firm in journalistischem Anstand –, und er hatte keine Ahnung davon, dass ich als Stenograph engagiert war. So konnte ich mich ungeschoren als „Redakteur" etablieren. Dem Hauptkassierer, der kein höheres Gehalt zu zahlen hatte, war es gleichgültig, allen anderen auch. Nun begann eine schöne Zeit. Wir Jungen entwickelten uns frisch und munter zunächst zum Reporter und dann – Talent, Lust und Liebe zum Beruf vorausgesetzt – zum Redakteur, ohne aber als solcher etwa auf die Reportage zu verzichten.

Der Mangel an intensiver Vorschulung für den Beruf ließ mich früh empfinden, dass ich einen besonderen Weg finden müsse, um intensive Arbeitsmöglichkeiten zu haben und – um es deutlich zu sagen – zur Geltung zu kommen. Im Sommer 1907 kam völlig unerwartet der Sprung in eine neue Welt. Der alte Hauptmann a.D. Georg Schweitzer, ein verdienter Militär mit einigen Dutzend kleinen und großen Orden, Berliner Vertreter der *Frankfurter Zeitung*, kam an der Börse zu mir. Kurz und bündig: „Wären Sie bereit, in die Handelsredaktion der *Frankfurter Zeitung* einzutreten?" Dieses Blatt war das weitaus beste Handelsblatt, über Deutschland hinaus. Der alte Cohnstaedt* galt als unbestritten erster Handelsredakteur Deutschlands, mit klassischem Stil, Klarheit und Durchdringung jeder Materie, führend in der kritischen Bearbeitung aller Fragen, so des Bank- und besonders des Hypothekenwesens. Gleichermaßen wie er:

seine Zeitung. Dort zu arbeiten, schien die höchste Ehre, die ein Handelsjournalist erwerben konnte.

Der Abschied von Berlin war kurz und schmerzlos, ich kehrte in die liebe, alte, süddeutsche Heimat zurück. Am 1. Oktober 1907 trat ich in die *Frankfurter Zeitung* ein. Die ersten Wochen – aber auch nur diese in 30 Jahren – waren ein schwerer Kampf und vollzogen sich unter Donner und Blitz. Es herrschte damals ein „Leitersystem" im Handelsteil. Als ich eintrat, stand ich einen Tag lang erstaunt vor dieser Leiter. Ich war wohl der erste Redakteur, der von außen, aus einer anderen Redaktionsstellung berufen worden war, alle anderen waren mehr oder weniger Eigenwuchs. Aus kaufmännischen Berufen oder dem Bankgewerbe übernommen, machten sie in der Zeitung die Ochsentour durch: Sie klommen auf der Leiter Stufe um Stufe empor. Die Besseren blieben gute Kameraden, auch wenn sie oben waren, die Mittelbegabten kümmerten sich nur um sich und bewahrten ihr bisschen Wissen und Können als schwer verdientes, aber lächerliches Monopol. Die Schlechten aber brummten, wenn sich unter ihnen auf der Leiter etwas regte. Die Leiter unten bedeutete: Innendienst, Depeschen redigieren, Kleinkram. Bedeutete: Langeweile, tödliche Langeweile und warten, bis im natürlichen Verlaufe der Dinge durch letalen Ausgang, Pensionierung oder Krankheit eine obere Stufe der Leiter frei wurde.

Ich erinnere mich noch sehr gut, wie mein Kollege Ferdinand Freitag, den ich am Redaktionstisch zunächst gegenüber saß, mir schweigend Depeschen und nochmals Depeschen über den Tisch zum Redigieren herübergab. Schön, sagte ich mir, das muss auch gemacht werden. Als sich aber zwei Tage lang dieses Schieben fortsetzte und sich nichts, aber auch gar nichts anschloss, schob ich ihm die Depeschen schweigend wieder zurück, holte meinen Rock vom Nagel und klopfte bei Ludwig Cohnstaedt, dem Unsichtbaren, an. Ich störte ihn offenbar gerade bei einer tiefgründigen Arbeit. Immerhin, er war freundlich. Ohne weitere Vorreden sprach ich meine Kündigung aus und bat, von der Einhaltung der Fristen abzusehen, da offenbar nach beiderseitigen Anschauungen mein Eintritt in die Redaktion ihren Zweck verfehlte. Cohnstaedt fiel aus den Wolken: „Wollen Sie mehr Gehalt haben, darüber lässt sich reden?" Ich verneinte und setzte ihm auseinander, dass ich als bisheriger stellvertretender Leiter des Handelsteils des *Berliner Tageblatt* kein Lust und Zeit hätte, noch einmal mit Lehrlingsarbeiten anzufangen. Cohnstaedt wusste noch immer nicht, um was es sich drehte. „Was wollen Sie denn?" Ich wollte nicht auf der Leiter unten anfangen, ich wollte Gleichberechtigung, festumrissene Ressorts – Arbeitsgebiete: die Berliner Angelegenheiten, soweit sie nicht von der Berliner Redaktion bearbeitet wurden, die Angelegenheiten der Kali-Industrie und, nun tauchte es erstmals auf, das Versicherungswesen. „Warum Versicherung?" Ich: „Weil es in der ganzen deutschen Presse nicht bearbeitet wird." Damit schloss die für mein weiteres berufliches Leben entscheidende Besprechung. Cohnstaedt forderte mich auf, meine Kündigung offen zu lassen und einige Tage zu warten. Dann lag die Leiter zerbrochen am Boden. Erstmals wurde jenes System von Ressorts eingeführt, das sich später glänzend bewährt hat: Es befähigt und verpflichtet den Ressort-Verantwortlichen moralisch dazu, auf seinen Spezialgebieten unbedingte Autorität in der deutschen Presse zu sein, Autorität auch im Verhältnis zu den privatwirtschaftlichen und staatlichen Vertretern der von ihm bearbeiteten Gebiete. Nun ging die Arbeit los.

Damals lernte ich meinen Beruf und die *Frankfurter Zeitung* leidenschaftlich lieben. Ich war jahrelang fast ganz auf die Redaktionsarbeit beschränkt. Das brachten die engeren Verhältnisse in Frankfurt mit sich und änderte sich erst, als ich etwa ab 1910 regelmäßiger Besucher der relativ kleinen Frankfurter Börse wurde: Damit kam ich in engere persönliche Fühlung mit den immerhin zahlreichen Prominenten der Frankfurter Wirtschaft und auch mit dem Frankfurter Geschäftsleben. Es ging – im Vergleich mit Berlin – ruhiger, beinahe etwas behäbig zu: Finanzaristokratie, Patrizierfirmen, wohl abgewogene Geltungsgrade. Der Tag war von früh bis abends ausgefüllt, Nachtdienst häufig bis in die ersten Tagesstunden. Es war eine Zeit äußerster, befriedigender Anspannung. Jedes oft sehr verlockende Angebot, in eine andere Berufsstelle überzutreten, lehnte ich ebenso ab, wie es mir später aus dem gleichen Verbundenheitsgefühl heraus unmöglich war, Anregungen auf Übernahme höherer Positionen im praktischen Wirtschaftsleben Folge zu leisten. Und doch: Damals begann ein Gefühl der Leere in mir zu wachsen. Meine unbefriedigenden häuslichen Verhältnisse trugen dazu bei. Ich habe bald nach meiner Eheschließung die Distanz der Weltauffassung, der geistigen Verhältnisse schwer empfunden. Ich empfand die Zeit als stillstehend, trotz aller gehäuften Arbeit. Die Politik lag mir fern, sie hat mich nie so interessiert, dass ich mich aktiv in ihr hätte betätigen wollen. Die Ziele der Parteien und ihr Auftreten schienen mir unangemessen, unehrlich und leer, und das ewige Reden – damals nannte man den Reichstag die „Schwatzbude" – stieß mich ab. Die deutsche Welt schien mir einzuschlafen, trotz des scheinbaren Aufschwungs der Kaiserzeit. Alles plätscherte so dahin, ohne Schwung, ohne Saft und Kraft. Da kam wie der Blitz aus heiterem Himmel der Weltkrieg 1914–1918. Es ging durch mich eine heiße Welle, als der Kriegsausbruch meiner Leistungsbereitschaft ein Ziel gab. Ich war froh über die Aussicht auf eine Bewährungsprobe, die dem damals 35-jährigen Mann die Leistung auf einem Wirkungsgebiet bedeutete, das seiner beruflichen Arbeit weltenfern war. In mir drängte alles zur Waffe.

Als ich 1918 um viele Erfahrungen reicher an meinen Schreibtisch in Frankfurt am Main zurückkehrte, versank ich in meinen Berufsangelegenheiten. Der Tagespolitik hielt ich mich ganz fern. Ich war von alters her Zugehöriger der demokratischen Partei, schied aus ihr später aus, als sie die Halbheit der Schenkung in die „Staatspartei“ vornahm. Irgendeiner anderen politischen Organisation gehörte ich nicht an. Nach Abstammung und Religion schien ich mir in keiner Weise berufen, irgendwie öffentlich hervorzutreten. Leuten wie mir blieb nichts als ehrliche und saubere Kleinarbeit. Ich blieb an meinem Schreibtisch. Später, als Not am Mann war, habe ich im beschränkten Umfang mich dort zur Verfügung gestellt, wohin man mich rief. Mitte der 20er Jahre war es unvermeidlich, dass der bearbeitende Redakteur eines Ressorts als Repräsentant der größten deutschen Zeitung in Erscheinung trat. Ich greife wahllos heraus: die Kämpfe mit dem Grundstücksspekulanten, die Schwindelgründungen in der Kali-Industrie, die Fülle der Versicherungsmissbräuche und Fehlgeschäfte mehr oder minder gewalttätiger Generaldirektoren. In jener Zeit trat die eigenartige Abwandlung meiner Tätigkeit ein, die mir den Beinamen „Kriminalredakteur“ eintrug. Er haftete mir zehn Jahre lang an. Von der Mitte der 20er Jahre an hatte meine alte Vorliebe, das Versicherungswesen, begonnen, meine Aufmerksamkeit zeitweilig beherrschend zu beanspruchen. Die Lebensversicherung ist eines der großen Kapitalreservoire der deutschen Wirtschaft. Kein Wunder, dass die großen Geldraffer in diesen Topf zu greifen suchten. Mit der Abwehr dieses Unterfangens setzte meine besondere Arbeit in der deutschen Versicherung ein. Da begann mein Kampf um die Rettung und Sauberkeit des deutschen Versicherungswesens, jener Kampf, der in der Affäre „Favag“* seinen Höhepunkt erreichte und mich an das Reichsaufsichtsamt für Privatversicherung heranführte.

Ich habe den Leidensweg dieser großen Katastrophe journalistisch begleitet und den Prozess ein halbes Jahr hindurch bis zu seinem endgültigen Abschluss mitgemacht. Damals habe ich mir eine Autorität gesichert, wie sie in jener Zeit in der Versicherungsbranche wohl kaum ein anderer Finanzjournalist gewonnen hatte. Meine Tätigkeit auf dem Gebiet der Versicherungswirtschaft veranlasste die Regierung (Reichswirtschaftsministerium), mich als ersten und damals einzigen Journalisten vom 1. Oktober 1930 ab auf die Dauer von fünf Jahren in den Beirat des Reichsaufsichtsamts für Privatversicherung zu berufen. Die Erfahrungen, die das Amt beim Fall „Favag“ mit meiner sehr frühzeitigen, aber vom Amt nicht genügend genutzten Beratung gemacht hatte, gaben den unmittelbaren Anlass. Der Präsident dieser Behörde, Kissel, sprach mir kurz darauf seine Glückwünsche aus. Er begrüße lebhaft meine Berufung, welche „ebensosehr im Interesse des privaten Versicherungswesens wie der staatlichen Aufsicht über diesem so bedeutsamen Wirtschaftszweig liegen dürfte.“

Ich habe den Vollsitzungen des Beirats mehrere Jahre hindurch beigewohnt und in jeder Sitzung mehrfach das Wort ergriffen (der Präsident sagte einem Kollegen einmal: „der Hecht im Karpfenteich“). Ich schied im Jahre 1933 mit der nationalsozialistischen Machtergreifung aus dem Beirat des Amts aus. Die enge Verbindung, die aus den Kreisen der deutschen Versicherung bis in die Gegenwart mit mir aufrecht erhalten wird, empfinde ich als eine Bestätigung meines Wirkens, meiner Leistung, meiner aufbauenden Arbeit.

Einige Zeit nach dem Ende der Inflation wurde ich in die Gesellschaft für Handel, Industrie und Wissenschaft in Frankfurt am Main als Mitglied aufgenommen. Es war dies damals eine Art gesellschaftlicher Mittelpunkt der im Berufsleben stehenden führenden Kreise Frankfurts. Der Mitgliederkreis setzte sich zusammen aus Beamten, Schulleitern, Universitätsprofessoren, Wissenschaftlern, Richtern, Kaufleuten, Ärzten und Bankiers. Es gab wöchentlich einen offiziellen Vortrag, ohne anschließende Diskussion, aber mit gemeinschaftlicher Tafel, Leute wie

Dr. Schacht, dann und wann einmal ein Minister, Wissenschaftler, Künstler, Presseleute, ließen sich über ein mehr oder minder aktuelles interessantes Thema vernehmen. Das anschließende Essen war steif und mäßig, man unterhielt sich, wie es so schön heißt „zwanglos" und war meistens froh, wenn es fertig war.

Uns Jüngeren genügte diese Art offizieller Geselligkeit und Langeweile nicht. So führte ich einen engeren Kreis von 20 bis 25 brauchbaren Herren zu einem besonderen Montagabend im Industrieklub zusammen. Dort sprach ich jahrelang allwöchentlich über irgendein zeitgemäßes Thema, worauf dann kräftig diskutiert wurde. Ich hatte mir eine kleine Gemeinde geschaffen und bildete ein Rednertalent aus. Diese Montagabende fanden wachsenden Zulauf, auch die Vorstandsprominenz, die berühmten „Spitzen", erschienen immer häufiger – wir sorgten dafür, dass sie die sonst gewohnten Rangordnungen vermissen mussten. Wenn es ihnen nicht passte, konnten sie wegbleiben. Sie kamen aber immer wieder. Diese Montagabende, denen das Jahr 1933 ein Ende bereitete, gewannen eine gewisse Popularität. Sie waren literarische, auch wissenschaftliche und wirtschaftliche Diskussionsabende geworden. Ich habe niemals ein Blatt vor den Mund genommen. Wir besprachen auch politische Dinge. Ich habe einmal 1931 oder 1932, in einem allgemeinen Überblick über die politische Frage ausgeführt: „Kein Preis ist zu teuer, wenn erreicht werden kann, dass dieses deutsche Volk aus dem Massenelend der Krisen und Arbeitslosigkeit, des Minderwertigkeitsgefühls von Millionen, der Zerstörung seiner Jugend herausgerissen werden kann. Wenn eine Macht sich durchsetzt, die das erreicht, die dem Lande wieder Selbstgefühl, Lebenskraft, Arbeit gibt und ihm Geltung verschafft, dann würde ich als Jude selbst den Antisemitismus noch als das kleinere Übel empfinden." Es war erstaunlich, dass nicht ein einziger der anwesenden Nichtarier widersprach.

Als der 1. Juli 1937 herannahte, überschwemmten mich Dank- und Abschiedsbriefe. In der Zeitung wollten wir die Sache, den Umständen entsprechend, still abmachen. Ich hatte die Ehre, der letzte jüdische oder auch nur „halbjüdische" Redakteur der deutschen Presse zu sein. Am letzten Tage meiner redaktionellen Arbeit, als ich die Feder niederlegte, hielt in der üblichen Morgenkonferenz mein alter Kollege Albert Oeser, der meine Arbeit durch 30 Jahre begleitet hatte, mir einen „Nachruf bei lebendigem Leibe". Er war sehr rührend und sehr schön. Oeser benutzte die Gelegenheit, den zahlreichen jungen Kollegen Wert und Werdegang einer journalistischen Laufbahn, den Arbeitsweg eines *Selfmademan* zu zeigen. Wir sind alle empfindsame Menschen, und so hat es auch mir etwas in der Kehle gedrückt und beinahe die Rede verschlagen. Ich habe mich in meiner Antwort darauf beschränkt, denen zu danken, die mit mir zusammen gearbeitet haben und meine sehr kurzen Worte mit einem Satz geschlossen, den mir der Augenblick eingab: Wenn ich heute meine Feder niederlege, so haben es die Umstände mit sich gebracht, dass mein Ausscheiden sich ohne jede Enttäuschung für mich vollzieht.

Zu diesen Umständen zählte auch ein Brief von Wilhelm Kisskalt*, dem Vorstandsvorsitzender der Münchener Rückversicherungs-Gesellschaft, den ich wenige Tage zuvor erhalten hatte.

„Sehr geehrter Herr Lauinger!

Ihren werten Zeilen vom 20. ds. Mts. entnehme ich, dass Sie nunmehr mit Ende dieses Monats endgültig aus Ihrem Amte als Versicherungsredakteur der Frankfurter Zeitung ausscheiden werden. Das bedeutet für die Versicherungspublizistik eine Lücke, die nicht leicht wieder zu schließen sein wird. Mit einer fast einzig dastehenden Kenntnis des deutschen Versichrungswesens und seiner Zusammenhänge haben Sie stets das Streben verbunden, durch Ihre Kritik den wahren

Interessen des Versicherungswesens und damit der Allgemeinheit zu dienen, und oft genug sind Sie rechtzeitig als Mahner und Warner in Fällen aufgetreten, deren spätere Entwicklung zeigte, wie recht Sie hatten. So waren Sie dem Versicherungswesen immer ein kritischer, aber wirklicher Freund. Die deutsche Versicherungswirtschaft hat allen Anlass, Ihre redaktionelle Tätigkeit in guter Erinnerung zu behalten… Mit den besten Wünschen für Ihr ferneres Wohlergehen verbleibe ich mit vorzüglicher Hochachtung

Ihr ergebenster Kisskalt"

Kisskalts Brief habe ich zusammen mit anderen abschreiben und dem Schriftleiter der *Frankfurter Zeitung*, Benno Reifenberg, zukommen lassen. Dieser antwortete mir am 29. Juni 1937:

„Lieber Herr Lauinger!

Danke für die Abschriften. Ich habe sie zu meinen Akten genommen. Es muss schön für Sie sein, einmal schwarz auf weiß die Quittung von Jahren unbeirrter Arbeit vor sich zu haben. Ich möchte denken, dass solche Briefe Ihnen den Sprung aus dem Alltagsdienst erleichtern werden. Es ist ein seltenes Gefühl, die Gewissheit zu besitzen, dass man seine Sache recht gemacht hat. Wir sehen uns noch, zum Abschiednehmen habe ich keine Lust. Ich glaube, am besten nehmen wir überhaupt keinen. Denn Ihre Unverwüstlichkeit, davon bin ich überzeugt, bleibt uns in allen Ihren Gestalten als treulichste Hilfe. Ihnen ganz verbunden

Ihr Benno Reifenberg"

Das Leben wird erträglich sein, wenn mir die Kraft bleibt, drückende äußere Umstände auch weiterhin seelisch nicht auf mich wirken zu lassen, wenn ich elastisch genug bleibe, in meinem alten Selbstbewusstsein – das Bewusstsein von einem anständig geführten Leben und Berufsleben –, den Kopf hoch zu tragen. Mich wird nie das

Gefühl, Schwereres zu erleiden, überwältigen und niederdrücken. Es bleibt die Aufgabe, über spätere Zeiten, wenn ich sie noch erlebe, zu berichten.

Wolfgang Lauinger

Ich öffne die Tür. Es ist spät in der Nacht. Ich schleiche den Flur hinunter: Da sehe ich den Vater, wie er an seinem Tisch sitzt und schreibt. Er hatte immer geschrieben, und er schrieb auch jetzt. Erst lange nach dem Krieg wurde mir bewusst, dass er damals begonnen hatte, seine Lebensgeschichte aufzuschreiben. Ich glaube, der Vater wollte damit beweisen: Ich bin hier geboren, meine Familie lebt seit Jahrhunderten hier, ich habe dem Land gedient – auch ich bin ein Deutscher.

Die Stimmung zu Hause hatte sich in den letzten Monaten verändert. Ungefähr ein halbes Jahr nach der Entlassung des Vaters, Anfang 1938, hatte Elisabeth von Kayser eine Vorladung zur Gestapo erhalten und dort erfahren, dass sie anonym wegen Rassenschande angezeigt worden war. Sie war die Witwe Georg von Kaysers, der einer der engsten Freunde des Vaters gewesen und 1937 gestorben war. Der Vater hatte ihn Anfang der 20er Jahre kennengelernt, als der Oberstleutnant schwer krank aus der Kriegsgefangenschaft in Japan zurückgekehrt war. Georg von Kayser stammte aus einer alten Offiziersfamilie, Wilhelm I. hatte ihn in den Adelsstand erhoben. „Ein echter Soldatentyp“, sagte der Vater, „voll Disziplin, Pflicht- und Ehrgefühl“. In den ersten Jahren nach Hitlers „Machtergreifung“ hatte er die Freundschaft Georg von Kaysers als Stütze empfunden, er war beeindruckt und berührt von seinem, wie er es nannte, „unbeirrbaren Rechts- und Anstandsgefühl“ und fühlte sich ihm sehr verbunden. Bevor Georg von Kayser gestorben war, hatte der Vater ihm versprochen, sich in Zukunft um Elisabeth zu kümmern. Auch darin drückte sich ihre besondere Verbundenheit aus. Nun wurde Elisabeth von Kayser ihre Verbindung mit einer jüdischen Familie vorgeworfen: Sie sei der Rolle einer Pensionärin des „Dritten Reiches“ nicht würdig. Sie hatte den Beamten versichert, dass es sich lediglich um die Fortsetzung einer alten Freundschaft handle, dass zwischen ihr und dem Vater niemals etwas Anstößiges, wie sie sagte, vorgekommen sei und dass es sich um eine böswillige Denunziation handle. Über vier Stunden war sie ins Kreuzverhör genommen worden, dann hatte man sie schließlich entlassen, ihr aber mit erneuter Verhaftung gedroht, falls sie die Freundschaft nicht abbrechen würde. Im Anschluss war auch der Vater stundenlang verhört worden. Einige Monate später – etwa im Juni – wurden beide erneut vorgeladen.

Es war ungefähr zu dieser Zeit, als eines Tages zwei Lastautos vor dem Haus vorfuhren. Auf dem einen lagen leere Säcke, auf dem anderen standen SA-Leute und einige Zivilisten. Sie sprangen vom Wagen, polterten die Treppe hinauf und erklärten, sie müssten die „Tragbarkeit“ der Bibliothek des Vaters feststellen, womit sie wohl meinten, dass sie auf der Suche nach verbotener Literatur waren. Die Zivilisten musterten die in den Regalen befindlichen Bücher und wählten aus: Untragbar erschienen ihnen alle ledergebundenen Luxusausgaben. In der Zwischenzeit hatten die SA-Leute die leeren Säcke geholt und begonnen, die ausgesonderte Literatur zu verpacken, über 300 Bände. Es waren viele wertvolle Memoiren darunter, Ausgaben von Heine, Nietzsche, Friedell, Freud, Marx. Der Gipfel der Verhöhnung war es, dass einer der Zivilisten den Vater am Ende „bezahlte“: Er gab ihm pro Band 50 Pfennige. Dann verschwanden sie.

Meine Söhne sollen wissen, woher sie kommen. Der 30-jährige Krieg, politische Veränderungen und Erschütterungen vergangener Jahrhunderte, Zufälle, mangelnder Sinn für geschichtliche Forschung haben zu viel zerstört, um der Geschlechter Folge lückenlos darzustellen. Immerhin lässt sich manches über meine väterliche Familie sagen. Es scheint festzustehen, dass sie aus dem Kreise der über Südfrankreich nach Süddeutschland etwa im 12. Jahrhundert zugewanderten, ehedem wohl arabisch-spanischen Juden stammt. Die äußere Erscheinung bei allen meinen mir bekannten Eltern und Voreltern spricht dafür: große Gestalten, ausgeprägter, scharfer und klarer Gesichtsschnitt, hohe Stirn, braune Augen und Haare. Die Hände und Füße schmal und lang, die Schultern breit. Das erste positive Zeichen von der Existenz meiner väterlichen Familie befindet sich in den Akten des Münchner Staatsarchivs. Meine in München studierende Kusine wurde von dem Staatsarchivar auf eine dort ruhende Urkunde aufmerksam gemacht, die besagt: „Im Jahre 1300 erschien in Lauingen a.d. Donau eine dem Fluß heraufkommende Zuwanderergruppe, die nach Kämpfen eine jüdische Familie von Haus und Hof trieb. Diese Familie flüchtete nach Binswangen in Bayern, wo sie wegen ihrer Herkunft die Lauinger genannt wurde.“[2] Immerhin haben meine Nachforschungen ergeben, dass etwa ab 1720 im bayerischen Binswangen in ununterbrochener Linie „Lauinger“ festzustellen sind, die schließlich in meine direkten Vorfahren ausmünden: Noch mein Vater wurde 1849 in Binswangen geboren. Mein Großvater, Max Lauinger, ist mit seinen Kindern nach Augsburg übersiedelt, wo er mit Nebensitzen der Firma in Nürnberg und Saaz (Böhmen) eine bedeutende Hopfengroßhandlung „M. Lauinger“ besaß. Sie wurde vor etwa 20 Jahren mit der gleich arbeitenden Firma Tuchmann zu der Firma Lauinger-Tuchmann in Nürnberg vereinigt. Diese bestand noch 1933.

In Binswangen gab es von je nur eine Familie Lauinger. Es sind eben die Lauinger, die im Mittelalter aus Lauingen vertrieben worden sind. Es ist ein eigenartiges Geschick, dass etwa 600 Jahre später ein Lauinger von der Vergangenheit seiner Familie spricht, in einer Zeit, in der die Familien aus seinem Stamme sich wiederum in die Welt verteilen müssen. Ich sehe und empfinde das ohne Bedenken. So schwer es ist, die alte liebe Heimat aufzugeben, so möge die Kraft doch erhalten bleiben, in der Weite der Welt neue Entfaltungsmöglichkeiten zu finden und zu schaffen, wenn der Zwang die Arbeit im alten Kulturkreis verschließt.

Im August 1938 bin ich dem Gedanken auszuwandern, nähergetreten. Ich gestehe: Es war für mich ein sehr schwerer Entschluss, der bald darauf fraglos wurde. Ich habe fünf Jahre lang meine ganze Energie und, ich kann wohl sagen, meinen Stolz dareingesetzt, trotz allem in meiner alten Heimat zu bleiben, an der ich mit ganzem Herzen hänge, für die ich in den Krieg gegangen bin, für die ich meine 35 Arbeitsjahre in meinem Beruf, und mit Erfolg, gewirkt habe. Ich habe mir immer gesagt: Niemand kann mich diffamieren, solange ich nicht durch mein Verhalten selbst dazu Anlass gebe. Ich habe die Augen geschlossen gegen den moralischen Druck, den diese fünf Jahre auf Leute meiner Art auszuüben versuchten. Durch die öffentliche Bloßstellung der Religion und der Gemeinschaft, der ich durch Geburt angehöre. Ich habe die Zähne zusammengebissen und bin sauber, ordentlich und in strenger Unterordnung unter die Staatsgesetze meinen Weg gegangen. Ich habe den Verlust meines Berufes ertragen, den Verlust meiner Reichsbürgerschaft, meiner alten Zugehörigkeit zum Heere. Ich sagte mir: Das alles ist nicht so wesentlich und so entscheidend als die Möglichkeit, in der Heimat zu leben und meinen Söhnen, die „Mischlinge“

sind, die Deutsche Heimat zu erhalten. Die Sympathie sehr zahlreicher Menschen, ihr Verständnis hat mich auf diesem Wege begleitet, auf ihm bestärkt. Ich bin unangefochten geblieben; meine frühere öffentliche oder halböffentliche Tätigkeit hat jeder Nachprüfung standgehalten. Ich habe mich nach meinem Ausscheiden aus der *Frankfurter Zeitung* im Juli 1937 beschäftigt, so gut ich konnte, ich habe meine Tage auszufüllen versucht. Es ist mir wirtschaftlich, aber nicht zeiterfüllend gelungen. Ich stehe gewissermaßen halbleer. Ein für mich unerträglicher Zustand. Wenn ich nun nach 5 1/2 Jahren, die seit dem politischen Umschwung in Deutschland verstrichen sind, zu dem Entschluss gekommen bin, die Heimat zu verlassen, so hat bei diesem Vorhaben eine Reihe gewichtiger Gründe zusammengewirkt. Neben sehr persönlichen Motiven, die für mich unausweichliche Wichtigkeit besitzen, habe ich eingesehen, dass ich nur im Ausland meine Familie wieder vereinigen kann, später, mit meinen Söhnen, die mir sehr am Herzen liegen, wieder zusammenleben kann. In Deutschland ist das ausgeschlossen. Ich kann auch meinem zweiten Sohne nicht zumuten, seine Zukunft im Lande seiner Väter zu suchen, wo er als „Mischling", wenn auch Reichsbürger, so doch in sehr Vielem und Wichtigem gesetzlich gehemmt ist. Auch ihn will ich, wenn er seinen staatlichen Verpflichtungen nachgekommen sein wird, von dem Gefühl der politischen Halbvollwertigkeit befreien, so sehr ich ihn durch geistigen Einfluss zum Selbstbewusstsein erzogen, von der Gefahr eines Minderwertigkeitskomplexes ferngehalten zu haben glaube. Meine Söhne werden auch im Auslande Deutsche bleiben, wie ich selbst, und sie werden mit mir auf eine Zukunft hoffen, die es ihnen gestattet im Rahmen der Gesetze Deutschland von ganzem Herzen zu dienen, wie es ihr Vater getan hat.

Ich sehe den Tag kommen, der der Abschied von Deutschland sein wird. Ich hoffe, nicht für die ganze Zeit meines Lebens. Mir graut vor diesem Tage. Aber ich werde handeln, wie im Jahre 1933. Ich werde mein Herz in die Hand nehmen, ich werde die Zähne zusammenbeißen und vorwärts in die Zukunft schauen. Ich werde das, was hinter mir liegt, nicht vergessen. Ich werde, solange mir die Sonne scheint, im tiefsten Herzen ein Diener der Heimat, ihr getreuer Sohn, bleiben. Aber ich muss nachtragen, was den Ausschlag gegeben hat.

Wolfgang Lauinger

Woher bin ich an diesem 10. November gekommen? Ich kann es Dir nicht mehr sagen. Aber ich erinnere die eingeschlagenen Scheiben der jüdischen Geschäfte an der Hauptwache und das auf den Bürgersteigen liegende Glas. Aus einem im ersten Stock gelegenen Café hatte man Stühle und Tische geworfen. Feuerwehren fuhren durch die Stadt. In unserem Viertel schien es nicht so schlimm zu sein. Aber als ich nach Hause kam, fand ich dort die vollkommen verstörte, weinende Emilie: Zwei Polizisten hatten den Vater früh am Morgen abgeholt. Zuerst glaubten wir, es sei eine dieser üblichen Verhaftungen, die wir schon so oft erlebt hatten und er wäre am nächsten, spätestens am übernächsten Tag wieder da. Elisabeth von Kayser und ich versuchten, Emilie zu beruhigen. Aber die Tage vergingen, und er kam nicht zurück. Da redete Elisabeth von Kayser Emilie zu, sie solle zur Polizei gehen. Schließlich fasste sie sich ein Herz, aber auch dort wusste man nichts. Oder man wollte ihr nichts sagen. Unsere Unruhe wuchs: Inzwischen war klar, dass viele jüdische Männer verhaftet worden waren. Auf der Straße standen die Leute und flüsterten sich zu, was sie gehört hatten. Gerüchte machten die Runde. Irgendwann fiel zum ersten Mal das Wort Buchenwald. Niemand von uns wusste, wo dieser Ort überhaupt lag.

Die andauernde Ungewissheit war schrecklich. Dann – ungefähr fünf Wochen später – klingelte es. Es war schon spät. Als ich die Tür öffnete, habe ich ihn nicht erkannt: Das war nicht mein Vater. Er war kahl geschoren, blass, stark abgemagert, verstört. Sein Mantel war nur noch ein Fetzen, alles war dreckig und verschmiert. Mein erster Gedanke war: Er ist schwer krank.

Mathilde Schneider, eine Mitarbeiterin der *Frankfurter Zeitung*, schreibt 1946 in einem Brief an Albert Oeser über eine zufällige Begegnung mit Artur, die in diese Zeit fällt:

> „Als ich ihn das letzte Mal sah im Frankfurter Hauptbahnhof, da hatten sie ihn schrecklich zugerichtet. Er war ja in den Pogromtagen verhaftet gewesen. Er kam so mühsam daher an jenem Januartag, er muss Körperverletzungen gehabt haben, und der Kopf war ganz mit Mull zugebunden, kaum etwas vom Gesicht war zu sehen. Der Mann ging daher wie einer, der nicht weiß, wo er bleiben soll. Ich musste ihm nachgehen, als er zum Südausgang hinausging. Draußen nahm er einen Wagen. Er ließ sich hineinfallen und mühte sich vergebens, den Schlag zuzumachen. Ich lief hin und schloss den Wagen. Er erkannte mich und grüßte. Dann fuhr er weg. Im nächsten Augenblick stand ein Kerl vor mir, der mich anfuhr: ‚Du S…, Du hilfst dem Jud!' Ich habe mich natürlich herausgeredet, da ließ er mich laufen."[3]

Der Vater ging ins Bad und ließ die Badewanne voll Wasser laufen. Ich setzte mich neben die Wanne. Er sei mit vielen anderen aus Frankfurt in Buchenwald im Konzentrationslager eingesperrt gewesen, sagte er und dass er nicht darüber sprechen dürfe, was dort vorgefallen sei. Aber ich spürte seine Erschütterung und dass er nicht mehr der Alte war. Etwas Unvorstellbares war geschehen. Fünfzig Jahre später habe ich unter seinen Papieren seinen Bericht über die Zeit in Buchenwald gefunden. Er hat ihn kurz nach seiner Ankunft in London im Oktober 1939 geschrieben.

Ich hatte bis dahin ruhig, wenn auch unter allmählich schwieriger werdenden wirtschaftlichen Verhältnissen, in Frankfurt a.M. gelebt. Der Druck auf die Juden, seit langem sehr stark, hatte sich immer weiter verschärft, sie waren von jedem Badebesuch, von jedem Theater und Kino, von dem Besuch jeden besseren Restaurants und Kaffees ausgeschlossen, zwischen Juden und Nichtjuden war eine eiserne Wand eingezogen, die zu missachten für beide Teile lebensgefährlich war und den Zugriff blinder Brutalität herausforderte. Es gehörte Heroismus dazu, gegen irgendeines der vielfältigen, geschriebenen und ungeschriebenen Rassengesetze des „Dritten Reichs" zu verstoßen, zumal die Auslegung völlig willkürlich und in der Hand ganz ungebildeter, hasserfüllter, so genannter Autoritäten gelegt war, denen ein geradezu erschreckliches Denunziantenwesen zur Seite stand. Mein Verkehr mit meinen alten Freunden war eng begrenzt, zumal sich ihre Zahl durch Auswanderung immer mehr verminderte. Ich war entschlossen, in Deutschland auszuharren bis zum letzten, obwohl ich mir darüber klar war, dass die ideologische Hochspannung eines der gesamten Umwelt feindlichen Regimes nur mit einer inneren Revolution oder mit einem äußeren Kriege, möglicherweise mit einer Kombination von beidem, enden konnte und dass ich dann ziemlich hilflos, gewissermaßen zwischen den Stühlen, einer unvorhersehbaren Entwicklung ausgesetzt sein würde. Doch schien es mir innerlich unmöglich, durch eine Abwanderung die letzte Trennung zu vollziehen, die Tradition meiner Familie durch eine Flucht zu zerbrechen. Auch war in mir immer noch eine Hoffnung lebendig: Dass das Regime in irgendeinem Zeitpunkt versuchen würde, im Interesse der Selbsterhaltung den Anschluss an die abendländische Kultur wieder zu finden.

Da ereignete sich das Attentat eines polnischen Juden gegen einen Vertreter des „Dritten Reiches“ in Paris. Es ereignete sich die Novemberaktion. Die erste Marter erfolgte für die Frankfurter Juden in der Festhalle, wo sie zusammengetrieben wurden. Unter der Bezeichnung „Gymnastik“ wurden sie stundenlanger körperlicher Überanstrengung unterworfen, die mehrere Tote durch Herzschlag hinterließ. Brutale Henkersknechte griffen einzelne der Zusammengetriebenen heraus und peinigten sie bis zum Tod vor den Augen der anderen. Ein armer alter Mann im Glied neben mir, der durch seinen weißen Bart auffiel, sich aber völlig ruhig und unauffällig verhalten hatte, wurde mit dem Ruf „Das ist ein Rabbiner“ aus dem Glied gerissen, mit Füßen niedergetreten, an seinem Barte wieder in die Höhe gerissen, worauf sich mehrfach diese Prozedur wiederholte, bis der Misshandelte tot liegen blieb. Nach zwei- bis dreistündiger „Behandlung“ wurden wir in großen Transportwagen durch die Stadt an den Bahnhof gebracht und in das Lager Buchenwald abgeführt. Wir stiegen in Weimar aus, wo die meisten das Unglück hatten, ein Spießrutenlaufen mit Steinwürfen und Lattenschlägen durch die aufgestellte Bevölkerung ausgesetzt zu sein. In der Stadt Goethes sah ich wiederum Schwerverletzte und Niedergebrochene. Die aufsichtsführende SS rührte keinen Finger zum Schutz oder zur Abwehr. Dann Transport nach Buchenwald. Ein riesiges Lager mit großen Baracken, das sehr bald etwa 13.000 Juden aus unserem Bezirk, besonders aus Frankfurt a.M., aufzunehmen hatte. Schlafräume waren fünf Baracken, in denen Pritschen übereinander, in fünffacher Schichtung vorhanden waren. Es gab weder Matratzen noch Strohsäcke noch Decken. Man lag auf dem blanken Holz, das vielfach verschmutzt war. Dabei herrschte Frost, die Baracken waren so gut wie unheizbar. Es gab keine Toiletten, die Tausenden mussten ihre Notdurft irgendwo im Freien erledigen, bis eine riesige Latrine angelegt war, die lebensgefährlich und ohne Schutz gebaut wurde. Das Betreten war nur in bestimmter Anzahl und in bestimmten Stunden möglich, vielfach vergnügte sich die militärische Bewachung (SS) von einem angelegten Turm aus damit, die armen Teufel vor der Latrine mit der Waffe in der Hand zu Freiübungen zu hetzen, bevor sie das Betreten gestattete. Die armen Kerle waren von oben bis unten vollkommen verkotet. Das Schlimmste aber war die Verpflegung. Es gab kein Wasser, nicht zum Waschen, nicht zum Trinken. Dabei war die Ernährung überscharf und hundsmiserabel. Es gab schweres Brot in kleinen Mengen, es gab eine braune Brühe als Tee oder Kaffee und ohne regelmäßige, geordnete Verabreichung, es gab Gerichte aus Kesseln, deren Zusammensetzung niemand feststellen konnte, die als einzigen Geschmack eine unsinnige Schärfe hatten, sodass ohne Sättigung ein brennendes Durstgefühl verblieb. Ich habe mich während meines fast vierwöchigen Lageraufenthalts nicht ein einziges Mal gewaschen oder auch nur ausziehen können. Dabei befiel mich sehr bald eine schwere Enteritis, mit den üblichen Folgen; ich war vollkommen verdreckt, ohne die Möglichkeit eines Wäschewechsels. Es war eine elende Schinderei. Dabei musste man die Nerven um jeden Preis behalten, wenn man nicht mit Prügeln zur Ruhe gebracht werden wollte. Die Leute litten furchtbar. Natürlich gab es Durchfall in Massen, was den Aufenthalt in den Baracken noch sehr verschlimmerte. Dabei griffen die Henker sich nach Belieben Einzelne wegen angeblicher Disziplinverstöße heraus, es erfolgten organisierte Prügelungen, nachts wurden zahlreiche Leute totgeschlagen. Bei den täglichen, im Freien abgehaltenen Appellen wurden die Ergebnisse an Todesfällen zusammengetragen und zur Verbrennung nach Weimar gebracht. Ich zählte durchschnittlich 30 bis 40 Tote täglich. Die Verzweiflung trieb viele zu Selbstmorden in der Latrine und in den Hochspannungsdrähten, mit denen das Lager umgeben war.

Bereits in der Festhalle in Frankfurt a.M. wurden alle größeren Wertgegenstände abgenommen. Uhren, Ringe, jeder Geldbetrag, Brieftaschen usw., selbstverständlich auch die Taschenmesser, die Orden usw. Es wurde für jeden das Abgenommene in ein Kuvert gelegt und mit Namen versehen. Ich habe von all diesen Sachen nicht mehr das Geringste jemals wiedergesehen, obwohl einmal im Lager eine Wiederausteilung der abgenommenen Sachen stattfinden sollte. Für mich war einfach kein Kuvert da. Es war alles gestohlen. Andere Kuverts waren des Bargeldes und der Uhren beraubt. Wochen nach meiner Enthaftung erhielt ich eine Vorladung zur Gestapo. Dort musste ich ein Protokoll unterschreiben, dass die mir abgenommenen hundert Mark abzüglich 25 Prozent „Unkostenbeitrag" mir wieder ausgehändigt worden seien. Als es zur Auszahlung kommen sollte, hieß es, der Betrag würde mir innerhalb von 14 Tagen durch die Post zugeschickt. Ich habe nie einen Pfennig bekommen. Es war eine regelrechte Ausplünderung.

Zu Hause erfuhr man natürlich bald, wo wir steckten, Korrespondenzen wurden mit wochenlangen Verzögerungen, Geldsendungen überhaupt nicht befördert. Frau v. Kayser bemühte sich in rührender Weise darum, meiner Frau in geeigneter Form meine Befreiung durch Eingaben zu ermöglichen. Nach 3 1/2 Wochen wurde ich zur Heimsendung im Lager aufgerufen, verhältnismäßig früh. Viele Unglückliche mussten monatelang in dieser ungeheizten Hölle im vollen Winter zubringen. Der Abschied von Buchenwald war typisch für das dortige System, für das deutsche System von 1938 überhaupt. Wir wurden erstmals zwangsweise rasiert (kahl geschoren hatten sie uns bereits vor der Verhaftung). Dann wurden wir kolonnenweise einem Arzt in amtlicher Stellung vorgeführt, der lediglich den Unterleib entblößen ließ und besichtigte, ob bei den Schamteilen sichtbare Verstümmelungen vorgekommen waren. Dann wurden wir zur

Lager-Gestapo gebracht, wo uns die Unterschrift unter einen Verpflichtungsschein abgezwungen wurde (mit der Drohung auf dauerhafte Lagerinhaftierung), den niemand lesen durfte und konnte, der aber anscheinend die Erklärung guter und sorgfältiger Behandlung im Lager und den Verzicht auf jede Beschwerde enthielt. Schließlich wurde dem „Sauhaufen", wie der Lagerkommandant seine Pfleglinge dauernd bezeichnete, mitgeteilt, dass jeder auswandern müsse und dass eine Wiederrückkehr nach Deutschland lebenslängliches Konzentrationslager bedeute. Dann ging es nachts durch den Frostwald zu Fuß in ein kleines Dorf, von wo aus in Lastwagen der Transport nach Weimar erfolgte. In Frankfurt kamen wir in der Nacht an.

Wolfgang Lauinger

Der Vater musste ins jüdische Krankenhaus. Immer, wenn ich ihn besuchte, wünschte er sich Schinkenbrote. Die brachte ich ihm dann von zu Hause mit, und er aß sie mit wachsendem Appetit. Langsam ging es ihm besser, er kam nach Hause zurück, aber nichts mehr war wie zuvor. Er stand unter Polizeiaufsicht und musste sich jeden Dienstag und Freitag auf dem Revier melden. Die Gestapo lud ihn vor und stellte ihm eine Frist von 14 Tagen für die Auswanderung. Aber das war schwierig: Kaum ein Land wollte Juden aus Deutschland aufnehmen. Der Vater und Emilie wollten über London nach Argentinien emigrieren, wo bereits Herbert und Emilies Familie lebten. Trotzdem schienen die bürokratischen Hindernisse manchmal unüberwindlich. Der Vater konnte die gesetzte Frist nicht einhalten, ihm wurde gedroht, dass er wieder ins Konzentrationslager käme. Monatelang lief der Vater wegen des Umzugsgutes, all der Abgaben, die vor der Emigration zu bezahlen waren, notwendiger Stempel und Genehmigungen von einer Behörde zur nächsten. Gleichzeitig wurde der Haushalt aufgelöst. Der Vater bestimmte Elisabeth von Kayser zu meinem Vormund, da ich noch nicht volljährig war. Nach seiner Auswanderung sollte ich bei ihr wohnen. Ich sollte einige Möbel aus der elterlichen Wohnung bekommen, und er schrieb an den Reichswirtschaftsminister:

> „Der Unterzeichnete Artur Israel Lauinger ist Jude und betreibt für sich und seine Ehefrau Emilie Sara Lauinger, geborene Moos, die Auswanderung nach Argentinien. Er besitzt aus erster Ehe zwei Söhne, Herbert Lauinger und Wolfgang Lauinger, von welchen der Letztere, geboren am 5. September 1918, in seinem Haushalte lebt. Meine beiden Söhne sind Mischlinge und Nichtjuden. Der bei mir lebende Sohn Wolfgang Lauinger ist Feinmechaniker-Lehrling. Er ist Mitglied der deutschen Arbeitsfront und bereits gemustert. Er bleibt auch nach meiner Auswanderung in Deutschland. Der Unterzeichnete erlaubt sich nun die Anfrage, ob es ihm gestattet ist, das in seinem und seiner Frau Besitz befindliche Silberzeug und die Schmuckstücke (siehe Anlagen) dem Sohne Wolfgang Lauinger als Nichtjude zu überlassen. Diese Wertobjekte waren, da der Unterzeichnete über nennenswertes anderes Vermögen nach Erledigung seiner Abgaben und der Kosten der Auswanderung nicht verfügt, dazu bestimmt, zusammen mit einigen Möbeln usw. den Unterhalt des Wolfgang Lauinger sicherzustellen bis zu dem Zeitpunkt, in welchem er sich selbst einigermaßen erhalten kann."

Doch der Reichswirtschaftsminister antworte nur mit einem Formbrief, der noch einmal wiederholte, was der Vater schon wusste: Die Verordnung über die Anmeldung von Vermögen von Juden ließ nur wenige Ausnahmen zu. Außer den Eheringen, etwas Besteck, Uhren und Silbersachen bis zum Gewicht von 40 g je Stück und einem Gesamtgewicht von bis zu 200 g je Person mussten

Schmuck und Silberzeug zwangsweise abgeliefert werden. So brachte der Vater einen großen Teil von Emilies wertvollem Schmuck zum Juwelier Koch, Silberplatten und -teller zum Juwelier Theobald und ich weiß noch, dass er nur Pfennige dafür bekam.

Wochenlang hatte der Vater auf seiner Schreibmaschine lange Listen angefertigt, die sein Umzugsgut verzeichneten: Vom Eichenbuffet bis zum Kaffeelöffel musste alles angegeben werden, was der Vater und Emilie mitnehmen wollten. Auch wann sie die Gegenstände erworben hatten, mussten sie notieren. Die Listen wurden kontrolliert. Vieles durfte nicht ausgeführt werden. Schließlich wurden Möbel und Hausrat für den Neuan-

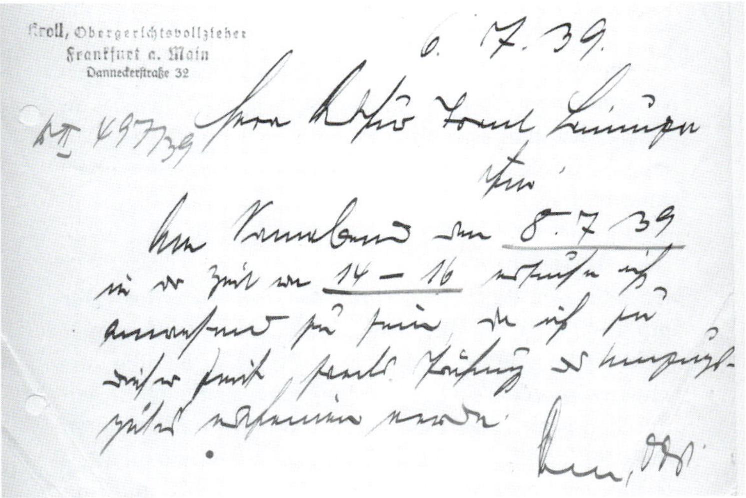
Kroll, Obergerichtsvollzieher
Frankfurt a. Main
Danneckerstraße 32

6.7.39

Ankündigung des Gerichtsvollziehers zur Prüfung des Umzugsgutes von Artur Lauinger:
„6.7.39 Herrn Artur Israel Lauinger
Am Sonnabend den 8.7.39 in der Zeit zwischen 14 und 16 ersuche ich anwesend zu sein, da ich zu dieser Zeit zwecks Prüfung des Umzugsgutes erscheinen werde.
Kroll, Obergerichtsvollzieher"

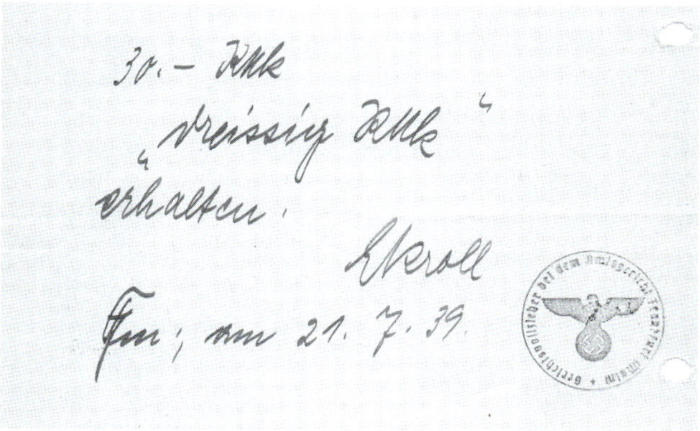

30.– RMk
„dreissig RMk"
erhalten.
Kroll
Ffm; am 21. 7. 39.

Gerichtsvollzieher bei dem Amtsgericht Frankfurt Main

Kostenrechnung für die Prüfung des Umzugsgutes vom 21.7., Quittung über 30 Mark

fang in Argentinien in einen Lift verpackt, auch ein samtbezogener roter Sessel, ein Vermächtnis des Oberst von Kayser, auf dem angeblich schon Napoleon III. gesessen haben soll. Wie durch ein Wunder hat er den Krieg überstanden.

In den letzten Wochen vor ihrer Abreise lebten der Vater und Emilie in der Pension Gräf in der Bockenheimer Landstraße. Jede Lebensfreude war aus der Familie verschwunden. Aber sie haben es geschafft: Dank der argentinischen Familienverbindungen konnten die finanziellen Voraussetzungen für einen Zwischenaufenthalt in London geschaffen werden. Im Juli 1939 fuhren Emile und Artur nach Hamburg und bestiegen dort das Schiff nach England.

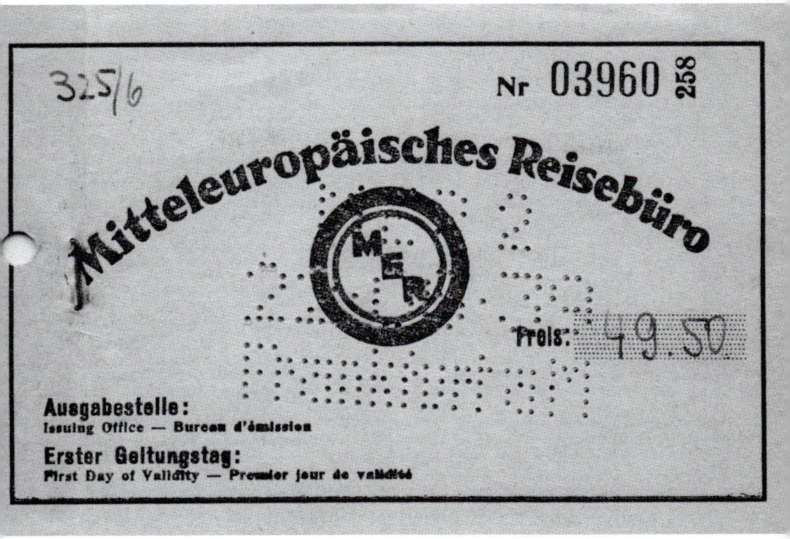

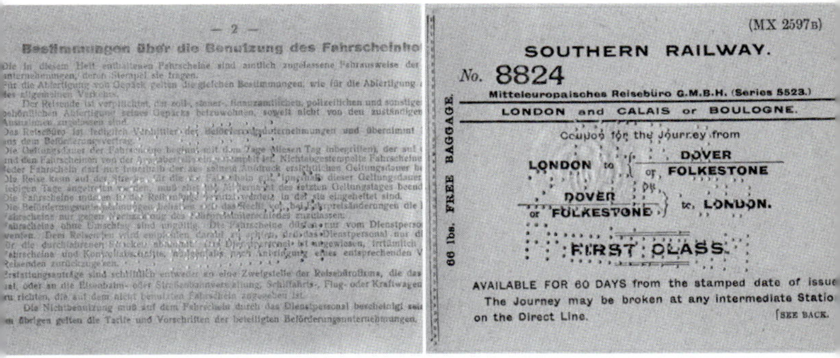

Fahrkarte in die Emigration: Artur Lauingers Schiffsticket

Ich bin seit drei Monaten Emigrant. Kein Anlass, sich als tragische Figur zu fühlen, kein Anlass, wehleidig Mitleid mit sich selbst zu empfinden oder gar auf das Mitleid anderer zu rechnen. Emigrant sein ist Schicksal. Ein Schicksal, das Zehntausende mit mir teilen, die alle miteinander, nach monatelanger Quälerei, an den Herd eines anderen Landes flüchten mussten, vertrieben aus der alten Heimat. Die Tragik liegt in dem Massenschicksal. Der Zwang zur Emigration muss im eigenen Herzen Empörung, Widerstand hervorrufen. Besonders, wenn das Schicksal unverdient war, der Ausfluss einer Rechtlosigkeit, der Willkür einer These, die der Hass erfand und durchsetzte, ohne einer moralischen Begründung zu bedürfen. Zeiten des Rechtsbruches, der Herrschaft des Hasses und der Willkür erzeugen noch viel Schlimmeres als die Emigration. Unglücklich diejenigen, die in hohem Alter, in voller Hilflosigkeit, von diesem Schicksal betroffen werden. Den anderen – und zu diesen zähle ich mich – bietet die Emigration die Gelegenheit, sich zu erproben und zu bewähren in einem Neuaufbau.

Am 23. Juni 1939 wurde meine Landesverweisung effektiv. Sie war entschieden bereits im Prinzip, als ich im Oktober 1938 aus dem Konzentrationslager Buchenwald zurückkehrte und unter der Drohung in dieses Lager auf unabsehbare Zeit zurückversandt zu werden, die Verpflichtung unterschreiben musste, in der Frist von drei Monaten auszuwandern. Das ließ sich nicht ermöglichen, eine Verlängerung bis Ende Juli 1939 wurde mir zugestanden. Kurz vor Ablauf der zweiten Frist konnte ich mit Hilfe argentinischer Verwandter und englischer Freunde die Erlaubnis zu zeitweiligem Aufenthalt in England erhalten.

Der Auswanderung voran ging die übliche Ausplünderung durch den nationalsozialistischen Rechtsstaat.

Judenvermögensabgabe, Reichsfluchtsteuer, Beitreibungen durch die Golddiskontbank für mitgenommenes Auswanderungsgut, fast entschädigungslose Ablieferung aller Metall- und Schmuckwertstücke, so genannte „Treugelder“ für Ältere, Sonderabführungen an die öffentlichen Ämter (Wirtschaftsstellen) bei Genehmigung von Geschäfts- und Hausverkäufen, Sonderjudenabgaben für die Religionsgemeinschaft (zu Gunsten der Auswanderung Vermögensloser), das waren und sind so ungefähr die Titel, unter denen verhindert wurde, dass der zur Auswanderung Gezwungene auch nur einen bescheidenen Teil seines Gutes in das Ausland mitnehmen konnte, wobei selbstverständlich auch noch die Beschlagnahme alles so genannten deutschen Kulturgutes von den Behörden durchgeführt wurde. Bezeichnend für diese Ausraubung war, dass eine Anordnung ergehen musste, man müsste den Auswandernden wenigstens die Möglichkeit lassen, die Auswanderung selbst (Fahrkarten und Gepäckbeförderung, Versendung des Hausrats) zu bezahlen. Dieser Prozedur wurde auch ich unterworfen, insoweit die Bestimmungen – mangels Besitz von Geschäft, Immobilien und Kulturgütern – auf mich anwendbar waren. Eine gewisse Vorzugsstellung hatte ich dadurch, dass ich meinem Sohne Wolfgang als „Mischling-Nichtjude“ Silber und Schmuck (insoweit ich ihn nicht zur Deckung der Reisekosten veräußern musste) sowie einige Möbel und Teppiche überlassen konnte. Im Übrigen ging ich mit meiner Frau nackt wie ein Spatz auf das Schiff, das mich nach England tragen sollte. Das Maß der vorangegangenen Bedrückungen körperlicher und noch mehr moralischer Art ließ mir diesen Zustand der Entblößung von allen Mitteln für die Zukunft als tragbar, gewissermaßen gleichgültig erscheinen. Ich vertraute auf meine Tatkraft und Arbeitsfähigkeit.

Artur Lauinger sieht ein Spiel der Frankfurter Eintracht zu Beginn der 1930er Jahre

Elisabeth von Kayser.
Die Aufnahme stammt vermutlich aus den 1930er Jahren.
1954 wurde sie Artur Lauingers dritte Ehefrau.

„Ein echter Soldatentyp mit einem unbeirrbaren Rechts- und Anstandsgefühl" (Artur Lauinger): Oberstleutnant Georg von Kayser

Herbert Lauinger während einer Rheinflussfahrt kurz vor seiner Emigration, fotografiert von seinem Bruder Wolfgang

Ein Erinnerungsfoto:
Kurz vor seiner Emigration ließ sich Artur Lauinger im Juni 1939 noch einmal mit Wolfgang fotografieren

Josef Steingass, Ende der 1930er Jahre

Franz Kremer beim Klettern im Taunus, ca. 1942

Der ca. 17-jährige Wolfgang Lauinger (2. von links), neben ihm rechts im Liegestuhl Werner Buss, hinten rechts sitzend Carlo Gramlich, vor ihm (rechts außen) Rolf Mack, ein Schulkamerad Wolfgangs. Die anderen Personen sind unbekannt. Das Foto zeigt die Freunde vor dem Haus der Großmutter von Wilfried und Wolfgang Swarzenski in Dillingen und wurde vermutlich von Wilfried Swarzenski zwischen 1935 und 1937 aufgenommen.

Hans Flesch-Thebesius zu Beginn der 1940er Jahre

Wehrpass mit Passbild Wolfgang Lauingers

Kapitel 3

Wolfgang Lauinger

Heute, im Rückblick, frage ich mich, warum der Vater mich zurückgelassen hat. Ich frage mich auch, wie er denken konnte, dass ich meine „staatsbürgerliche Pflicht" erfüllen, also den Wehrdienst leisten müsse: Welche Verpflichtungen hatten wir Deutschland gegenüber? Hatte er nicht schon erlebt, wozu man in diesem Land im Stande war? – Aber das frage ich heute. Damals war es anders, ich war nicht unglücklich, als er abreiste. Ihn erwarteten in Argentinien Herbert und Emilies wohlhabende Familie. Mir schien, für ihn würde sich nun alles zum Guten wenden. Und ich war froh darüber, endlich allein leben und alles selbst bestimmen zu können. Zwar hatte mir der Vater viele Freiheiten eingeräumt, aber ich erlebte den Sommer 1939 als Anfang meines eigenen Lebens, als Abenteuer. Die Frage, warum mein Vater mich nicht mitgenommen hatte in die Emigration, habe ich lange verdrängt, wie vieles, was damals geschehen ist. Sie stellte sich mir erst viele Jahre später, als ich mein Leben zu ordnen begann und die Gefahr begriff, die ich überlebt hatte.

Ich zog, wie es der Vater bestimmt hatte, zu Elisabeth von Kayser in die Nesenstraße. Er war kaum fort, da wurde sie erneut zur Gestapo vorgeladen, wieder lautete der Vorwurf „Rassenschande". Die Gestapo verlangte während der Vernehmung, dass sie vor der Staatsanwaltschaft beeiden müsse, dass zwischen ihr und dem Vater „nichts vorgekommen" sei. Am nächsten oder übernächsten Morgen standen plötzlich Unbekannte vor der

Wohnung: „Mach auf, Du Judenschwein!“, rief ein Mann. Als Elisabeth von Kayser öffnete, standen zwei SA-Männer vor der Tür. Der eine schubste sie zur Seite, ging ins nächst gelegene Zimmer und begann, dort die Bücher aus dem Regal zu reißen. „Lassen Sie die Bücher meines Mannes, er hat im Weltkrieg für Deutschland gekämpft“, sagte Elisabeth, obwohl sie sich fürchtete. Als Antwort schlug er ihr mit einem der Bücher ins Gesicht, so dass sie blutete; dann setzte er die Verwüstung des Zimmers unter Beschimpfungen fort. Schließlich wollte er von ihr eine Unterschrift unter ein Papier, das besagte, dass sie ordnungsgemäß vernommen worden sei. Sie wollte es nicht unterschreiben, aber der zweite SA-Mann, der sich bis dahin zurück gehalten hatte, mischte sich nun ein. Aus Furcht vor weiterer Misshandlung unterschrieb sie. Als der Vater davon hörte, sorgte er dafür, dass Elisabeth von Kayser eine Einladung nach London erhielt: „Ich war mir darüber klar, dass für sie ein weiteres Verbleiben in Deutschland, unter dieser verbrecherischen Räuberbande, dauernde Lebensgefahr bedeutete“, schrieb er später. Ende August fuhr sie nach England, um meine Eltern, wie es hieß, zu besuchen. In ihrem Mantel hatte sie die Reste von Emilies Familienschmuck eingenäht, um ihn über die Grenze zu schmuggeln. Dass sie erst nach dem Krieg gemeinsam mit dem Vater nach Frankfurt zurückkehren würde, davon ahnte sie damals nichts.

In diesem Sommer lag der Krieg in der Luft. Alle sprachen davon, wohin man auch kam. Und doch ging das normale Leben weiter. Ich ging in die Lehre, die mir, im Gegensatz zur Schule, viel Spaß machte. Wir reparierten in der Werkstatt häufig die großen hydraulischen Zahnarztstühle, die damals in jeder Zahnarztpraxis standen. Ich sehe mich noch mit dem Drückkarren, auf den wir einen der schweren Stühle geladen haben: Es ist heiß und ich schaffe es kaum, das Ungetüm von der Stelle zu bewegen. An der Hochstraße scheitere ich endgültig, ich komme mit dem Gewicht nicht den Berg hinauf. Gott sei Dank erbarmen sich einige Passanten. Gemeinsam schieben und zerren wir den Karren die Steigung hinauf.

Die freien Abende und Wochenenden verbrachte ich wie immer am Main. Auf der Sachsenhäuser Seite des Flusses, nahe der Friedensbrücke und unterhalb der Uferstraße lag das Bootshaus am Städel. Dort hatte die *Whyski* ihren Liegeplatz. Ich weiß es noch genau, es war an einem der letzten Augusttage. Ich hatte wieder einmal am Motor des Bootes herumgeschraubt, als ich am Ufer plötzlich Josef[4] sah. Mit seinen Eltern hatte er schräg gegenüber in der Rheinstraße gewohnt, und er hatte zum Freundeskreis an der Körnerwiese gehört, aber wir hatten nie mehr miteinander gesprochen als „Guten Tag" und „Guten Weg". Ein Curd-Jürgens-Typ: groß und breitschultrig, sehr gut aussehend, elegant. Josef kam auf mich zu: Er wolle ein Boot kaufen, sagte er, ob er die Whyski einmal ansehen dürfe. „Ich hab grad was an der Maschine gemacht und muss sowieso eine Probefahrt machen", sagte ich. Dieses Bild werde ich nie vergessen: Wir fuhren unten auf dem Main entlang, und oben, auf der höher gelegenen Uferstraße, folgte uns sein Chauffeur mit dem Auto. Hat er meinen bewundernden Blick gesehen? „Hör mal", sagte er zu mir, „ich hab ein neues Cabriolet. Wollen wir nicht an die Mosel fahren?" Nichts wollte ich lieber – ich hatte gerade meinen Führerschein gemacht. An der Brücke stieg er aus, ging die Treppe hinauf und verschwand mit dem Auto. Die *Whyski* hat er nicht gekauft – das Boot war ihm wohl nicht vornehm genug.

Ein paar Tage später fuhren wir im offenen Wagen an der Mosel entlang. Die Sonne schien, es war ein schöner Spätsommertag. Irgendwo hielten wir an einer Tankstelle, als es plötzlich hieß: Es gibt nur fünf Liter Benzin. Eine Beschränkung, wir haben uns keine Gedanken gemacht. Abends übernachteten wir in einem Gasthof. Die Zimmer waren alle belegt, also schliefen wir in einer Garage.

Als wir uns am nächsten Tag auf den Rückweg machen wollten, war der Tank schon wieder leer. Aber wohin wir auch kamen, überall gab es nur noch fünf Liter Benzin, so dass wir immer wieder anhalten mussten. Das Benzin war rationiert worden. Es war der 1. September, Hitler hatte Polen überfallen. Der Zweite Weltkrieg hatte begonnen.

Ich war schon 1938 gemustert worden, am 1. Januar 1940 wurde ich eingezogen. Meine Lehre musste ich abbrechen. Vaters Wunsch erfüllte sich: Ich trug die deutsche Uniform, die auch er getragen hatte. Gibt es einen stärkeren Beweis für seine unbedingte Heimatliebe, seinen Patriotismus? Man hatte ihn aus der Redaktion geworfen, sein Leben zerstört, ihn nach Buchenwald verschleppt und gequält; er aber hatte sich gewünscht, dass ich meine Pflicht fürs Vaterland erfülle.

Ich kann nicht sagen, dass ich mich damals auch nur innerlich gegen die Einberufung gewehrt hätte. Sie erschien mir eher als willkommene Abwechslung in meinem Alltag. Ich war neugierig auf das, was kommen würde. Unserer Gruppe vorgesetzt war ein kleiner, hässlicher Unteroffizier, der pausenlos schrie und uns seine Macht fühlen ließ. Aufstehen, hinlegen, aufstehen, hinlegen; Spindkontrolle; stramm stehen, jawoll! – Wenn ich mich heute gelegentlich frage, wie es geschehen konnte, dass die Nazi-Verbrechen von den meisten Deutschen stillschweigend geduldet wurden, denke ich oft an diese Erfahrung zurück, die mich das Wort „Kadavergehorsam" begreifen ließ. Unter dem Deckmäntelchen der Vaterlandsliebe tobte sich ein Sadist an erwachsenen, gebildeten Männern aus, die sich widerspruchslos in den Staub warfen und stumm sein obszönes Gebrüll ertrugen.

Ich wurde in Wetzlar zum Funker ausgebildet und lernte eine Art Schreibmaschine zu bedienen, die durch tägliches Wechseln der Steckverbindungen eine Verschlüsselung von Nachrichten möglich machte.

Im Februar oder März bekam ich für ein Wochenende Urlaub. Ich fuhr nach Frankfurt und wohnte bei Marli, die viele Jahre lang den Haushalt unserer Familie geführt hatte. Sie war für uns alle eine Vertrauensperson. Am Abend klingelte es. Ich öffnete die Tür und vor mir stand Tomy. Woher wusste er, dass ich Urlaub hatte? Hatte ich ihm geschrieben? Wohl kaum, denn ich erinnere meine Überraschung, als ich ihn plötzlich wieder sah, und meine Freude. Niemand stand mir in diesen Jahren so nah wie er. Die Familie wohnte in einem Viertel, das die IG-Farben gebaut hatte, nahe der Miquelallee. Besuchen durfte ich ihn nicht. Ich sehe mich im Winter an seiner Straßenecke stehen: Es schneit und ich warte Stunden und Stunden, bis er aus seinem Haus kommt. Du hast mich nach meiner ersten Liebe gefragt: Er hatte einen großen Platz in meinem Herzen. An diesem Abend sagte er mir, dass er desertieren würde. Er hasste den Krieg, und er hasste die Gewalt. Sie haben ihn erschossen. Vermutlich im Mai 1940 in Frankreich. Ich habe es erst nach dem Krieg erfahren.

Ich kehrte nach Wetzlar zurück. Es war etwas Ruhe eingekehrt, als wir plötzlich nach Westen verlegt wurden und eine unerhörte Militärbewegung in Richtung auf die französische Grenze begann. Sollte die Maginotlinie gestürmt werden? Uns schien das unmöglich. Nachts wurde ich ins Zelt des Kompaniechefs gerufen: Ich solle meine Waffen abgeben und sofort nach Wetzlar in die Ersatzeinheit zurückkehren, wurde mir mitgeteilt. Mein Truppenführer glaubte an einen Scherz. „Da hast Du aber Glück gehabt“, meinte er.

Glück hatte ich wirklich: Während meine Kameraden in den Krieg zogen, saß ich in der Kaserne herum und bekam am 27. Mai 1940 meine Entlassungspapiere. Nach einem Erlass der Wehrmacht vom 8. April 1940 war ich als „Halbjude“ in der Wehrmacht nicht mehr tragbar. Die Rassenideologie der Nationalsozialisten, die sie auf dem Nürnberger Parteitag der NSDAP in Gesetzesform gegossen hatten und die nachfolgenden Verordnungen bestimmten, wer als Jude galt und wer nicht. Zwar hatte der Vater sich selbst als Deutschen gesehen, aber er hatte vier jüdische Großeltern und galt deshalb als Jude. Mit einem jüdischen und einem „arischen" Elternteil galt ich als „Halbjude" oder „Mischling ersten Grades". Mit der Entlassung aus der Wehrmacht hatte mich die Ausgrenzung erreicht. Von einem Moment auf den anderen wusste ich, dass nun auch ich der Willkür ausgesetzt sein würde. Angst hatte ich nicht, aber ich wurde noch vorsichtiger, als ich es schon gewesen war und achtete darauf, auch meinen Freunden nicht zu viel über mich zu erzählen. Trotzdem hatte mein Truppenführer Recht. Die Entlassung aus der Wehrmacht war ein Glück für mich. Hätte ich den Krieg als Soldat überlebt, hätte ich vor der Frage gestanden, wie ich es mit meinem Gewissen vereinbaren kann, an Hitlers Eroberungsfeldzügen teilgenommen zu haben.

Artur Lauinger

War ich in Cuxhaven noch durch ein Spalier von SS-Leuten auf das Schiff gegangen, sorgfältig beargwöhnt und bis zuletzt begleitet von den Bezeugungen eines schmutzigen Hasses und einer brutalen Willkür, so umfing mich in England die ruhige Gastfreundschaft beamteter Gentlemen. Vollendete Zuvorkommenheit, Achselzucken über das rote „J" im Pass, über das schmückende Zeichen des aufgezwungenen zweiten Vornamens. „Das gibt es hier nicht" – das war das erste Wort, das mir auf englischem Boden aus dem Munde des Einwanderungsoffiziers entgegen kam, als er den Pass zu dem englischen Visum prüfte. „Das gibt es hier nicht", hörte ich seitdem sehr oft aus dem Munde englischer Beamter, bei denen ich mich zu legitimieren hatte.

England gab und gibt mir eine ruhige Heimstätte. Es ist schwer, sich an diese Atmosphäre, die 50 Jahre meines Lebens auch die meine war, wieder zu gewöhnen, an sie wieder zu glauben. England konnte angesichts seiner Arbeitslosigkeit den landfremden Vertriebenen, deren Zahl nach der Niederwerfung von Österreich und der Tschechoslowakei in hohe Zehntausende stieg, nicht ohne Weiteres freie Arbeitsmöglichkeit zu billigen. Ich wurde von diesen Umständen als geistiger Arbeiter weniger betroffen, mir stand und steht in meinem Berufe die Tätigkeit für ausländische Zeitungen offen, sodass ich hoffen durfte, eines Tages ohne das Gnadenbrot Verwandter auf eigenen Füssen zu stehen. Insoweit bin ich ein bevorzugter Emigrant. Aber das Los, in der Fremde zu sein und die alte Heimat entbehren zu müssen, lastet schwer auch auf mir. Heute, da der Kampf um die Freiheit des Geistes in Deutschland im Gefolge eines neuen großen Krieges entbrennt, mehr denn je.

Aber ich will von denen reden, die nicht die Möglichkeit haben für sich zu sorgen. Das Schicksal der Emigranten in der Großzahl ist furchtbar. Sie sind wahre Bettler, sie leben von der Wohltätigkeit Verwandter – wenn sie so glücklich sind, solche außerhalb Deutschlands zu besitzen –, oder Fremder, die in ihrer Hilfsbereitschaft bis an die äußerste Grenze beansprucht sind. Sie haben kaum die Möglichkeit die Ihnen gewährte Hilfe und Gastfreundschaft anders als mit dem Wunsche und mit der Bereitschaft zur Leistung zu vergelten, von der nur in wenigen Fällen Gebrauch gemacht wird.

Die Emigranten sind Vertriebene, die man ihrer Heimat, ihres Vermögens ohne ihr Verschulden beraubt hat, die man aus ihren Lebenskreisen herausgerissen hat und die schutzlos über die Grenzen geworfen wurden – seht selber zu, wie ihr durchkommt. Und die doch glücklich sind aus diesem Meer von Hass, Zwang und Quälerei entronnen zu sein.

Wenn ich an meine Entlassung aus der Wehrmacht denke, denke ich immer auch an Hans, Hans Flesch-Thebesius*. Wie so viele meiner Freunde hatte ich ihn im Bootshaus am Main kennengelernt. Eines Tages – es muss im Sommer 1940 gewesen sein – war er dort aufgekreuzt. Er war 15 oder 16 Jahre alt, ich war 21. Obwohl in diesem Alter wenige Jahre Altersunterschied eine große Rolle spielen und bald deutlich wurde, dass er ganz anders war als ich, haben wir uns sehr gut verstanden. Er gefiel mir, ja; aber von Anfang an war klar, dass er Frauen liebte und ich Männer. Wir teilten eine andere Leidenschaft: das Wasser. Wie ich paddelte er gern. Später, 1941 oder 1942, haben wir eine lange gemeinsame Tour an die Mosel gemacht. Eine ganze Woche waren wir auf dem Fluss unterwegs und wenn wir nicht paddelten, redeten wir. Damals hat er mir gesagt, dass er sich freiwillig zur Luftwaffe gemeldet hätte. Ich begriff es nicht, und ich verstehe es bis heute nicht.

Als wir uns kennen lernten, besuchte er das Gymnasium in Wertheim und lebte zusammen mit anderen von auswärts kommenden Schülern in einem Haus, das von Edgar Baron von Heyking geführt wurde. Ich bin ihm begegnet, als ich Hans Ende Februar 1941 anlässlich seines Geburtstages in Wertheim besuchte, und er hat mich sehr beeindruckt. Der Baron – so wurde er von allen genannt – war ein Anhänger des Reformpädagogen Kurt Hahn, der, anders als die Pädagogen, die ich in meiner Schulzeit kennen gelernt hatte, an die Fähigkeiten von Kindern glaubte. Die Rolle des Lehrers und Erziehers sah er so, dass er Kindern den Raum geben sollte, ihre Fähigkeiten zu entdecken. Zusammen mit Prinz Max von Baden hatte er das Internat Salem gegründet, dessen Motto bis heute lautet „Es steckt mehr in Dir". Hahn hatte 1933 als Jude emigrieren müssen, aber der Baron war von seinen Anschauungen überzeugt. Er hat Hans zum Lesen angeregt und studierte mit seinen Zöglingen klassisch-humanistische Texte. Sie lasen mit verteilten Rollen Lessings „Nathan der Weise". Das Stück mit seinem Aufruf zur Toleranz, in dessen Mittelpunkt der weise Jude Nathan steht, war den Nationalsozialisten natürlich ein Dorn im Auge: Schon 1923, als das Theaterstück verfilmt worden war, hatten nationalsozialistische Trupps versucht, Aufführungen in Kinos zu verhindern und zu stören; nach der „Machtergreifung" wurde das Stück verboten. Den Baron hat das nicht geschert und Hans war stolz, weil er die Hauptrolle sprechen durfte.

Hans war ein frühreifer Mensch. Er erschien mir ungemein klug; zu klug, dachte ich manchmal. Wir haben uns viele Briefe geschrieben und wenn wir uns sahen, haben wir viel geredet. „Zur Zeit komme ich ziemlich spät ins Bett, da ich mit Wolf noch bis spät in der Nacht tiefgründige Gespräche führe", schrieb er am 3. März 1941 an seine Eltern. Wir waren geistige Partner und mir scheint, auch Hans hat das so empfunden. Er stammte aus einer sehr bekannten und angesehenen Frankfurter Familie: Sein Großvater, Karl Flesch, war Anwalt, Stadtrat und Abgeordneter im preußischen Parlament gewesen; sein Vater, Max Flesch-Thebesius, war leitender Chirurg am Privatkrankenhaus Sachsenhausen in Frankfurt und sein Onkel Hans der in ganz Deutschland berühmte Rundfunkpionier. Das alles galt unter den Nazis nichts mehr. Entscheidend für das Schicksal der Familie war ihre jüdische Herkunft und das, obwohl schon Hans' Urgroßeltern zum Protestantismus konvertiert waren. Nach den Nürnberger Gesetzen galt sein Vater als so genannter Halbjude. Schon 1933 hatte er seine Stellung in der Klinik verloren. Das damals beschlossene „Gesetz zur Wiederherstellung des Berufbeamtentums" schuf die Grundlage für die Entlassung aller politisch missliebigen und „nicht arischen" Beamten und wurde in der Folge auch auf andere

Berufsgruppen angewendet. Hans' Vater kam auch nicht in den Genuss der Ausnahmeregelung für Weltkriegsteilnehmer, vergebens hatte er lange Jahre um seine Stellung gekämpft. Hans hatte erlebt, dass er selbst – ein „Vierteljude"! – ausgeschlossen worden war von dem Leben, das seinen Klassenkameraden als selbstverständlich gegolten hatte: Er hatte nicht Mitglied der Hitlerjugend werden dürfen.[5]

Im Gegensatz zu mir bedrückte Hans, dass er durch seine Herkunft eine Person zweiten Grades war. Weil er an seiner alten Schule so unglücklich gewesen war, hatten ihn die Eltern zuerst in ein Internat nach Süddeutschland und später, weil er dort das Abitur nicht ablegen konnte, nach Wertheim gegeben: Sie hofften, in einer Umgebung, wo niemand die Familie Flesch-Thebesius kannte, würde es leichter für Hans sein. Aber er hatte die Leiden nur getauscht. Zwar war er im Internat Mitglied der Hitlerjugend geworden, hatte aber unter großem Heimweh gelitten. Er war damals vielleicht 13 Jahre alt, ein Kind.

In Wertheim war er Mitglied eines von der Wehrmacht geförderten Fliegerkorps geworden. Als ich ihn 1941 besuchte, beschäftigte ihn bereits der Gedanke, sich freiwillig zur Luftwaffe zu melden. Ich glaube, dass ihn seine „Minderwertigkeit" nach wie vor bedrückte und dass er meinte, er könnte die Realität durch die Militärbegeisterung verdrängen. Er wollte unbedingt zeigen, dass er ebenbürtig ist – die Wehrmacht erschien im als der richtige Ort, die Teilnahme am „Kampf fürs Vaterland" als das richtige Mittel dafür. Er war sehr national eingestellt: wie mein Vater, wie sein Vater. Auch Max Flesch-Thebesius hatte – trotz allem, was ihm nach 1933 zugefügt worden war – darum gekämpft, in die Wehrmacht aufgenommen zu werden. Und ähnlich meinem Vater hatte Max Flesch-Thebesius in einem Brief, in dem er sich gegen seinen Hinauswurf aus dem „Stahlhelm" zu wehren versuchte, mit der Tradition argumentiert: „Seit vierhundert Jahren ist meine Familie in Frankfurt ansässig." Hans hat sich im April 1941 freiwillig zur Luftwaffe gemeldet. Wir haben uns die Köpfe heiß diskutiert, damals, auf unserer Moselfahrt. Auf dem Rückweg, in Koblenz, fand Hans seine Einberufung vor. Er hat dann eine Ausbildung als Jagdflieger gemacht. Wir haben uns geschrieben. Immer, wenn er in Urlaub war, hat er mich angerufen. Aber unser Verhältnis war nicht mehr das alte. Ich habe damals wenig darüber nachgedacht, warum und weshalb; ich hab es genommen, wie es war – morgen ist wieder ein neuer Tag. Auf jeden Fall: Er wurde Flieger. Er flog zunächst beschädigte Flugzeuge von der Front zur Reparatur nach Deutschland. Aber das genügte ihm nicht, er wollte unbedingt an die Front. Er wollte es so unbedingt, dass er einen im Reichsluftfahrtministerium beschäftigten Oberst privat zu Hause aufsuchte und ihn um Vermittlung bat. Tatsächlich wurde er im August 1944 nach Pardubitz* zu einem Schlachtgeschwader versetzt. Dann bekam er Gelbsucht. Statt zu dem geplanten Lehrgang mit anschließendem Fronteinsatz kam er ins Lazarett. In einem Brief an die Eltern aus dieser Zeit steht ein Satz, der mir keine Ruhe lässt: „Ich scheine tatsächlich zum Überleben des Krieges prädestiniert zu sein". – Wollte er sterben?

Kurz nach seiner Entlassung aus dem Lazarett, Anfang Oktober 1944, rief er mich an: Er besuchte für wenige Tage seine Familie. Das Haus seiner Eltern in der Franz-Lenbach-Straße war bei einem der schweren Luftangriffe auf Frankfurt zerstört worden, und sie waren nach Königstein gezogen. Ich fuhr also nach Königstein. Wir trafen uns in einem Kaffeehaus. Er war reserviert, mir schien, dass er Angst hatte. Vielleicht hatte auch der Vater Angst. Alle hatten unter der Diskriminierung zu leiden, die Mutter war schwer krank geworden. Der Vater hat die Familie vor weiteren Leiden bewahren wollen und vielleicht befürchtet, dass sich die Situation durch die enge Verbindung mit einem „Halbjuden" noch weiter verschlechtern könnte. Hans hatte mich auf der einen Seite furchtbar gern, wir haben uns fantastisch vertragen. Aber auf der anderen Seite wollte er die Bindung nicht zu stark werden lassen, das habe ich gespürt. Ich hätte mir gewünscht, mit ihm eine lange Freundschaft aufzubauen. Wenn ich auch denke, dass wir uns nach dem Krieg sicher sehr gestritten hätten: Wie konnte ein humanistisch gebildeter Mensch wie er unbedingt in die Wehrmacht wollen? Ich verstehe es bis heute nicht. Aber zu diesem Streit ist es nicht gekommen. Die Begegnung in Königstein war unsere letzte. Er ist am 6. Dezember 1944 bei einem Übungsflug in der Nähe von Pardubitz abgestürzt. Er war 20 Jahre alt. Fünf Monate später war der Krieg zu Ende.

Artur Lauinger

Der eilende Gang der Ereignisse, die sich in den Emigrationsmonaten überstürzten und durch immer neue Eindrücke Kopf und Herz viel zu stark beschäftigten, ließ die notwendige Distanz nicht aufkommen und gestattete nicht, in ruhiger Reflexion Klarheit über das, was geschah, zu gewinnen. Der Emigrant kommt sich – das ist wohl das vorherrschende Gefühl – vereinsamt vor. Aus der Umgebung, in der lebte und wirkte, heraus gerissen, seiner Existenzmittel beraubt, mit den Gewohnheiten und Menschen sowie den Einrichtungen und Gepflogenheiten des Landes, das ihm Gastfreundschaft gibt, nicht vertraut, überkommt ihn zunächst das Gefühl völliger Überflüssigkeit. Er sieht die Vergangenheit in einem dunklen Nebel, der alles Schreckliche der Barbarei und Tyrannei birgt. Seine Träume sind erfüllt von dem Unrecht und dem Unglück, das ihn Jahre hindurch verfolgt hat. Nur langsam wacht in ihm das Bewusstsein auf, in eine Welt zurückgekehrt zu sein, die vor scheinbar undenklicher Zeit einmal auch die seine gewesen ist.

Der ganze Wandel der Welt und der Atmosphäre kam mir zum ersten Mal mit Klarheit zum Bewusstsein, als ich eine Einladung eines evangelischen Geistlichen zu einer Weihnachtsfeier gefolgt war. Keine groß aufgezogene, anspruchsvolle Feierlichkeit. Ein kleiner Kreis von vielleicht 50 Menschen in einem schlichten Saal. Aber alle diese Leute waren erfüllt vor einer stillen Güte und Menschlichkeit, von einer rührenden Freundlichkeit und dem Wissen, dass nichts mehr Takt und Zurückhaltung erfordert, als der Verkehr mit den Zehntausenden elender Emigranten, die die Gewalt von Heimat und Herd vertrieben und in eine ungewisse Fremde geworfen hat. Was der Emigrant erlebt hat, empfand er an diesen Abend schärfer denn je zuvor. Er fühlte den Unterschied. Er sah das Glück, das er verloren hatte und war mit Schmerzen Gast bei dem Glück der Anderen. Er erkannte, warum diese Leute Krieg führen, er erkannte die innere Kraft und deren Grundlagen, aus der heraus diese Menschen ihren Kampf führen. Nicht nur für sich selbst, sondern für die zahllosen Menschen, die von heute auf morgen von der brutalen Gewalt moderner Eroberer überwältigt zu werden drohen. Der Referend sprach schlichte Worte ohne betont aufdringliche Religiosität. Er verkörperte eine Menschlichkeit, die in ihrer Einfachheit echt war und ans Herz ging. Er hatte als Gäste Flüchtlinge gerufen, deren Glaube nicht der seine war. So gewann seine Menschlichkeit eine echte Güte. Es war im tiefsten beschämend, dass ein Mann aus den Lande Goethes, Lessings und so vieler großer Geister in einem fremden Lande das zu erleben hatte, was der Inbegriff seiner eigenen humanen Erziehung gewesen war und was seiner eigenen Heimat verloren gegangen war. Der Abend zeigte den Flüchtigen, was sie nicht mehr besitzen, was sie verloren haben, um es vielleicht niemals wieder zu gewinnen. Es ist furchtbar, zu wissen, dass die Wiederkehr des menschlich Selbstverständlichen an das Schicksal eines blutigen Kriegs gebunden ist, der auf seinem Weg das Blut Unzähliger, darunter auch unzähliger Schuldloser, fordert. Ich glaube nicht an eine glückreiche Zukunft, an die Wiedererstehung einer humanen Kultur in meiner Heimat, die durch solche Opfer erkauft werden muss. Es werden Jahrhunderte vergehen, bis meine Heimat wieder ein Land menschlicher und glücklicher Kultur geworden sein wird.

Wolfgang Lauinger

Ich war ständig auf dem Sprung. In allen Begegnungen mit Menschen schätzte ich ab: Wer ist Dir wohl gesonnen? Wem gehst Du besser aus dem Weg? Es ging vielen so. Man konnte sich nicht einmal in der eigenen Familie sicher fühlen. Es gab Eltern, die ihre Kinder anzeigten und Kinder, die ihre Eltern verrieten, wenn sie etwas gegen den Krieg oder die Partei sagten. Das war die Aufgabe bis zum Kriegsende: Unterscheiden, Erkennen. Wer ist Dein Freund? Ich habe mich darin tatsächlich nie geirrt.

Wie sollte es weitergehen? Meine Lehre konnte ich nicht fortsetzen: Mein alter Meister war gestorben, die Werkstatt geschlossen. Elisabeth von Kaysers Wohnung gab es nicht mehr. Marli, unsere alte Haushälterin, hatte sie nach dem Kriegsausbruch aufgelöst; Elisabeth würde nicht zurückkehren. Wilhelm Meier, ein alter Freund von mir, lebte mit seiner Familie in einem Haus in Dornholzhausen. Er bot mir eine Hütte an, die auf seinem Grundstück stand. Hier zog ich ein. Ich musste unbedingt Arbeit finden und lief wochenlang durch Frankfurt, stellte mich vor, doch wohin ich auch kam, überall wurde ich gefragt: „Warum sind sie nicht beim Militär? Sie sind doch jung!“, und wenn ich dann den Grund nannte, hieß es: „Wir würden Sie ja gern nehmen, aber...“, und dann haben sie mir etwas von den Bestimmungen und der Deutschen Arbeitsfront erzählt. – Es gab keine Bestimmungen, die mich als so genannten Mischling von einer Tätigkeit in meinem erlernten Beruf als Mechaniker ausgeschlossen hätten, aber es ging allen „Halbjuden“ so: Sie verloren ihre Arbeitsplätze, sie fanden keine neuen Stellen und übten Tätigkeiten aus, die unter ihrer Qualifikation lagen. Am Ende hatte ich – wie so oft – Glück: Josef hat mich in seiner Firma eingestellt. Für einige Monate zog ich zu ihm in die Neue Mainzer Straße. Jeden Morgen ging ich die wenigen Schritte bis zum Hauptbahnhof, fuhr mit der Bahn nach Buchschlag und lief durch den Wald nach Neu Isenburg, wo sich die Fabrik befand.

Josef hatte den Betrieb wenige Jahre zuvor von seinem Vater übernommen und ihn vollkommen umgekrempelt. Aus einer kleinen Schlosserei hatte er in kurzer Zeit ein florierendes Unternehmen gemacht, das Kugellagerkränze produzierte und als kriegswichtig eingestuft worden war. Er war geschäftlich viel unterwegs und reiste oft nach Budapest, wo die Firma eine Niederlassung hatte. Seine Eltern waren bescheidene Leute gewesen, aber Josef und seine Brüder liebten das gute Leben. Besonders Josef lebte auf großem Fuß: Er hatte neben der eleganten Dreizimmerwohnung eine Suite im Frankfurter Hof, dem besten Hotel der Stadt, gemietet. Seine Anzüge wurden maßgeschneidert, er trug handgefertigte Budapester Schuhe. Aber das war es nicht allein: Auch sein Auftreten war elegant, er war charmant und sprachgewandt. Durch ihn habe ich zum ersten Mal verstanden, wie wichtig diese äußerlichen Dinge sein können. Die glückliche Hand, die er im Geschäft hatte, sein wirtschaftlicher Erfolg hingen auch damit zusammen, dass er Menschen beeindruckte.

Ich wohnte erst ein paar Wochen bei ihm, als ich Post von der Spedition Delliehausen erhielt. Dort hatte der

Vater einen Lift mit den Möbeln eingelagert, die er in die Emigration hatte mitnehmen wollen. Er sollte ihm nachgeschickt werden, aber durch den Kriegsausbruch war es dazu nicht mehr gekommen: Der Lift war in der Spedition stehen geblieben, die nun 2.000 Mark Lagergebühren von mir verlangte und die Versteigerung der Möbel androhte, wenn ich sie nicht bezahlen würde. Vielen Emigranten, die im Frühjahr und Sommer 1939 ausgewandert waren, war es ergangen wie dem Vater. Ihr Umzugsgut – Möbel, Wäsche, Hausrat – lagerte im Hamburger Hafen und in zahlreichen Speditionen; nun sollte es erfasst und versteigert werden. Georg Delliehausen, Besitzer der Frankfurter Spedition, hatte nach einem Schreiben der Gestapo mit der Aufforderung, Listen über das eingelagerte Umzugsgut von Emigranten einzureichen, in seiner Firma entsprechende Aufstellungen anfertigen lassen. In diesem Zusammenhang muss die Spedition auf den Lift des Vaters aufmerksam geworden sein, doch war eine Versteigerung in diesem Fall nicht ohne weiteres möglich: Bei Delliehausen war bekannt, dass ich in Frankfurt geblieben war. Ich aber war ratlos. Auf keinen Fall wollte ich, dass die Möbel zur Auktion kämen, zumal ich selbst kaum etwas besaß und sie gut gebrauchen konnte. Aber 2.000 Mark? Etwas Geld hatte ich noch: Irgendwie hatte der Vater es erreicht, dass kleinere Beträge, die nach seiner Auswanderung noch auf seinem Konto eingingen, von der Devisenstelle an mich ausgezahlt wurden. Aber nach meiner Rückkehr von der Wehrmacht war das Konto des Vaters plötzlich gesperrt worden, und meine Ersparnisse hatte ich in der Zeit der Arbeitslosigkeit fast verbraucht. Mein jetziger Lohn reichte gerade zum Leben. Schließlich habe ich Josef von dem Brief erzählt.

Du fragst, was ich ihm damals genau gesagt habe, ob er wusste, dass der Vater als Jude hatte emigrieren müssen und dass ich als so genannter Halbjude galt: Ich weiß es nicht mehr, aber ich glaube es nicht. Für uns war das damals gar nicht wichtig. Wichtig war, dass Josef mir das fehlende Geld gegeben hat und dass ich den Lift aus dem Lager der Spedition holen konnte. Ich überließ ihm dafür einige Sachen des Vaters: einen Teppich und einen Stuhl. So haben wir es auch später gemacht: Wenn ich Geld brauchte, bekam ich es von Josef, und ich gab ihm dafür Möbel aus dem Lift. Fast alles ist später bei Bombenangriffen auf Frankfurt verbrannt. Nie habe ich mir vorgestellt, welche Verwicklungen sich daraus noch ergeben sollten.[6]

Ungefähr zu dieser Zeit wurde ich krank. Die Ärzte diagnostizierten Neurodermitis, immer wieder musste ich ins Krankenhaus. Die Rechnungen hat Josef bezahlt. Trotzdem hat er unser gemeinsames Leben und die Arbeit in der Firma streng getrennt. Niemand in der Fabrik wusste, dass wir zusammen wohnen – bis auf die Sekretärin, die für die Lohnabrechnungen zuständig war. Aber einmal hat er einen Fehler gemacht: Jeden Morgen ging er zwischen zehn und elf Uhr durch den Betrieb und kam dann auch in die Werkstatt, in der ich beschäftigt war. Eines Tages brachte er seinen Hund mit. Kaum hatte er die Tür geöffnet, sauste das Tier quer durch die Halle auf mich zu. Josef rief ihn, aber der Hund reagierte nicht. Er sprang an mir hoch, wedelte mit dem Schwanz und war vor Freude ganz außer sich, da haben sich die anderen Arbeiter sehr gewundert. Josef hat den Hund nie wieder mitgenommen.

Ich durfte auch nie mit Josef gemeinsam im Auto in den Betrieb fahren. Während er im Bett lag und schlief, stand ich um fünf Uhr früh auf, um pünktlich in Neu Isenburg zu sein. Der Weg durch den Wald war weit, ich musste fast eine Stunde laufen. Im Sommer war das nicht schlimm, aber im Herbst und Winter kam ich vollkommen durchgefroren in der Firma an. Josef dagegen schlief bis sieben oder acht, stieg in einen seiner eleganten

Wagen (er hatte eine Sondergenehmigung, denn für das Führen eines großen Autos brauchte man damals wie für fast alles eine Genehmigung) und erschien dann gut gelaunt um neun oder zehn. Wäre es umgekehrt gewesen, ich weiß genau, dass ich das nicht fertig gebracht hätte. Aber ich weiß auch, was Josef gesagt hätte, wenn ich ihn gefragt hätte, ob er mich nicht mit dem Auto mitnehmen kann: „Hör mal, Du bist ein Arbeiter, warum soll ich Dich bevorzugen, was hat denn unsere private Freundschaft damit zu tun?“ Josef hat viel für mich getan – er hat mir Arbeit gegeben, wir haben viele Erlebnisse und Erfahrungen geteilt, und auch meine Krankenhausrechnungen hat er immer wieder bezahlt, aber so war er eben auch: kaltschnäuzig, hart, ein Machotyp. Nur so konnte er sich sein Leben und sein Vermögen aufbauen, nur mit dieser Methode. Es kann gut sein, dass Josef unser gemeinsames Leben verbergen wollte. Nach der Ermordung Ernst Röhms hatte eine rigorose Verfolgung Homosexueller begonnen. Josef war 1935 zusammen mit anderen Nerothern wegen Verstoßes gegen den Paragraphen 175* in Berlin verhaftet worden. Dass er im Lager Columbiahaus* gesessen hatte, habe ich erst von Dir erfahren. Wir haben nicht darüber gesprochen, wir waren vorsichtig.

Zum Jahreswechsel 1940/41 fuhren wir zum Skilaufen nach Galtür, ein kleines, von mächtigen Bergen umgebenes Dorf am Ende des Paznaun. Wir mieteten uns im Rössle ein, dem ältesten und schönsten Hotel des Ortes. Die Wirtin und ihr Mann waren freundliche Leute, die uns aufnahmen, als wären wir Stammgäste. Das Hotel war gut besucht. Einige Offiziere hatten mit ihren Familien schon die Weihnachtstage hier verbracht. Die Männer grüßten mit zackigem „Heil Hitler“ und knallten dabei ihre Stiefelabsätze zusammen, aber es gab auch andere Gäste. Ich erinnere gut ein Ehepaar aus Düsseldorf, mit dem wir schnell ins Gespräch kamen. Eine unausgesprochene Grenze trennte die Hotelbewohner: Die einen waren Nazis, die anderen nicht. Am Abend saßen Josef und ich in der Gaststube, wir wollten ein Bier trinken. Am Tresen standen einige Soldaten. Erst jetzt wurde uns bewusst, dass wir uns in unmittelbarer Nähe zur Schweizer Grenze befanden: Es waren Grenzsoldaten, die tagsüber oben im Sperrgebiet patrouillierten und nun ihren Feierabend bei einem Gläschen im Rössle verbrachten. In diesem Augenblick war uns klar, dass wir die Flucht versuchen würden. Es war ein ziemlich unzugängliches Gebiet, alles war verschneit, aber wir glaubten, dass wir es schaffen könnten. Unser Plan war einfach: Wir holten die Soldaten an unseren Tisch, Josef spendierte eine Runde und noch eine, langsam wurden sie betrunken, und als wir uns verabschiedeten, waren wir schon Kumpels. Auch den nächsten Abend haben wir zusammen verbracht, dann kam Silvester. Am nächsten Tag wollten wir unser Glück versuchen. Wir stellten uns noch einmal genau vor, was passieren würde, wenn uns – was wir für nicht sehr wahrscheinlich hielten – Soldaten im Sperrgebiet begegnen sollten. Wir wollten so tun, als ob wir uns verlaufen hätten und waren sicher, da sie uns kannten, würden sie uns glauben. Wir sahen es vor uns wie der eine zum andern sagte: „Du, das sind doch der Josef und der Wolfgang, die wohnen im Rössle, die kenn ich, das sind Freunde. Geh, zeig ihnen den Weg zurück." Heute wundere ich mich, wie naiv wir waren. Dass es Bergführer gab, die Flüchtlinge für 1.000 Reichsmark ins Engadin brachten, wussten wir nicht und auch nicht, wie viele Geflohene die Schweiz in diesen Jahren zurück ins „Reich" schickte. Ich war in Zürich geboren worden: Ob uns das weiter geholfen hätte?

Am Abend hatten die Wirtsleute für die Silvesterfeier zwei lange Tafeln mit weißen Tischtüchern, Geschirr und Gläsern eingedeckt. An jedem Platz stand ein Namensschildchen. Josef und ich saßen zusammen mit dem

Ehepaar aus Düsseldorf und einigen anderen Leuten an dem einen Tisch, an dem anderen saßen die Offiziere mit ihren Familien. Offensichtlich hatten nicht nur wir das Gefühl, dass sich die Hotelgäste in zwei Gruppen teilten. Wir haben gut gegessen und getrunken, und es wurde viel gelacht. Um Mitternacht läuteten im Dorf die Glocken. Am Nebentisch stand ein Major auf, klopfte an sein Glas und wartete, bis Ruhe eingekehrt war: „Meine Damen und Herren, lassen Sie uns das neue Jahr begrüßen, in dem wir das Glas auf unseren geliebten Führer Adolf Hitler, den Retter unseres deutschen Vaterlandes vor dem Untergang im Bolschewismus und auf die Vollendung des Dritten Reiches erheben." Einige Gäste hatten sich bereits von ihren Plätzen erhoben und prosteten sich nun unter lauten Rufen „Auf unseren Führer!" zu, andere standen gerade auf, als mitten in das Stühlerücken hinein Josef an sein Glas schlug. Alle Blicke richteten sich auf ihn. „Ich möchte noch etwas hinzufügen, das mir wesentlich erscheint: Der Herr Major hat die Soldaten vergessen, die an der Front stehen. Ich bitte Sie, das Glas zu erheben, um auf die Soldaten anzustoßen und auf ihre glückliche Heimkehr." Es war totenstill, jeder spürte die Provokation ohne sagen zu können, worin sie gelegen hatte. Die gute Stimmung wollte sich nicht wieder einstellen. Wenig später gingen wir schlafen. Als wir am nächsten Morgen die Treppe herunterkamen, lief der aufgeregte Hotelchef auf uns zu: „Hört mal, der Major hat irgendeine zentrale Stelle bei der Wehrmacht angerufen und sich erkundigt, warum der Herr Steingass und der Herr Lauinger als junge Leute hier im Hotel Urlaub machen können und nicht an der Front sind. Jemand ist schon auf dem Weg hierher. Ihr solltet machen, dass Ihr weg kommt." Wir haben blitzschnell unsere Sachen gepackt und wenige Minuten später saßen wir im Pferdeschlitten: Über uns der blaue Himmel, um uns herum die verschneiten Berge. Wir flohen aus dem Idyll.

Viele meiner Freunde waren zur Wehrmacht eingezogen worden. Du wusstest nie, ob du sie noch einmal sehen würdest. Längst erschienen in den Zeitungen die Todesanzeigen: „Gefallen für Führer, Volk und Vaterland“ oder – etwas zurückhaltender – „für Volk und Vaterland“. Trotzdem oder vielleicht gerade deshalb versuchten wir, unser normales Leben weiter zu leben. Wie vor dem Krieg fuhren wir im Winter in den Taunus nach Oberreifenberg. Die Leute dort waren arm und vermieteten uns gern gegen eine geringe Miete ein Zimmer, so dass wir immer eine Unterkunft hatten, wenn wir uns zum Skilaufen oder zu Wanderungen trafen.

Wenn das Wetter gut war, ging ich ins Bootshaus. Dort traf ich oft Freunde, Werner Fiege* zum Beispiel, auch er war ein begeisterter Wassersportler. Nach meiner Verhaftung und der Flucht aus Frankfurt habe ich ihn aus den Augen verloren und nie wieder gesehen. Erst, als Du mir eine Kopie der Aussage von Carlo Gramlich* aus dem Spruchkammerverfahren gegen den Gestapo-Mann Baldauf mitgebracht hast, stieß ich dort wieder auf seinen Namen und habe erfahren, dass er 1943 nach Auschwitz deportiert wurde. Er war „Halbjude“ wie ich. Obwohl so viele Jahre vergangen waren, sah ich ihn plötzlich ganz deutlich vor mir. Er war ein besonders netter Kerl, ein Oskar Wilde-Typ mit einer merkwürdigen Leidenschaft: Er interessierte sich brennend für alles, was mit der deutschen Adelsgeschichte zu tun hatte und kannte sich bis in die unwichtigsten, persönlichen Details aus – wer wann wen geheiratet und wie viele Kinder bekommen hatte, wer wessen Tante, Onkel, Neffe, Großmutter und Großvater war; das war sein liebster Gesprächsstoff, er konnte tagelang davon erzählen.

Unter der Woche, wenn alle arbeiten mussten, war unser Lieblingstreffpunkt das Café am Goetheplatz. Man verabredete sich nicht, sondern ging dort einfach vorbei – es war immer jemand da, mit dem man ein Bier trinken oder

Karten spielen konnte. Unser Freundeskreis war groß. Manche – wie Carlo Gramlich und Heinz Gaulke – kannte ich seit Jahren. Andere waren später dazu gekommen. Oft brachten Freunde ihre Freunde und Freundinnen oder auch Bekannte mit. Manchmal ergaben sich neue Beziehungen daraus, aber viele kannte man nur flüchtig. Man trank vielleicht mal ein Bier zusammen oder saß zufällig an einem Tisch nebeneinander, wechselte ein paar Worte und grüßte sich, wenn man sich später auf der Straße wieder traf. Wilhelm Ahl, der Besitzer des Cafés, drückte ein Auge zu, wenn wir bis tief in die Nacht hinein bei ihm saßen. Er war – so schien es mir jedenfalls damals – ein netter Mann und hatte ein Herz für uns. Gelegentlich buk er uns einen Kuchen aus Zutaten, die irgendjemand aus unserem Kreis mitgebracht hatte. Das sollte dann später als „Vergehen gegen die Kriegswirtschaftsordnung" geahndet werden. Der Hauptgrund aber, weshalb wir uns gerade bei ihm so gern trafen: Er hatte uns erlaubt, unsere Schallplatten mitzubringen und im Café aufzulegen. Es war die Musik, die uns mit einander verband. Wir alle liebten Swing: Duke Ellington, Benny Goodman, Glenn Miller, Count Basie, Tommy und Jimmy Dorsey. Manchmal lud jemand die anderen nach Hause ein. Dann wurden Swingplatten mitgebracht und wild getanzt. Diese Platten gab es nicht zu kaufen, sie waren verboten. Musik, überhaupt die Kunst, war nach der Vorstellung der Nationalsozialisten „immer die Schöpfung eines bestimmten Blutes, und das formgebundene Wesen einer Kunst wird nur von Geschöpfen des gleichen Blutes verstanden" – so schwülstig hatte es Alfred Rosenberg schon 1930 formuliert. Moderne Kunst und auch der Swing galten den Nationalsozialisten als „artfremd", „zersetzend", „fremdrassig". Eugen Hadamovsy, der als Reichssendeleiter und Direktor der Reichsrundfunk-Gesellschaft maßgeblich die von Goebbels verordnete Gleichschaltung des Rundfunks betrieb, hatte 1935 ein endgültiges Verbot des „Niggerjazz" für den gesamten deutschen Rundfunk ausgesprochen. Aber nicht einmal im Rundfunk selbst gelang es, das Verbot ein für alle Mal durchzusetzen. Es gab Musiker, die die Titel amerikanischer Bands in deutschen Versionen nachspielten und es gab Versuche, einen deutschen Swing zu erfinden. Schließlich: Was genau war eigentlich Swing? Und was verstanden die Kontrolleure davon? Wir haben uns darum nicht geschert. Der federnde Rhythmus, die Wildheit und Zärtlichkeit dieser Musik drückte unser Lebensgefühl, unsere Lebenslust aus. Sie war so ganz anders als die Marschmusik und die Chorgesänge, die jede öffentliche Veranstaltung und jeden noch so kleinen HJ-Aufmarsch begleiteten und oft auch aus den Radios dröhnten; und sie war auch anders als der schale Kitsch deutscher Schlager. Swing hat Kraft, aber diese Kraft hat nichts Martialisches, sie ist beweglich, dynamisch. Mir scheint, wem der Swing in den Gliedern steckt, der kann nicht stramm stehen oder die Hacken zusammen schlagen. Die Volksgemeinschaft sollte marschieren und nicht swingen; sie sollte sich im Gleichschritt, in der Uniformität, in den massenhaft gereckten Armen erfahren. Es war nur Musik, aber sie stand in gewisser Weise in Opposition zu den Vorstellungen und Werten, die die nationalsozialistische Erziehung insbesondere jungen Menschen vermitteln wollte. Sie passte nicht zu einem Erziehungsprogramm, das in jungen Menschen künftige Soldaten sah, sich heroisch opfernde Soldaten.

Manche unserer Platten stammten noch aus der Vorkriegszeit, sie waren von Reisen mitgebracht worden oder Geschenke. Aber es gab auch einen Schwarzmarkt: Wehrmachtsoldaten kauften Platten in Paris oder Amsterdam und verkauften sie weiter. Wir hörten sie bei jeder Gelegenheit, auch bei Wilhelm Ahl. Wir saßen in seinem Café und sangen lauthals mit. Manchmal beschwerten sich die anderen Gäste über uns und unsere Swingplatten. Was, wenn sie zur Polizei gingen? Wenn eine

Streife ins Café käme? Wir dachten nicht darüber nach. Dass Wilhelm Ahl deshalb schon einmal Ärger gehabt hatte und nun seine Konzession riskierte, wussten wir nicht. Ich wusste noch nicht einmal, dass Carlo in der Zeit, als ich bei der Wehrmacht war – im Winter 1939/40 – zusammen mit einem Freund verhaftet worden war. Erst Jahrzehnte nach dem Krieg, als Elisabeth Abendroth und Dieter Schiefelbein die Verfolgung der Swing-Jugendlichen erforschten, tauchten Unterlagen auf, durch die ich erfuhr, dass sich schon vor uns Jugendliche im Café am Goetheplatz getroffen und dort Swing gehört hatten.

*Carlo Gramlich**
(Einlassung im Spruchkammerverfahren von Heinz Baldauf, März 1947)[7]

Im Winter 1939/40 wurde ich an der Hauptwache von dem damaligen Gestapobeamten Baldauf festgenommen. Der Grund hierfür: Ein Kreis junger Leute hatte sich zusammengeschlossen, um gemeinsam Tanzvergnügungen nachgehen, wandern und musizieren zu können. Baldauf beschuldigte uns, englische Sender gehört zu haben als auch der Bandenbildung. Wir nannten seiner Zeit die Verbindung Harlem-Club. Ich muss bemerken, dass die Bindungen zu dem so genannten Club nur loser Natur waren. Wir trafen uns ohne vorherige Verabredung meistens im Goethe-Café. Hier verabredeten wir auch unsere Sonntagswanderungen, die wir in den Taunus machten.

Baldauf konnte mir nichts Kriminelles nachweisen, trotzdem wurde ich fotografiert, die Fingerabdrücke wurden mir abgenommen wie einem Verbrecher. Ich saß zwei Tage in der Bürgerstraße bei der Gestapo ohne jede Verpflegung und ohne mich legen zu können. Baldauf beschimpfte mich mit den übelsten Ausdrücken. Mit mir war der inzwischen verstorbene Helmut Trautmann inhaftiert worden, er wurde von Baldauf mit dem Schulterriemen furchtbar verschlagen. Der Grund hierfür war folgender: Mit uns wurde auch eine befreundete Jüdin festgenommen. Trautmann war mit derselben enger bekannt und Baldauf wollte von ihm wissen, ob es zwischen ihnen zu intimeren Verkehr gekommen sei. Dies verweigerte Trautmann, wie die Jüdin selbst auch. Nach zwei Tagen wurden wir dann entlassen mit der Maßgabe, uns nicht mehr zu treffen.

Am 14. Februar 1942 wurde ich in die Lindenstraße zwecks Vernehmung erneut vorgeladen.[8] Mit mir waren noch etwa 15 Mann bestellt. Baldauf nahm die Vernehmungen vor. Er warf uns das Weiterbestehen des Harlem-Clubs vor. Wir wurden durchsucht und danach in den Keller verbracht. Am Abend wurden wir dann in das Polizeigefängnis eingeliefert. Bei der Aufnahme der Personalien hat mich Baldauf fortgesetzt getreten und in das Gesicht geschlagen. Der Grund meiner Verhaftung ist mir nicht bekannt gegeben worden, lediglich dass gegen mich durch die Gestapo Schutzhaftbefehl erlassen worden war. In der später folgenden Gerichtsverhandlung wurde uns Glücksspiel vorgeworfen. Vor der Gerichtsverhandlung brachte mich Baldauf gefesselt zum Gerichtsgebäude. Hier ist mir noch folgender Vorfall gut in Erinnerung: In der Gerichtsstraße begegnete uns ein Jude, der durch seinen Stern gut erkennbar war. Baldauf stieß mich gegen diesen Mann, sodass wir mit den Köpfen zusammenstießen und der Mann zu Fall kam. Baldauf erging sich in wüsten Beschimpfungen gegenüber diesem Juden. In der Verhandlung selbst wurden alle ungefähr zehn Angeklagten zu Gefängnisstrafen von je drei Monaten bestraft. Hierzu möchte ich bemerken, dass wir niemals Glücksspiele um Geld oder Geldeswert gespielt haben. Mein Anwalt hatte mit dem Amtsgerichtsrat Schröder vereinbart, die sofortige Verhaftung im Gerichtssaal zu erwirken, wozu die gesetzliche Mindeststrafe von drei Monaten erforderlich war. Diesen Schritt machten wir, um aus den Klauen der Gestapo zu entrinnen. Das Wiederaufnahmeverfahren in dieser Angelegenheit habe ich beantragt. Meine inzwischen verstorbenen Schwester Hella wurde von Baldauf aufgrund meiner Inhaftierung als Schutzhäftling ohne sonstige Gründe in das Monikaheim* verbracht. Zu dieser Maßnahme lag kein Grund vor, zumal meine Mutter zuhause war und somit meine Schwester unter erzieherischer Aufsicht stand. Über Baldauf können noch folgende Personen Angaben machen:

Werner Fiege, Ffm., Kaulbachstrasse (3 1/2 Jahre Auschwitz)
Werner Simon, Ffm-Süd, Am Mühlberg (3 1/2 Jahre Buchenwald)
Irma Abb, geb. Bayer (3 Jahre Buchenwald)
Anni Scheider, Ffm., Ludwigstrasse 7 (1 Jahr Gefängnis)
Anneliese Maier, Ffm., Gutzkowstr. 24
Wolfgang Lauinger, Ffm., Eschersheimerlandstr. 357

Zusammengefasst möchte ich bemerken, dass Baldauf – genannt Ganion – der Schrecken der Frankfurter Jugend- und Elternschaft war. Uns ist er damals hauptsächlich deswegen nachgestiegen, weil keiner von uns in der HJ war. Dies hat er auch bei allen Vernehmungen uns gegenüber zum Ausdruck gebracht. Bemerken möchte ich auch folgenden Fall: Mit uns wurde ein gewisser Kurt Schuhmacher festgenommen. Der Junge war damals etwa 16 Jahre alt. Ihn presste Baldauf zur Waffen-SS mit dem Versprechen, wenn er sich freiwillig melden würde, geschähe ihm nichts. Schuhmacher ist heute noch nicht zurückgekehrt.

Ich bin gerne bereit meine Aussage bei der mündlichen Verhandlung ausführlicher zu gestalten und gegebenenfalls zu beeiden.

Frankfurt a.M., den 5. März 1947

Dass mit der Musik „eine starke englische Tendenz" in unser Leben kam, dass Kleidung und Lebensweise eher angelsächsisch waren, hat die Gestapo geärgert: Englische Platten würden gespielt „ohne Rücksicht auf die Tatsache, dass Deutschland mit England in einem Kampf auf Leben und Tod steht", heißt es in einem überlieferten Gestapo-Bericht, der auf das erste Auftreten des Harlem-Clubs reagierte. Sie hatten ganz richtig bemerkt, dass die Haare länger als üblich und oft nach hinten gekämmt waren. Nach Möglichkeit versuchte man sich elegant zu kleiden: Der Mantel breit in den Schultern und auffallend lang, gerne mit einem weißen Schal getragen. Sie vergaßen auch nicht zu betonen, dass das Auftreten betont lässig war und dadurch der „Eindruck des gelangweilten Müßiggängers" entstand.[9]

> „Die Mitglieder, deren Zahl bei Gründung des Clubs etwa 30 Personen betrug, waren teils aktive H.J.- und B.D.M.-Angehörige, teils waren sie aus diesen Formationen wieder ausgeschieden. Sie trugen als Abzeichen eine Anstecknadel. Das Abzeichen war ein auf der Spitze stehendes Viereck aus weißem Metall, blau umrandet, mit blauer Aufschrift das Wort ‚Harlem' (…). So war der Harlem-Club also ein Tanzverein, der anständige deutsche Tanzmusik verachtete und ausschließlich für die Verrenkungen des Niggertanzes schwärmte und den Swing-Tanz pflegte. Durch ihre widerlichen Manieren und äußerliches Aussehen (lange Haare, Hornbrille u. Jimmy-Hosen) fielen sie sofort auf den ersten Blick in öffentlichen Lokalen unangenehm auf. (…) Weiterhin war verweichlichtes Aussehen und mädchenhaftes Benehmen bei einem Teil der Mitglieder festzustellen. Auch die Mädels, soweit sie die Freundinnen der Clubmitglieder waren, standen in ihrem Aussehen und Benehmen dem Jimmy-

Jungen nicht nach. Durch Schminke, Puder und besondere Haarfrisur gaben sich die 13, 14 und 15jährigen Mädels berechnend ein älteres Aussehen. Zigaretten rauchend mit übergeschlagenen Beinen, kniefreiem Rock, saßen sie als mondäne Damen in den Lokalen."[10]

Aus dem Dokument geht hervor, dass es schon im Sommer 1939 Bemühungen gegeben hatte, den Kreis um den Harlem-Club zu zerschlagen. Die Gestapo hatte auch einen weiteren Frankfurter Club im Blick, die O.K.-Gang, deren Anhänger ebenfalls Anstecker trugen und im Café am Goetheplatz verkehrten. Auch sie hörten Swing, fuhren in den Taunus und schon hier war der Verdacht auf Homosexualität, Diebstähle und verbotenes Glücksspiel aufgetaucht. Besonders aufmerksam hatte die Gestapo auch registriert, dass die Mitglieder Kontakt mit Jüdinnen und „Halbjuden" hatten. „Vorgänge" wurden angelegt, wegen des Verdachts der „Rassenschande" und wegen des Hörens von Feindsendern. Schließlich wurde denjenigen, die dazu gezählt wurden, das weitere Bestehen ihres Clubs untersagt und die Abzeichen einkassiert. Die Lokale sollten zukünftig gemieden werden – und natürlich hat man die HJ-Standortführung sowie die BDM-Führung über die unbotmäßigen Jugendlichen informiert.

Zunächst war die Gestapo davon ausgegangen, dass der Harlem-Club sich durch den ausgeübten Druck aufgelöst hatte. Aber es war wohl nur eine Frage der Zeit, bis unser neuerliches Treiben im Goethe Café auffiel, zumal auch Wilhelm Ahl schon 1940 verwarnt worden war, er solle zukünftig das Abspielen von Swingplatten in seinem Café unterbinden. Er hat sich nicht daran gehalten; vielleicht waren wir für ihn auch einfach gute Kunden.

In der Stadt patrouillierten mehr und mehr Streifen, in denen HJ-Mitglieder, Mitarbeiter des Jugendamtes und der Gestapo zusammen arbeiteten. Sie kontrollierten Kinos, Tanzlokale, Kneipen. Sie überwachten die „Reinheit" der Musik – fanden aber nicht immer, was sie suchten, denn Platten wurden mit falschen Aufklebern getarnt. Sie überwachten zugleich die „Reinheit" der deutschen Jugend: Wer abends ausging, nicht volljährig war – was man damals erst mit 21 Jahren wurde – und dabei erwischt wurde, musste mit „Maßnahmen" rechnen, ganz besonders die, von denen man vermutete oder denen man nachweisen konnte, dass sie sich nicht „anständig" verhielten, sprich: Liebeleien oder gar sexuelle Verhältnisse hatten. Die Maßnahmen reichten von der Information der Eltern über verordnete Schulwechsel und die Verhängung von Arrest bis zur Einweisung in so genannte Erziehungslager. Aber es waren nicht nur die nationalsozialistischen Organisationen, denen unser Treiben ein Dorn im Auge gewesen ist. Du musst nur einmal in die Akten der Reichsrundfunk-Gesellschaft hineinschauen, die im Bundesarchiv aufbewahrt werden. Dort findest Du die Beschwerden vieler Volksgenossen, die sich über die „Niggermusik" beschwerten. Über die Reinheit der deutschen Kultur wachten viele Saubermänner und -frauen.

Unter uns waren auch Mitglieder der HJ oder des BDM, Franz Kremer zum Beispiel. Er war der Hitlerjugend erst 1939 nach der Einführung der so genannten Jugenddienstpflicht beigetreten, hatte aber in den Jahren zuvor durch seinen älteren Bruder schon eine ganz andere Art von Jugendleben kennen gelernt. Dennoch war den meisten von uns die kulturelle Differenz zum Nationalsozialismus kaum bewusst: Es war nur ein Gefühl, wir waren mehr oder weniger unpolitisch, keine bewussten Gegner oder gar Widerstandskämpfer; wir waren einfach jung, wollten unser Leben leben. Erst viel später habe ich verstanden, dass schon diese kleine, private Form von Eigenheit oder Individualität sich nicht mit einem System verträgt, dass auf Volksgemeinschaft setzt. Wir tanzten buchstäblich aus der Reihe.

*Franz Kremer** (2005)

Es fing an, als ich 14 Jahre alt war: Ich gehörte damals zu einer Gruppe phantastischer Sportler, das waren junge Sozialisten und Kommunisten. Später sind viele verhaftet worden. Einer hat fünf Jahre Zuchthaus bekommen, manche haben sich abgesetzt. Damals jedenfalls sind wir viel gepaddelt. In diesem Kreis war es verpönt, Bier auch nur anzuschauen oder zu rauchen. Diese Jungen wurden meine Vorbilder. Das war genau das, was mir Spaß gemacht hat, ich war ein begeisterter Sportler – es gab nichts anderes.

Mein älterer Bruder und ich bekamen zu dieser Zeit ein Faltboot, einen Einer geschenkt. Etwas später hat er unseren Eltern, der Großmutter und den Tanten klar gemacht, dass ich sein Boot bekommen müsste. Damit war klar: Wenn ich den Einer habe, braucht er etwas Neues. Das war dann ein Zweier, in den er endlich auch mal ein Mädchen hineinsetzen konnte.

Wir waren viel zusammen unterwegs, auch zum Skilaufen im Taunus. Dort gab es in Oberreifenberg ein Haus mit dicken Wänden, das war abhörsicher. Es trafen sich da auch Leute, die wirklich im Widerstand waren. Wir haben dort miteinander geredet und auch viel zusammen gesungen – von den Liedern der Jugendbewegung bis zur „Internationale". Ich hab Gitarre gespielt und die Oberstimme gesungen. Von dieser Zeit an war ich mit meinem Bruder unterwegs, immer war ich der Jüngste.

Schon durch die Schule war mein Bruder mit Heinz Gaulke in Berührung gekommen und durch ihn dann später mit dem Jazz. Von Stund an haben wir nur noch Jazz gehört, haben auch getanzt im Höchster Bootshaus. Das war diese Gruppe, die mein Bruder dort um sich geschart hatte, „Tiger" haben wir uns genannt. Fast gleichzeitig lernte mein Bruder den Harlem-Club in Frankfurt kennen. Der gepfiffene „Harlem-Swing" war ihre Erkennungsmelodie. Nachdem mein Bruder eingezogen worden war, fuhr ich allein ins Café am Goetheplatz. Da war auch immer Wolfgang, er war einer der Älteren. Ich war, wie unter den Sportlern, der Jüngste.

Die Hitlerjugend, der ich damals angehörte, war straff organisiert: Hat man einen Befehl bekommen, musste man zum Dienst antreten. Es hieß tatsächlich „Dienst". Das war die Staatsjugend, ab 1939 musste man dahin. Wenn ich nicht zu den „Diensten" wollte, musste meine arme Mutter eine Entschuldigung schreiben: „Mein Sohn Franz hat's heute am Hals" oder so etwas. Im Café am Goetheplatz war es ganz anders: Es war ein loser Zusammenschluss, jeder hat gemacht, was er wollte und niemand war gewillt, nach Kommando zu springen und zu hüpfen. Es war eine ausgelassene Gesellschaft. Man muss sich das vorstellen: Der Meister, bei dem ich damals lernte, hatte einen Gesellen, der wurde eingezogen und ist sofort gefallen. Dann musste der Meister zur Wehrmacht und ein paar Wochen später war er tot. Rings umher war nur Mord- und Totschlag. Meinen Bruder hat in Russland ein Bauchschuss zerrissen. Was für ein Glück, dass er gelebt hatte, solang er es noch konnte! Man hat ständig von Schulkameraden oder Freunden gehört: Die kamen an die Front und da waren sie auch schon gefallen oder schwer verwundet. Ist doch klar, dass die Jungen, auch die Mädchen, ein bisschen über die Stränge schlugen. Sie haben Geld zusammengelegt und die Hütte in Oberreifenberg gemietet. Die Betten standen übereinander, damit auch alle untergekommen sind. Und dann wurden Kerben in die Betten geritzt, Sie verstehen schon. Letztlich hat die Gestapo alles aufgebauscht, denn was heißt denn „über die Stränge schlagen"? Dieser Bericht über „politisch unerwünschte Erscheinungen unter Jugendlichen in Frankfurt", dieser Gestapo-Bericht über die Swingjugend-Verfolgung lässt erkennen, worum es ging. Nach 1945 bin ich von einer Stelle zur anderen gerannt, es war angeblich von der ganzen Geschichte nichts mehr da, alle Dokumente verbrannt. Letztlich ist der Bericht aufgetaucht, und zwar beim Jugendamt! Und dort steht der Satz, der ausschlaggebend war für alles, was damals geschehen ist: „Tonangebend waren ein paar Halbjuden“, genannt werden Herbert Simon und Wolfgang Lauinger, und dass auch so genannte Volljüdinnen dabei waren. Dass Jugendliche außerhalb der Normen der Hitlerjugend leben wollten und dann noch in Gesellschaft mit jüdischen Freunden, das durfte nicht sein. Dabei hatten gerade die Freunde am nötigsten. Wir wussten alle, dass Wolfgangs Vater im Lager gewesen war. Das war ja das Schlimme bei den Vernehmungen, wenn gesagt wurde: Der ist Jude. Von mir wollten sie auch so allerhand wissen, und ich sollte so allerhand aussagen, was gar nicht gestimmt hat. Überhaupt kein Gedanke dran, ich hab niemals damit zu tun gehabt, nie, nie!

Wolfgang Lauinger

Im November 1941 kam ich eines Abend wieder ins Café am Goetheplatz, ich weiß nicht mehr, wie viele Leute schon da waren. Jemand sagte: Ich habe eine Vorladung zur Gestapo, ein zweiter sagte, ich auch. Fast alle hatten eine Vorladung bekommen, auch ich: Einer war für 9 Uhr bestellt, einer für 9 Uhr 30, einer für 10 Uhr – immer eine halbe Stunde versetzt. Ich erinnere es nicht, aber ich glaube, die Bedrohung war mir in diesem Augenblick nicht wirklich klar. Die Vorladung hatte irgendwie mit unserem Freundeskreis zu tun, aber wirkliche Sorgen machte ich mir nicht. Wir hatten ja nichts getan – nur Swing gehört, getanzt und gespielt und lange Mäntel getragen. Ein paar Tage später, es war Anfang Dezember, ging ich in die Lindenstraße. Dort saß in einer Villa, die von der Cronstetten- und Hynspergischen evangelischen Stiftung als Damenstift errichtet worden war, seit 1940 die Gestapo. Ich öffnete die große Tür, und was ich nie vergessen werde: Links war ein Fenster, dahinter saß ein Mann, der aussah wie der Tod. Sehr hager und blass und glatzköpfig. Sein Anblick ist mir in die Knochen gefahren. Ihm gab ich die Vorladung. Er drückte auf einen Knopf. Eine zweite Tür öffnete sich, ich ging hindurch und stieg, wie mir gesagt worden war, die Treppe hinauf, während sich die Tür hinter mir schloss. Oben sah ich eine lange Bank stehen, auf der saßen sehr blass einige meiner Freunde. Noch bevor ich fragen konnte, was los sei, öffnete sich eine Bürotür und ich wurde hereingerufen. Am Schreibtisch saß Baldauf, er war in Zivil. Vor ihm auf dem Tisch lag seine Pistole und ich weiß noch, dass ich mich fragte, was das soll: Als sich unten die Tür hinter mir geschlossen hatte, war klar geworden, dass ich aus diesem Haus nicht einfach wieder würde fortgehen können. Wozu also die Drohung?

Was er mich an diesem Tag fragte, erinnere ich nicht, aber den von Anfang an aggressiven Ton dieses ersten, kurzen Verhörs. Schon nach fünf Minuten schickte er mich nach draußen, und ich setzte mich zu den anderen auf die Bank. Wir haben Stunden dort gesessen. Einer nach dem anderen kam, ging in das Büro hinein und wer wieder heraus kam, musste sich auf die Bank setzen. Als alle Vernehmungen abgeschlossen waren, wurden wir von Baldauf und einigen Uniformierten in den Keller gebracht. Eine Tür wurde geöffnet, im Raum standen viele Spindschränke. Jeder von uns wurde in einen solchen engen Spind geschoben und der Schlüssel von außen umgedreht. Als der letzte Spind verschlossen war, hörte ich, wie sich Schritte entfernten, dann klappte die Kellertür zu und wurde verschlossen. In diesem Augenblick fing Anni Scheider an zu schreien: Ihre ganze Wut schrie sie aus sich heraus. Baldauf war der Mann, den sie unter dem Namen Ganion kennen gelernt und in den sie sich verliebt hatte; sie hatte ihn in unseren Kreis mitgebracht. Nach dem Krieg hat Baldauf es im Spruchkammerverfahren so dargestellt, als ob er Sympathie für uns gehabt und niemandem etwas zu Leide getan hätte. Es kann sogar sein, dass auch er Swing gemocht hatte, aber das ändert nichts: Noch bevor das erste Verhör begonnen hatte, war ihm vieles über unsere Aktivitäten – unsere Unternehmungen, wann wir uns wo getroffen hatten, wer mit wem worüber gesprochen hatte – bekannt gewesen. Anni schrie vor Zorn und Verzweiflung. Er hatte sie verraten. Zugleich muss sie sich schuldig gefühlt haben. Plötzlich hörte ich ein Geräusch: Einer der Spinde wurde aufgeschlossen, dann brüllte eine Männerstimme, es polterte, und nun schrie Anni anders – vor Schmerz; wir waren nicht allein im Keller gewesen. Ganion hatte vor den geschlossenen Spindtüren gestanden und gewartet. Nun schlug er Anni brutal zusammen.

Wir mussten lange in den schmalen Schränken stehen, es war unmöglich, sich zu setzen. Irgendwann, ich glaube am nächsten Tag, wurden wir nach oben gebracht. Eine Grüne Minna brachte mich ins Klapperfeldgefängnis. Erst beim Lindenstraßen-Kongress 1994 habe ich erfahren, dass die anderen bald darauf frei gelassen und im Februar 1942 erneut verhaftet wurden. Ich nicht, ich blieb im Gefängnis und wurde täglich ins Präsidium oder zur Gestapo zu weiteren Vernehmungen gefahren.

Franz Kremer (2005)

Die im Harlem-Club hatten Wolfgang immer so ein bisschen gehänselt, auch an diesem einen Abend in Oberreifenberg. Und das war das Schlimme bei den Vernehmungen bei der Gestapo: Die wussten davon, und sie gingen davon aus … Aber mir war das unangenehm, ich habe es auch gar nicht verstanden! Ich weiß nicht, ob

Wolfgang bewusst war, wo das herkam, und ich will da auch keinen Unfrieden reinbringen. Es war so: Ich war in der Metzgerlehre und musste am Samstag bis abends um sieben arbeiten. Da hatte ich schon alles bereitgestellt: Die Skier und den Rucksack, den ich schon am Abend vorher gepackt hatte. Nach der Arbeit bin ich in den Omnibus nach Höchst gesprungen. In Königstein aus dem Zug raus und dann mit den Skiern und dem Rucksack über den kleinen Sattel: Ich hatte unglaublich viel Energie, ich war 16. Wie man sich im Taunus bewegt, das wusste ich gut, das hatte uns mein Vater gezeigt, ich hab mich bestens ausgekannt. So bin ich nach Oberreifenberg zu unserem Häuschen gekommen. Die anderen waren schon alle da und lagen teilweise in den Betten, nur Wolfgang fehlte noch. Ich sah, dass ich da nicht mehr unterkommen konnte. Wolfgang kam einen Augenblick nach mir zur Tür herein. Er hatte auch lang arbeiten müssen. Wo nun also hin in der Nacht? Ich sagte: „Ich kenne noch ein Quartier, da können wir unterkommen. Wir gehen zu Bingsohns, da war ich früher schon." Wir haben uns unsere Rucksäcke wieder aufgesetzt und wollten zur Tür hinaus. Da hat einer gerufen: „Pass auf, Franz, der vernascht Dich! Pass auf, wenn er über Dich herfällt!", oder irgend so etwas; Sticheleien eben, übliche Großfressigkeiten von jungen Leuten. Die werden in dem Alter heute auch rücksichtslos sein und einander hänseln. Ich fand das furchtbar, aber das Schlimme war, was die Gestapo dann daraus gemacht hat.

Wir sind also durch Oberreifenberg gelaufen, da kam uns einer entgegen, ein Schulkamerad von meinem Bruder, Alfred Siegle. Der hatte schon seinen Einberufungsbefehl in der Tasche und wollte das Wochenende noch im Taunus verbringen. Aber er hatte nirgendwo eine Unterkunft gefunden und war ganz verzweifelt. Also hab ich auch zu ihm gesagt: „Komm mit, wir gehen zu Bingsohns, der nimmt uns auch zu dritt." Ich wusste das.

Die Leute in Oberreifenberg waren sehr arm, und so hat's noch zwei Mark mehr gegeben. Wir sind also dahin, und tatsächlich haben sie uns aufgenommen und uns ihr Doppelbett in der Schlafstube gegeben. Ich hab in der Mitte gelegen, der Alfred auf der einen Seite, der Wolfgang auf der andern. Wir sind sofort eingeschlafen. Stellen Sie sich mal vor, was das für eine Tortur war: Schleppen Sie mal so einen Rucksack und Skier von Königstein nach Oberreifenberg! Wolfgang und ich hatten zudem schwer arbeiten müssen. Wir haben also herrlich geschlafen. Eiskalt war es, bei den Bingsohns waren die Fenster dick mit Eisblumen überzogen. Die Leute hatten ja kein Geld, um ihre Wohnung richtig zu heizen. Wenn Sie morgens in der Küche ihr Tässchen Malzkaffee getrunken haben, war es da ein bisschen warm, aber der Rest des Hauses blieb kalt.

Wir sind dann zum Skihang gegangen und zwar zum Pechberg. Dort haben wir die anderen wieder getroffen. Und da fing wieder jemand an: „Er hat ihm das Ohr abgebissen." Und die Mädchen haben wahnsinnig gelacht. Mir war das peinlich. Ich hab nicht nachgefragt. Und der Wolfgang hat sich weiß Gott nicht so benommen, der war nicht unverschämt zu mir. Das war der Anständigste von denen, er hat nie so ein großes Maul gehabt.

Wolfgang hat überhaupt nicht reagiert. Er war zurückhaltend, das kann man sich ja denken. Ich hab immer noch geglaubt, er würde bei seiner Mutter wohnen, aber die hatte sich ja wohl auch anders orientiert. Man wollte nicht so viel fragen, das macht man als Junge in dem Alter nicht. Wenn wir zusammen waren, waren wir lustig, unheimlich lustig. Und haben uns ausgetobt und haben gelacht über alles, über jeden Blödsinn. Da hat das schon zusammen gepasst: Er hat mir mehr imponiert als die andern. Er war immer irgendwie ernsthafter. Kein Wunder, wenn mein Vater in Buchenwald gewesen wäre, hätte ich die Welt auch anders gesehen. Er war zurückhaltender und das hat, glaube ich, etwas damit zu tun gehabt. Ich hatte ja immer meine Familie, Wolfgang war plötzlich aus allem herausgerissen. Denen war es mal blendend gegangen, und dann so was.

Für mich war das schrecklich, jemanden zu verletzen. Ich bin anders groß geworden, abfällig über jemanden sprechen, das gab es bei uns nicht. Ich war da empfindlich. Es war eine typische Pennälergroßfressigkeit, und die Gestapo hat dann etwas ganz anderes draus gemacht.

Im Oktober 1941 bin ich verhaftet worden, mitten in der Nacht. Vom Polizeirevier haben sie mich dann ins Gefängnis gefahren, ich kam in Einzelhaft. Es gab eine Pritsche, durchs Fenster konnte man ein bisschen den Himmel sehen. Und da stand so ein Kübel, der ist immer geleert worden, hat aber fürchterlich gestunken. Ich hatte eine alte Decke zum Zudecken, es war widerwärtig, so verkommen.

Am nächsten Morgen wurde ich in die Lindenstraße zur Gestapo gebracht. Da ging es erst um die Wurstmarken, die mir manchmal von meinem Großvater und einem Freund meines Großvaters zugesteckt wurden, und auch um die Wurstpakete, die ich als zusätzlichen Lohn bekam, weil ich ja, seitdem der Meister gefallen war, den ganzen Betrieb alleine schmeißen musste. Davon hatte ich den Freunden vom Harlem-Club etwas abgegeben: Alle hatten nicht genug zu essen. Nach der Wurst fragte die Gestapo zuerst. Aber dann: Die wussten alles, alles, alles. Jedes Wort, das zwischen uns gesprochen worden war. Ein Spitzel war eingeschleust worden. Und die Anni war grenzenlos in diesen jungen, hübschen Mann verliebt. Der war oft dabei und hat sie wochenlang ausgeforscht und über alles berichtet. Die wussten auch von diesen Hänseleien und haben das für bare Münze genommen. Ich weiß es nur noch so ungefähr: Der Wolfgang hätte mich erst in den Zeh und dann ich weiß nicht wohin gebissen. Mir war das so peinlich. Aber in den

Augen der Gestapo musste es so gewesen sein. Sie wollten etwas konstruieren und haben hinter allem etwas vermutet, weil sie Wolfgang belangen wollten. Stellen Sie sich vor, wie das gewesen wäre: Der Vater ein Feind, emigriert nach England, der Sohn „Halbjude“ und schlecht wie die Nacht, vergeht sich an einem Kind.

Ich wurde geschlagen, getreten, beschimpft: Ich wäre kein deutscher Junge, weil ich mich mit Wolfgang abgegeben und ihn mitgenommen hätte. Die wollten mit Gewalt von mir hören, dass da was gewesen ist. Wochenlang bin ich täglich zusammen geschlagen worden. Sie wussten genau, dass jeder Mensch irgendwann zusammen bricht. Ich konnte nicht mehr liegen und hab immer gedacht, das kann kein Mensch aushalten. Jetzt sag ich denen: Ja, so war's. Aber ich konnte es nicht. Ich hatte panische Angst, dass ich etwas über Wolfgang sagen oder über die Gesellschaft in Höchst oder die Kommunisten im Taunus verraten könnte. Ich, der Kleinste, der Jüngste. Denn man hatte mir doch vertraut. In meiner Angst war ich vielleicht gewappnet. Ich konnte nachts nicht liegen auf der Pritsche vor Schmerzen, aber die Angst vor dem Verrat hat mich irgendwie stark gemacht.

Ich habe nie darüber gesprochen. Bis die Geschichte mit der Lindenstraßen-Konferenz kam. Ich hatte auch keine Unterlagen, ich hatte nichts in der Hand! Ich konnte nichts beweisen. Jeder hätte gesagt: Ach, der war damals so jung, der spinnt ein bisschen, was der da erzählt … Gestapo! Der wusste überhaupt nicht richtig, was das ist. – Irgend so etwas wäre dabei heraus gekommen. Wenn ich dann ehrlich erzählt hätte, was die bei den Vernehmungen erreichen wollten, was die hören wollten von mir, da hätten doch die lieben Volksgenossen alle gesagt: Natürlich war da was. Und mir war es peinlich, dass ich in dem Alter im Gefängnis gewesen war. Andere Schulkameraden waren das doch auch nicht, die waren eben nicht im Gefängnis und haben so etwas erleben müssen.

*Elisabeth Abendroth** (2008)

Mein Vater hatte in der Nazizeit im Widerstand gearbeitet, war in Gestapohaft geraten, schlimm gefoltert und wegen Hochverrats zu vier Jahren Zuchthaus verurteilt worden. In meiner Kindheit galten er und seine Freunde aus dem Widerstand und der Emigration noch immer als Vaterlandsverräter. Wir lebten in der kleinen Universitätsstadt Marburg als Outcasts. Das hat mich geprägt.

Anfang der 90er Jahre, ich arbeitete damals im Institut für Stadtgeschichte, habe ich dem damaligen Frankfurter Oberbürgermeister Andreas von Schoeler vorgeschlagen, die Frankfurter Widerständler und Helfer von NS-Verfolgten öffentlich zu ehren. Andreas von Schoeler ergriff die Initiative und die Stadt Frankfurt am Main hat dann von 1991 bis 1995 die Johanna Kirchner-Medaille an Überlebende des Widerstands und Helfer von Verfolgten verliehen. Die Frankfurter Sozialdemokratin Johanna Kirchner hatte vielen Verfolgten aus der Arbeiterbewegung zur Flucht nach Frankreich verholfen, war selbst ins französische Exil gegangen, wurde im besetzten Frankreich verraten, an die Deutschen ausgeliefert und 1944 in Berlin-Plötzensee hingerichtet.

Als die Johanna Kirchner-Medaille 1991 zum ersten Mal vergeben werden sollte, hatte ich eine lange Vorschlagsliste von „Politischen", die ich alle schon seit meiner Kindheit kannte. Die breite Medienberichterstattung über die Verleihung nutzte ich für einen Aufruf an die Bevölkerung: Ich bat darum, mich auf Menschen hinzuweisen, denen diese Auszeichnung ebenfalls zustand. Darauf rief mich die pensionierte Opernsängerin Hilde Kremer an. Ich kannte sie schon seit vielen Jahren durch die Arbeiterwohlfahrt, in der sie und ihr Mann Franz – auch er war früher Opernsänger gewesen – sehr engagiert waren, aber nun erst erzählte sie mir von Franz' Schicksal im Nationalsozialismus. Ich prüfte das nach, interviewte Franz Kremer und er wurde bei der zweiten Verleihung 1992 mit der Johanna Kirchner-Medaille ausgezeichnet. In seiner Erzählung kam immer wieder ein „Alpha" vor, ein für ihn und seine jugendlichen Mitstreiter offenbar sehr wichtiger junger Mann, der etwas älter war als er selbst. Unabhängig davon hatte uns unsere Freundin, die Theologin und Zeitgeschichtlerin Marlies Flesch-Thebesius von ihrem gefallenen Bruder und seinem Freund Wolfgang Lauinger erzählt, zu dem sie Kontakt hielt. Ich traf mich mit Wolfgang in einem Café. Er war zuerst zurückhaltend und wollte von einer Ehrung nichts wissen. Aber dann taute er auf und erzählte mir von seiner Familie, vor allem von seinem Vater, von seiner Jugend im Nationalsozialismus, von den jungen Leuten, die anders gelebt und gedacht, anders gefühlt und andere Musik gehört hatten. Er erzählte mir von der Gestapo und von der Zeit seiner Illegalität. Wir trafen uns dann ein zweites Mal. Mein Hinweis, es sei wichtig, dass junge Leute heute etwas über diese anderen Jugendlichen damals erführen, hat ihn überzeugt, die Johanna Kirchner-Medaille anzunehmen. Er wurde 1993 in der Paulskirche ausgezeichnet. Eingeladen waren auch die, die wir im Vorjahr geehrt hatten. Beim anschließenden Abendessen in der Weinkneipe am Römer kam ein vollkommen aufgeregter Franz Kremer auf mich zu und sagte: „Da ist ja der Alpha! Wusstest Du das?" – Ich hatte es natürlich nicht gewusst: der Alpha war Wolfgang Lauinger. So haben die beiden sich wieder getroffen. Franz hat mir immer wieder begeistert erzählt, dass das ohne die Kirchner-Medaille nie so gekommen wäre.

Der Autor und Buchhändler Dieter Schiefelbein, mit dem ich damals für die Realisierung des Mahnmals

Homosexuellenverfolgung in der Frankfurter Schäfergasse zusammengearbeitet habe, erzählte mir eines Tages, dass er bei seinen Forschungen über die nationalsozialistische Homosexuellenverfolgung und die Verfolgung der Sinti und Roma im Hessischen Staatsarchiv auf Akten über die Frankfurter Swingjugend und auf den Namen Franz Kremer gestoßen war. Ich erzählte ihm, dass ich Franz Kremer schon sehr lange kannte, aber erst vor kurzer Zeit von seinen Erlebnissen im Nationalsozialismus erfahren hatte. Franz war begeistert als ich ihn mit Dieter zusammenbrachte. Er hatte auch deshalb so lange geschwiegen, weil ihm im Nachkriegs-Frankfurt viele nicht geglaubt hatten, oder besser: nicht glauben wollten. Aber nun war es ja sozusagen „aktenkundig", was er erlebt hatte – kein geträumter, ein ganz realer Alptraum. „Der Schiefelbein hat die Akten gefunden!" Mit diesem Satz hat in den folgenden Jahren fast jedes Gespräch mit Franz Kremer angefangen.

Dieter Schiefelbein konnte bald intensiver über diese und andere Frankfurter Swingjugendgruppen arbeiten: Er hat die Akten ausgewertet, mit Hilfe von Franz und Wolfgang weitere Überlebende ausfindig gemacht und 1994 auf dem Kongress zur Geschichte der Frankfurter Gestapozentrale in der Lindenstraße im Gespräch mit Franz Kremer erste Forschungsergebnisse präsentiert. Wie war es zu diesem Kongress gekommen? Beim Einweihungsfest der Frankfurter Niederlassung des Bankhauses Löbbecke & Co in der schönen Gründerzeitvilla in der Lindenstraße 27 hatte Michel Friedman zu den Bankern gesagt: Wisst Ihr, dass früher in dieser Villa die Frankfurter Gestapozentrale war? Ihr müsst die Geschichte dieses Hauses aufarbeiten. Die Löbbecke-Leute haben dann Kontakt zu mir aufgenommen und ich habe ihnen vorgeschlagen, am Ort des Geschehens, in der Lindenstraße 27, einen Kongress mit Wissenschaftlern und überlebenden Verfolgten zu organisieren. Überlebende aus dem Arbeiterwiderstand waren damals dabei, unter ihnen auch Johanna Kirchners Tochter und Schwiegersohn – beide hatten ebenfalls „gesessen" im „Dritten Reich" – und einige Überlebende, die viel riskiert hatten, um Verfolgten zu helfen. Den meisten war es nicht leicht gefallen, „die Lindenstraße" wieder zu betreten. Aber sie fassten Mut und erzählten von ihren schlimmen Erinnerungen an das berüchtigte Gestapohaus. Historiker berichteten über die Verfolgung der Frankfurter Juden, der Sinti und Roma und der Zwangsarbeiter. Der Saxophonist Emil Mangelsdorff gab ein Konzert und erzählte von den Gestapo-Vernehmungen. Und in der letzten Gesprächsrunde saßen Franz Kremer, Heinz Gaulke und Wolfgang Lauinger gemeinsam auf dem Podium.

Kapitel 4

Wolfgang Lauinger

Es hat mich jedenfalls nicht verletzt, dass die anderen im Harlem-Club mich gehänselt haben, das war nichts weiter. Für mich war es eher ein Vertrauensbeweis. Das macht man ja nur mit Menschen, die einem nahe stehen. Andererseits – eigentlich hat niemand irgendwem vertraut, so war unser Verhältnis nicht. Wir haben Blödsinn zusammen gemacht, haben zusammen gelacht, aber vertraut hat niemand irgendwem. Man hat nichts von sich erzählt.

Du fragst nach Franz. Als ich ihn bei der Lindenstraßen-Konferenz wieder gesehen habe, konnte ich mich nicht an ihn erinnern, überhaupt nicht. Ich konnte nicht mehr sagen, dass er damals dabei war, keine Ahnung, wie das sein kann. Vielleicht, weil er der Jüngste war, er war 15, ich war 22, 23. Vielleicht hab ich ihn deshalb nicht beachtet. Jetzt sehen wir uns manchmal, gerade erst haben wir uns in der Paulskirche getroffen. Und dann darfst Du nicht vergessen: Nach dem Krieg habe ich jahrzehntelang über all das, was ich Dir erzähle, nicht gesprochen. Ich habe die merkwürdige Erfahrung gemacht, dass man Dinge verdrängt. In jungen Jahren, damals, habe ich es tatsächlich fertig gebracht, Dinge völlig aus meinem Gedächtnis auszulöschen, das heißt Dinge, die mir unangenehm waren, die mich aus irgendeinem Grund belastet oder geärgert oder enttäuscht haben, die hab ich einfach …, weg waren sie. Wenn 1968 die Studentenrevolte nicht passiert wäre mit der ganzen Literatur, die dann erschien, den Zeitungsberichten und den Fernsehfilmen über die Schandtaten, die von den Nazis verübt worden sind… . Verdrängung funktioniert tatsächlich.

Wenn heute ein großes Unglück passiert, heißt es: Wir müssen die Angehörigen psychologisch betreuen. Da frage ich mich immer: Moment mal, bin ich eigentlich in meinem Leben jemals psychologisch betreut worden? Wer hat mich betreut, als ich aus dem Gefängnis kam? Wer hat mich betreut, als ich die ganzen Geschichten erlebt habe. Da ist niemand gekommen und hat gesagt: Ach, lieber Herr Lauinger, wir müssen uns um Sie kümmern. Aber vielleicht ist die psychologische Betreuung gerade ein Grund, dass man nicht verdrängen und damit abschalten kann? Wäre es nicht besser, man würde den Betroffenen sein Schicksal erleiden lassen, damit er schnell durch Verdrängungseffekt aus der Sache rauskommt, anstatt ihn zu betreuen und ihn immer wieder auf das hinzuweisen, was passiert ist?

Viele Leute überleben nur deshalb, weil sie verdrängen können. Und die Leute, die nicht verdrängen können, die leiden so darunter, dass sie nicht mehr klar kommen. Ich hab gerade wieder einen Zeitungsbericht ausgegraben von einem, der sich umgebracht hat, weil er nicht in der Lage war, mit diesen Problemen fertig zu werden nach vielen Jahren. Wenn diese Aufklärung oder wie man es nennen will, nicht erfolgt wäre, wäre ich heute noch nicht in der Lage, darüber zu sprechen oder Erinnerungen wach zu rufen. Ich habe das gemerkt: Dinge, die unangenehm waren, muss ich beinah zwingen, aus ihrer Ecke heraus zu kommen.

Nach dem Krieg hat all das niemanden interessiert. Und auch ich selbst wollte vergessen. Dass ich vieles verdrängt habe, hat es mir leichter gemacht, ein neues Leben anzufangen. Das war positiv. Ich habe Dir ja mal gesagt, dass ich mir jahrelang eingebildet habe, dass ich ein

Krimineller bin, weil ich gesagt habe, um Gottes Willen, ich habe jahrelang gegen Gesetze verstoßen. Und wer erzählt gern von seiner kriminellen Vergangenheit?

An Franz hatte ich überhaupt keine Erinnerungen, als ich ihn wieder traf. Er wollte, dass wir uns sehen. Er hing sehr an mir, heute weiß ich es. Und auch, dass ich ihm wahrscheinlich mein Leben verdanke. Aber es ist schwer, manchmal vermisse ich ihn. Sie haben ihn meinetwegen fast drei Monate lang gefoltert. Was wäre gewesen, wenn Franz gesagt hätte, was die Gestapo hören wollte? Ein schwuler „Halbjude" – das hätte KZ bedeutet.

Meine Haftzeit erinnere ich kaum. Neulich im Fiebertraum wollte ich fliehen: Da sind sie gekommen und kamen immer näher und näher; ich stand auf dem Fensterbrett, ich wollte hinunterspringen, sie öffneten schon die Tür. Als ich mit Dir in der Klapperfeldgasse im alten Gefängnis war – es ist heute kein Gefängnis mehr –, da habe ich alles wiedererkannt. Sogar meine Zelle habe ich gefunden, dieses schmale Loch mit der Pritsche, die man tagsüber hochklappen musste. Ich erinnere die wahnsinnige Kälte: Der Winter 1941/42 war eiskalt, drei Monate lang Minusgrade. Gott sei Dank hatte ich meinen Mantel bei mir, nachts habe ich ihn auf die dünne Decke gelegt. Ich erinnere auch, dass die Vernehmungen mal im Polizeipräsidium und mal bei der Gestapo stattfanden. Ich verstand schnell, dass ich auf die Fragen der Vernehmer antworten musste, um sie nicht zu reizen, aber natürlich nichts sagen durfte, was unsere Lage irgendwie verschlimmert hätte. Einmal kam während eines Verhörs im Polizeipräsidium ein Uniformierter ins Zimmer und winkte den Beamten heraus. Beide sprachen vor der Tür miteinander und ich konnte hören, wie der eine den anderen fragte: „Was hat er gesagt?", und der andere antwortete: „Gesagt hat er viel, aber ich kann nichts damit anfangen." – Du lernst diese Technik ganz schnell: Mit vielen Worten nichts sagen. Um was es eigentlich ging, erinnere ich kaum. Um unseren Lebenswandel? Dass wir „Feindsender“ hörten? Dass sich aus dem harmlosen Harlem-Club heraus eine wirkliche Organisation gründen könnte? Dass ich und andere „Halbjuden“ waren? Baldauf hatte eine Hausdurchsuchung bei mir durchführen lassen: Dabei waren viele Fotos gefunden worden, die ich auf den Bootstouren gemacht hatte. Er erschien im Gefängnis und wollte die Namen wissen. Aber ich kannte nur die Spitznamen. Er hat die Fotos dann auch den anderen vorgelegt, aber er kam nicht weiter. In getrennten Verhandlungen wurden wir im Winter und Frühjahr 1942 verurteilt, die meisten von uns wegen Verstößen gegen die Verbrauchsregelung und wegen Glücksspiels. Heinz Henke wurde – auf Kosten der Eltern – in einer Erziehungsanstalt untergebracht. Carlo wurde am 17. Februar zu drei Monaten Gefängnis und zwei Wochen Haft verurteilt, wobei diese zwei Wochen durch die Untersuchungshaft als verbüßt galten. Ähnlich war es bei mir, auch ich wurde – wegen des Besitzes von einem Stück Leder, das ausgereicht hätte, acht bis zehn Schuhe zu besohlen und wegen Glücksspiels – am 6. März zu drei Monaten Gefängnis verurteilt, eine Untersuchungshaft von zwei Wochen wurde angerechnet. Doch ich hatte seit Dezember in Untersuchungshaft gesessen! Ich war außer mir, empört! Als sie mich nach Preungesheim ins Gefängnis brachten, habe ich geschrien, geschimpft, geflucht. Der Beamte, der mich in die Zelle brachte, blieb ganz ruhig. Irgendwann sagte er zu mir: „Seien sie froh, dass sie hier sind. Bei uns sind Sie sicher.“ Das geht mir bis heute nach. In Carlos Zeugenaussage im Spruchkammerverfahren gegen Baldauf habe ich jetzt gelesen, dass sein Anwalt mit dem Amtsgerichtsrat Schröder die sofortige Verhaftung im Gerichtssaal vereinbart hatte, um ihn aus den Klauen der Gestapo zu befreien, und dass dafür eine Mindeststrafe von drei Monaten erforderlich war. Das habe ich nicht gewusst! War meine Anwältin an diesem

Deal beteiligt? Habe auch ich deshalb drei Monate bekommen? Hat der Gefängniswärter in Preungesheim davon gewusst? Es ist dein Leben, aber du weißt manchmal nicht, wodurch es diese oder jene Wendung genommen hat; hinter deinem Rücken hat sich etwas ereignet und du weißt nicht, was.

Es war ein warmer Junitag, an dem ich entlassen wurde. Ich sehe noch die Blicke, als ich mit der Straßenbahn von Preungesheim in die Stadt fuhr. Ich hatte den dicken Mantel, der mich im Winter in der eisigen Zelle gewärmt hatte, übergezogen, um ihn nicht tragen zu müssen, und alle starrten mich an. Ich fuhr zum Schaumainkai, wo ich seit einiger Zeit ein Zimmer im Haus Nummer 39 gemietet hatte. Als ich unten ins Treppenhaus trat, stieg mir der Duft von frisch geröstetem Kaffee in die Nase und ich wusste, das ist meine Vermieterin, Frau Wagner. Woher sie die Bohnen bezog, weiß ich nicht, aber sie röstete selbst Kaffee, was natürlich verboten war. Sie brühte mir eine Tasse, aber sie war aufgeregt: Am Tag zuvor hatte die Gestapo vor der Tür gestanden und mich verhaften wollen: „Aber der Herr Lauinger ist doch schon verhaftet, er ist im Gefängnis." Für mich stand fest: Ich tauche unter, noch einmal gehe ich nicht ins Gefängnis. Ich packte ein paar Sachen, ging zum Bahnhof und nahm den ersten Zug, der mich in den Schwarzwald brachte. Irgendwo bin ich für die Nacht eingekehrt, und so ging es dann über Wochen: Früh morgens, noch bevor die Meldescheine vom Vorabend abgeholt wurden, verließ ich meine Herberge und machte ich mich wieder auf den Weg. Manchmal fuhr ich ein paar Stationen mit der Bahn, es waren noch die alten Personenwaggons. Vor der Tür gab es einen Austritt. Da habe ich gestanden und mir den Wind um die Nase pfeifen lassen. Oft bin ich auch kilometerweit durch den Wald gelaufen. Abends spät suchte ich mir dann ein neues Quartier, und am nächsten Morgen ging es wieder weiter – sechs, acht Wochen lang, jeden Tag an einem andern Ort. Irgendwann hatte ich kein Geld mehr.

Ich dachte an Tilde. Ihr Lebensgefährte, Baron von Porembski, hatte mich im Klapperfeld besucht. Eines Tages war meine Zellentür geöffnet worden: „Besuch!" Ich war in einen Raum geführt worden und da hatte zu meiner großen Überraschung der Baron gesessen. Man hatte uns sogar allein gelassen, was ebenso unüblich war wie der Umstand, dass ich von einem Menschen, mit dem ich nicht verwandt war, besucht werden durfte. Er schien über Beziehungen zu verfügen. Vielleicht hat er mir bei diesem Besuch sogar gesagt, ich solle mich melden, wenn ich nach der Entlassung in Schwierigkeiten geriete. Ich erinnere nicht, worüber wir sprachen, aber dass er mir Essen mitgebracht hatte, weiß ich noch. Ich fuhr also nach Baden-Baden. Dort lebten Tilde und der Baron im Haus Pagenhardt, einer prächtigen, schneeweißen Jugendstil-Villa ganz in der Nähe des Kurparks. Zunächst herrschte Ratlosigkeit, aber schon nach einem oder zwei Tagen sagte der Baron: „Du fährst nach Pforzheim und meldest Dich dort auf dem Arbeitsamt." Ich kannte kaum den Namen dieser Stadt, aber ich machte mich auf den Weg. Offensichtlich hatte der Baron mit seinem Bruder gesprochen, der Direktor des Landesarbeitsamtes in Wiesbaden war und seinerseits Beziehungen nach Pforzheim hatte. Jedenfalls schickte mich das Arbeitsamt zur Ulmer Schraubenfabrik. Auch dort war die erste Frage: „Warum sind Sie nicht an der Front, warum sind Sie nicht bei der Wehrmacht?" Ich hab meinen Entlassungsschein vorgezeigt.

Der Direktor hieß Rauch. Er war Mitglied der NSDAP, aber er hat seine Hand über mich gehalten. Warum, weiß ich nicht. Wenn die Gestapo kam, hat er immer gesagt, dass alles in Ordnung ist, obwohl er anders hätte reagieren können, schon deshalb, weil ich morgens immer zu spät kam: Um sieben Uhr war Arbeitsbeginn, ein paar

Minuten später schaltete die Stempeluhr von schwarz auf rot, so dass man gleich sehen konnte, wer zu spät gekommen war. Meine Karte war immer rot. Der Meister hat mich ermahnt: Jetzt pass mal auf, dass Du pünktlich kommst! Zwei, drei Tage lang habe ich es geschafft, ich stempelte schwarz. Aber dann ging es wieder los, trotzdem ist nie etwas passiert. Vielleicht lag es daran, dass ich abends oft länger blieb. In der Fabrik wurden Automaten zur Schraubenproduktion hergestellt. Dabei kamen Präzisionsdrehbänke aus der Schweiz zum Einsatz. Für mich war es eine interessante Arbeit. Wenn ein ungewöhnlicher Auftrag kam, habe ich bis zehn, elf Uhr abends an der Werkbank gestanden und nicht nach der Zeit gefragt. Meine fünfundfünfzig Stunden in der Woche habe ich meistens um fünf bis zehn Stunden überschritten, das wusste natürlich jeder. Manchmal wurde ich mit Aufgaben betraut, die niemand sonst im Betrieb machte. Außer mir und ein paar alten Männern sprach niemand Deutsch: Die meisten Arbeiter kamen aus Holland, Belgien und Frankreich. Man hatte sie einfach von der Straße weg verhaftet und zur Arbeit nach Deutschland gebracht. Sie lebten in Baracken in der Nähe der Fabrik. Nach Feierabend waren wir manchmal zusammen.

In Pforzheim hat für mich wieder so etwas wie ein normales Leben begonnen. Ein Zimmer hatte ich in einem Einfamilienhaus in der Mackensenstraße 2 am Stadtrand gefunden. Die Vermieterin, Frau Glocker, lebte mit ihrem Sohn Erich allein. Sie war in Trauer und bat mich, darauf Rücksicht zu nehmen. Tatsächlich war es im Haus still wie in einer Grabeskammer. Die Rollläden waren heruntergelassen. An Feiertagen, wenn Beflaggung angeordnet war, blieb das Haus ohne Schmuck. Das fiel mir auf, aber ich habe nicht weiter darüber nachgedacht. Frau Glocker war freundlich, aber wir sprachen kaum miteinander.

Ich hatte meinen Betriebsausweis, den ich bei Kontrollen vorzeigen konnte. Da stand mein Name, meine Anschrift und wo ich arbeite. „Der Inhaber dieses Ausweises hat sich nach einem Luftangriff in unseren Geschäftsräumen, Lindenstraße 9, einzufinden. Ich bitte darum, ihn passieren zu lassen.“ Das war meine Absicherung. Ich konnte immer sagen, ich sei auf dem Weg in den Betrieb. Sogar bei Fliegeralarm durfte ich, was eigentlich verboten war, auf die Straße gehen; ich musste sogar in den Betrieb, um dort eventuell bei der Brandbekämpfung mitzumachen. Dieser Ausweis und der Wehrpass waren für mich wie Garantiescheine. Tagsüber ging ich zur Arbeit und abends in die Kneipe, aß dort ein Stammgericht oder trank ein Bier, unterhielt mich mit den Leuten. Aber ich war vorsichtig. Wenn in der Kneipe die Rede auf Politik kam, bin ich sofort weggegangen. Ich habe eine Art Schutzwall um mich herum aufgebaut. Die Menschen, die ich kannte, wussten nichts von mir und meinem Vorleben. Vielleicht Herr Rauch, ich denke, dass er vorinformiert war. Sonst wusste niemand, wer ich bin und woher ich komme. Man hatte Kontakte, führte aber keine tieferen Gespräche: keine Angriffsflächen bieten. Das war der wichtigste Punkt überhaupt. Und es stand ja auch an jeder Haustür: Achtung, Feind hört mit! – das war natürlich anders gemeint.

Ich erinnere mich noch an eine Begebenheit mit Max, einem meiner neuen Freunde. Er war jünger als ich, 18 oder 19 Jahre alt und ging noch zur Schule. Wir trafen uns manchmal, gingen schwimmen oder unternahmen Ausflüge in die Umgebung; Pforzheim ist sehr schön gelegen. Eines Abends liefen wir durch die verdunkelte Stadt, als uns plötzlich Taschenlampen mitten ins Gesicht leuchteten: Polizei. Sie verlangten die Ausweise. Die hatten wir natürlich dabei, es hat sich keiner nachts auf die Straße getraut ohne Ausweis, weil ständig Kontrollen waren. Sie sahen die Ausweise an, dann Max und mich. „Wo kommen Sie her?“ Ich weiß nicht, was wir geantwortet haben, aber es hieß: „Sie kommen mit.“ Zum Revier an der Karl-

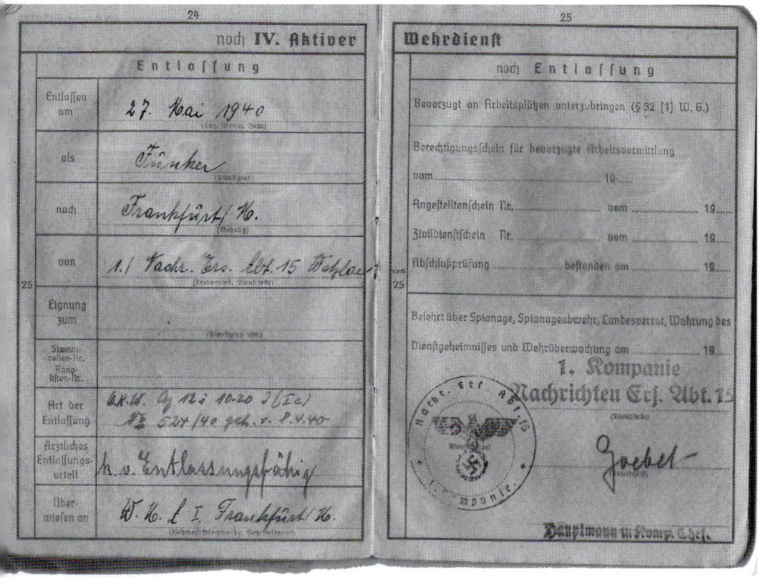

24

noch **IV. Aktiver** Wehrdienst

Entlassung

Entlassen am	27. Mai 1940 (Tag, Monat, Jahr)
als	Funker (Dienstgrad)
nach	Frankfurt/M. (Wohnort)
von	1./Nachr. Ers. Abt. 15 Wetzlar (Truppenteil, Dienststelle)
Eignung zum	
Stammrollen-Nr. Ranglisten-Nr.	
Art der Entlassung	OKW. Az 12 i 10-20 J (Ic) Nr. 524/40 geh. v. 8.4.40
Ärztliches Entlassungsurteil	k.v. Entlassungsfähig
Überwiesen an	W.B.K. I Frankfurt/M.

25

noch Entlassung

Bevorzugt an Arbeitsplätzen unterzubringen (§ 32 (1) W. G.)

Berechtigungsschein für bevorzugte Arbeitsvermittlung vom .... 19..

Angestelltenschein Nr. .... vom .... 19..

Zivildienstschein Nr. .... vom .... 19..

Abschlußprüfung .... bestanden am .... 19..

Belehrt über Spionage, Spionageabwehr, Landesverrat, Wahrung des Dienstgeheimnisses und Wehrüberwachung am .... 19..

1. Kompanie Nachrichten Ers. Abt. 15

Goebel

Hauptmann u. Komp. Chef.

Wehrpass mit Eintrag über die Entlassung

Friedrich-Straße war es nicht weit, Max wurde in einen anderen Raum gebracht. Meine Personalien wurden aufgenommen, ich wurde gefragt, wo ich arbeite. Ich habe meinen Betriebsausweis vorgezeigt, und sie waren anscheinend zufrieden gestellt. Max wurde noch immer verhört. Sie haben versucht, ihn auszuquetschen, er hat es mir später erzählt: „Woher kennen Sie den?" „Wissen Sie, warum der nicht beim Militär ist?" Das hat sie interessiert. Ich hatte zwar meinen Entlassungsschein, aber der Grund, weshalb ich nicht bei der Wehrmacht war, war darauf nicht zu erkennen. Max konnte die Fragen nicht beantworten, auch ihm hatte ich nichts erzählt. Er konnte nicht mehr sagen, als dass er mich beim Sport kennen gelernt hatte, dass ich mit ihm ab und zu ein Bier trinke, bei Frau Glocker wohne und in der Ulmer Schraubenfabrik arbeite. Irgendwann durften wir nach Hause gehen. Sicher hatten sie ihn auch gefragt: „Hat der Mann 'ne politische Bemerkung gemacht?"

Der Entlassungsschein hat mir gute Dienste geleistet: OKW Aktenzeichen 1210/20J61/7 – was willst du damit anfangen, das hat niemand verstanden. Niemand wusste vom Erlass des Oberkommandos der Wehrmacht vom 8. April 1940, demzufolge „Mischlinge ersten Grades" und „jüdisch Versippte", die in Mischehe lebten, aus der Wehrmacht entlassen wurden; niemand konnte die Bedeutung des Datums verstehen. Aber es war ein offizielles Papier, das jeder respektierte, auch wenn er es nicht verstand. Wenn ich zum Beispiel meine Freunde in Frankfurt besuchte, waren in den Zügen immer die so genannten Kettenhunde unterwegs, sie gingen von Abteil zu Abteil und kontrollierten jeden. Es war praktisch unmöglich, zu reisen, ohne ständig kontrolliert zu werden. Die erste Frage war: „Ihren Wehrpass!" Entweder warst du Soldat auf Urlaub, hast einen Urlaubsschein gehabt oder du warst Zivilist, dann hast du Papiere gehabt, die dich als „unabkömmlich" auswiesen. Jedenfalls, es waren immer zwei, die die Kontrollen durchführten. Ich gebe meinen Wehrpass mit dem Entlassungsschein dem einen, der liest und gibt ihn weiter an den anderen. Dann wurde der Wehrpass zugeklappt, mir mit einem gewissen Respekt zurückgegeben, auch höflich „danke schön" gesagt und gute Reise gewünscht: Dieser idiotische Entlassungsschein mit seinem „geheim" schützte mich. Jeder hatte Angst, er könnte sich in die Nesseln setzen, mancher hatte gedacht, ich sei am Ende irgendein Beauftragter, da ich ja – abgesehen von meiner Synagogenschlüsselnase – mit meinen blauen Augen und den blonden Haaren nicht jüdisch aussah.

Nach Frankfurt fuhr ich – Vorsicht hin oder her – bei jeder Gelegenheit. Ich musste andere Luft atmen und wollte meine Freunde sehen. Und da eine Zugfahrt damals nur ein paar Pfennige kostete, habe ich sie ungefähr alle 14 Tage, drei Wochen besucht. In Frankfurt war der Krieg mittlerweile überall spürbar und sichtbar. Alles ging drunter und drüber: Der eine Freund war noch da, der andere plötzlich eingezogen, ein Dritter wieder entlassen worden, weil er verwundet war, ein Vierter ausgebombt und evakuiert, aufs Land gezogen. Nach jedem Angriff, von Tag zu Tag, entstand eine neue Situation. Wenn ich zum Bootshaus kam, traf ich manchmal einen der alten Freunde, aber oft war auch niemand mehr da.

Frankfurt gehörte zu den Städten, die stark bombardiert wurden. Einige der großen Angriffe habe ich im Keller von Josefs Wohnung miterlebt. Dort befand sich das Lager des italienischen Friseurs Giovanni Gay, der im Erdgeschoss des Hauses sein Geschäft hatte. In den Kellerregalen standen Fläschchen mit Rasierwasser, Shampoos, verschiedenen Parfüms und Cremedosen. Die Erde bebte, und die Fläschchen klirrten und manchmal brach eins entzwei, und während wir auf das Ende des Angriffs warteten, waren wir von süßlichen Gerüchen umgeben.

*Josef Steingass**
(Einlassung im Spruchkammerverfahren 1947)

Ich suchte im Jahre 1943 für meinen Betrieb eine kaufmännisch-technische Kraft, die mich während meiner Einberufung und sonstigen Abwesenheit vertreten sollte. Dabei stieß ich auf Ernst Zeuzem. Es fanden zunächst zwei bis drei Unterredungen in meinem Büro in der Weserstraße statt. Ich prüfte vor allen Dingen, ob Z. politisch einwandfrei, d.h. kein Anhänger des Nationalsozialismus sei, da ich während der Zeit des nationalsozialistischen Regimes bei meinen Angestellten weniger Wert auf Fachkenntnisse, als auf einen zuverlässigen Charakter legte, d.h. Menschen ohne nazistische Einstellung. Nach anfänglich sehr vorsichtiger Unterhaltung sprach ich mich bei der letzten Unterredung offen aus. Z. versicherte mir, weder mit der Partei etwas zu tun zu haben, noch an einen Sieg des Nationalsozialismus zu glauben. Ich entschloss mich, ihn einzustellen, und er bekleidete ab sofort eine leitende Stellung. Z. bekam ein Gehalt von 800 RM. Er erklärte mir, dass er bereits früher leitende Stellungen innegehabt und noch verschiedene andere Angebote habe. Er verstand es, sich in sehr kurzer Zeit mein volles Vertrauen zu erwerben; ich ließ ihm immer mehr freie Hand und gab ihm Einblick in alle Geschäftsvorkommnisse. Er verstand es ferner, sich das Vertrauen meines langjährigen engsten Mitarbeiters, des Halbariers Herrn Erich Cohn, zu erwerben. Z. war damals besonders auch deshalb von mir eingestellt worden, weil ich Herrn Cohn nach außen nicht in Erscheinung treten lassen konnte. Diese Umstände und meine häufige Abwesenheit bewegten mich dazu, Z. restlos zu vertrauen. Außerdem war meine politische Einstellung in der ganzen Firma kein Geheimnis.

Gegen Ende des Jahres 1943 – etwa im Oktober, November – kamen mir bei einer längeren Anwesenheit in meinem Betrieb die ersten Bedenken gegen Z., und zwar entstanden diese zunächst in Bezug auf seine technischen Kenntnisse. Ich musste im Betrieb feststellen (und bekam dies auch von den Meistern gesagt), dass Z. vollkommen unlogische Verfügungen traf und unfachmännische Ansichten entwickelte. Zum gleichen Zeitpunkt entstanden bei mir auch Bedenken bezüglich der Ehrlichkeit des Z. Unter seiner Regie wurden Waggons mit einer bestimmten Stückzahl von Fertigware nach Hamburg abgefertigt. Diese Waggons kamen jedoch öfters mit geringeren Stückzahlen an. Die Nachforschungen ergaben, dass die Waggons bereits mit weniger Ladung als deklariert im Werk abgegangen sein mussten. In diesem Zusammenhange entwickelten sich Verdachtsmomente gegen Z., die jedoch nicht bewiesen werden konnten. Nunmehr änderte ich mein Verhalten gegenüber Z. Ich machte ihm offene Vorwürfe zu den einzelnen Punkten. Er verstand es jedoch, alles sehr geschickt zu entkräften. Als sich die Vorkommnisse wiederholten und mit größerer Frechheit zu Tage traten, sah ich ein, dass ich Z. im Betriebsinteresse wieder loswerden musste. Ich sagte ihm dies nicht. Jedoch war Z. klug genug, mein verändertes Verhalten zu spüren, zumal ich über diesen Punkt mit meinem Mitarbeiter Erich Cohn längere Unterredungen führte (ich befand mich damals im Lazarett in Frankfurt).

Cohn war von der Ehrlichkeit des Z. immer noch überzeugt, da er täglich mit ihm zusammen war und Z. seinen Einfluss auf ihn wirken ließ. Z. war sich klar darüber, dass, wenn ich an der Geschäftsführung bleiben würde, ein Fortkommen oder Verbleiben in meiner Firma nicht mehr möglich sei. Er behielt zwar seine freundliche Miene bei, versetzte mich aber durch eingeflochtene Redensarten und Randbemerkungen unter den Eindruck, dass er einen starken Rückhalt in der Partei, insbesondere jedoch bei der Gestapo habe. Er deutete an, dass er mit dem Kriminalrat Jochum eng befreundet sei. Des Öfteren kam er morgens und erzählte, dass er die ganze Nacht mit Leuten der Gestapo gebummelt habe. Er äußerte, falls ich jemals mit der Gestapo Schwierigkeiten bekäme, würde er alles für mich erledigen. Er habe fabelhafte Beziehungen dorthin. Eines Tages erklärte er mir, dass er vor einigen Jahren in Kassel als Kronzeuge in einem kommunistischen Prozess aufgetreten sei und es habe dabei einige zig Jährchen Zuchthaus gesetzt. Nach diesen Mitteilungen gab es für mich nur noch eins: Z. so schnell wie möglich wieder los zu werden. Ich war sogar bereit, ihm eine größere Abfindungssumme zu geben, falls er sich auf diese Weise von mir getrennt hätte, ohne zu Repressalien zu greifen; denn ich war mir vollkommen klar darüber, dass er alle diese Andeutungen nur machte, um mir die Hilflosigkeit meiner Situation vor Augen zu führen. Bei alledem tat er immer noch, als sei er mein bester Freund.

Wolfgang Lauinger

Bis 1943 hatte Josef es geschafft, sich seiner Einberufung zu entziehen. Er hatte im Betrieb als unabkömmlich gegolten, aber es war immer klarer geworden, dass dieser Status sich auf Dauer nicht halten ließ. Eine Zeit lang verschwand er, wenn er sich bei der Wehrmacht melden sollte, in der Budapester Zweigstelle seiner Firma oder sonstwo auf Dienstreisen. Wegen seiner häufigen Abwesenheit und weil er wusste, dass er eines Tages doch eingezogen werden würde, hatte er Zeuzem eingestellt, der ihn vertreten sollte. Zeuzem war es dann, der, als Josef von einer dieser Reisen zurückkehrte, die Wehrmacht darüber informierte. Die haben ein Auto rüber geschickt mit dem Einberufungsbefehl und ihn gleich mitgenommen. Er kam nach Russland, aber auch das ist wieder so eine typische Josef-Geschichte. Er hatte Glück, kam nicht an die Front. Josef wurde Fahrer eines hohen Generals und der hat wohl auch gleich gemerkt, dass dieser imposante Hüne ein besonderer Mensch war. Jedenfalls hat er ihn mit „speziellen Aufträgen" versehen, hat ihn nach Paris geschickt und ihn dort Sekt und andere Sachen besorgen lassen. Als ich Josef in Frankfurt traf, war er im Urlaub und hatte sich, um den Urlaub zu verlängern, krank gemeldet. Er lag im Lazarett, das im St. Marienhospital am Nibelungenplatz untergebracht war. Keine zwei Tage hat es gedauert, da hatte er sämtliche Ärzte und Schwestern um den Finger gewickelt: Er hat sie mit Sekt bestochen, und sie haben ihn immer wieder krankgeschrieben. Er ging im Krankenhaus ein und aus, wie es ihm passte. Ich sehe uns noch über die Zeil laufen: Er trägt einen mit

Lammfell gefütterten Wildledermantel mit Pelzkragen und eine Militärmütze ohne Rangabzeichen. Unterwegs treffen wir ein paar hohe Offiziere, sie grüßen. Ich glaube, sie haben gedacht, das wäre ein General. Wie gesagt, Josef war eine imposante Erscheinung und nun erst mit diesem Mantel. Ich sah, wie die Offiziere sich noch mal umdrehten und sagte zu ihm: „Josef, die gucken Dir nach, die vermissen die Rangabzeichen." Normalerweise hatte jeder Rangabzeichen drauf, und er hatte nichts. Er hat auch gar keinen Rang gehabt, er war nicht einmal Gefreiter.

Josef Steingass
(Einlassung im Spruchkammerverfahren 1947)

Z. hatte mich veranlasst, als noch kein Misstrauen gegen ihn bestand, einen Bekannten von ihm namens Möbus einzustellen und in der Buchhaltung zu beschäftigen. Dieser Möbus entwickelte sich nach Aufnahme seiner Tätigkeit zum engsten Vertrauensmann von Z. und hinterbrachte ihm alles, was er im sonstigen Geschäftsverkehr nicht erfuhr. Z. muss sich zu diesem Zeitpunkt auch entschlossen haben, zum entscheidenden Schlag gegen mich auszuholen, um die Firma an sich zu reißen. Meines Erachtens fasste er diesen Plan bereits, als er die inneren Verhältnisse meiner Firma in politischer Hinsicht kennen lernte. Ich hatte in Übereinstimmung mit Herrn Erich Cohn den Plan gefasst, die Eisen-Bezugsrechte, die mir von Seiten der Rüstungs-Auftraggeber zur Verfügung gestellt wurden, höher in Anspruch zu nehmen als kontingentmäßig eigentlich statthaft, um diese Materialien der Wirtschaft zu entziehen und damit die Rüstungsindustrie zu schädigen. Nach dem Kriegsende, über dessen Form ich mir mit Cohn schon seit langem im Klaren war, sollten diese Materialien der Friedenswirtschaft zugeführt werden. Dieses Vorhaben wurde von mir zusammen mit Cohn durchgeführt. Z. war nicht eingeweiht. Er beschaffte sich jedoch ungefähre Kenntnisse und überrumpelte Cohn eines Tages durch Andeutungen in der Form, dass Cohn annehmen musste, Z. sei über die Vorgänge entweder von mir unterrichtet worden oder habe sie selbst entdeckt. So erschien Herr Cohn eines Tages in meinem Büro und erklärte mir, dass er es in Zukunft ablehne, Unterschriften oder schriftliche Arbeiten, die in diesem Zusammenhange zu leisten wären, zu tätigen, da es ihm zu gefährlich sei und er fürchte, hierdurch in Schwierigkeiten zu kommen. Diese Mitteilung machte mir Cohn so, dass Z. sie hören musste. Ich nahm also an, dass Z. den Cohn so unter Druck gesetzt hatte, dass sich Cohn absichern wollte. Diese Einschüchterung gelang Z. sehr leicht, da Herr Cohn als Halbarier überaus vorsichtig und ängstlich war. Ich erklärte Herrn Cohn, dass ich von meinem Plan nicht abstehen würde und beauftragte ihn, weiter so zu verfahren wie bisher, mir jedoch alle verantwortlichen Schriftstücke usw. vorzulegen, damit ich sie persönlich unterzeichne.

Etwa Mitte Dezember 1943 waren meine Verhandlungen mit meinem langjährigen Vertreter, Herrn Arthur Haupt in Hamburg, so weit gediehen, dass er sich bereit erklärte, nach Frankfurt a.M. zu kommen, um in meine Firma einzutreten. Er sollte die Stelle des Z. übernehmen. Im Dezember diktierte ich in Waldkirchen meiner Sekretärin einen diesbezüglichen abschließenden Bericht an Herrn Haupt und setzte die Sekretärin auch gesprächsweise von dem Wechsel in Kenntnis. Ich war mir klar darüber, dass mit Z. noch eine Unterredung stattzufinden habe, in der ich beabsichtigte, ihn durch Auszahlung einer größeren Summe dazu zu bewegen, keine Schritte gegen mich zu unternehmen. Von diesem Schreiben muss die Sekretärin Z. unterrichtet haben; wie sich später herausstellte, hatte er überall Vertraute und Spitzel. Er begab sich zu Herrn Lehnberg bei der Gauwirtschaftskammer in

Frankfurt. (Meine folgenden Darstellungen entsprechen dem tatsächlichen Ablauf. Von diesen Dingen habe ich jedoch erst nachträglich erfahren.) Z. klärte Herrn Lehnberg über die Kriegswirtschaftssabotage auf. Herr Lehnberg verwies Z. an die Kriminalpolizei in Frankfurt a.M. zu Herrn Vogler und teilte ihm telefonisch das Erscheinen des Herrn Zeuzem mit, unter gleichzeitigem Hinweis, dass die Gauleitung die Verfolgung der Angelegenheit wünsche. Z. erstattete alsdann bei Herrn Vogler, die entsprechende Anzeige gegen mich. Soviel ich weiß, stellte er auch gewisse Unterlagen zur Verfügung. Vogler hat mir dies selbst später bestätigt.

Kurz nach Weihnachten 1943 erschien ich wieder in Frankfurt. Z. heuchelte mir Freundschaft vor und zeigte ein Benehmen, das die größte Zuverlässigkeit vortäuschen sollte. Aus verschiedenen Umständen merkte ich jedoch, dass irgendetwas nicht stimmte. Auch Erich Cohn war sehr nervös und unsicher. An einem Abend erschien bei mir im Frankfurter Hof, in dem ich damals wohnte, Herr Ludwig Grösch und teilte mir mit, dass Z. gegen mich in bewusster Angelegenheit Anzeige erstattet habe. Er warnte mich und erklärte mir, dass Z. ihm bereits gesagt habe, dass gegen mich eine ganz große Aktion stattfinden würde und dass in aller Kürze unerhörte Dinge geschehen würden. Er riet mir zu fliehen und bemerkte weiter, dass er als anständiger Mensch sich verpflichtet fühle, mich von diesen Vorgängen in Kenntnis zu setzen. Da mir bekannt war, dass Grösch mit Z. persönlich bekannt war, traute ich ihm nicht und vermutete, dass Z. ein Manöver gestartet habe, um mich zu etwas Übereiltem zu veranlassen. Ich ging am nächsten Tag wie immer ins Büro. Jedoch stieg meine Nervosität von Stunde zu Stunde. Am Abend verließ ich das Büro mit meinem Bruder Rudolf und Herrn Cohn. Vor dem Hause begegneten wir Z. und gingen zusammen bis zum Gloria-Palast. Ich stellte Z. im Beisein von Herrn Cohn und meinem Bruder zur Rede, da ich die Unklarheit nicht länger ertragen konnte; ich teilte ihm mit, was ich erfahren hatte, ohne einen Namen zu nennen. Z. bestritt auf das Entschiedenste und beteuerte mir hoch und heilig seine Treue. Er sagte wörtlich: „Ich will auf der Stelle tot umfallen, wenn hier etwas wahr ist". Er verstand es, Cohn, meinen Bruder und mich völlig zu beruhigen. Er brachte uns so weit, dass ich die ganze Angelegenheit als Hirngespinst betrachtete und mit meinem Bruder ins Kino ging, um mich zu entspannen. Am nächsten Morgen um 7 Uhr wurde ich dann von Vogler in meinem Büro verhaftet; auch Cohn und mein Bruder Rudolf wurden verhaftet. Bei den nachfolgenden Vernehmungen durch Vogler erklärte ich sofort, dass Erich Cohn und mein Bruder Rudolf mit diesen Angelegenheiten, die ich ja nicht abstreiten konnte, da Vogler über das ganze Material verfügte, nicht das Geringste zu tun hätten. Sofern Cohn überhaupt in der Angelegenheit mitgewirkt habe, habe er dies unwissend getan, zumindest auf meinen ausdrücklichen Auftrag und dass er sich sogar geweigert hätte. Daraufhin musste Vogler Cohn und meinen Bruder Rudolf nach vier Tagen wieder entlassen.

Am zweiten oder dritten Tage nach meiner Verhaftung war Z. bereits durch das Registergericht als kommissarischer Leiter der Firma eingesetzt; von der Stunde meiner Verhaftung an verfügte er in meinem Betrieb wie der eigene Herr. Er erteilte Anordnungen, ergriff Maßnahmen, die sich eindeutig gegen mich richteten, ließ durchblicken, dass mein Kopf fällig sei und ich nie wieder zurückkehren würde. Die Einsetzung des Z. geschah auf Antrag der Gauwirtschaftskammer und war bereits vor meiner Verhaftung beschlossen. Eine Verhandlung bei dem Registergericht hat nie stattgefunden. Ich erfuhr von der Einsetzung des Z. erst drei Monate später. Vogler isolierte mich nach meiner Verhaftung völlig. Er gestattete nicht, dass ein Anwalt mich besuchte. Ich durfte keine

Briefe schreiben und keine empfangen. Meinem Bruder Rudolf wurde untersagt, sich in meiner Firma sehen zu lassen. Er durfte die Geschäftsräume nicht betreten. Hierüber bitte ich, meinen Bruder Rudolf selbst zu fragen. In diesen drei Monaten brachte Vogler zusammen mit Z. das Beweismaterial zusammen, das dann den Gegenstand der Untersuchungen gegen mich bildete.

Z. fungierte als kommissarischer Leiter oder Treuhänder meines Unternehmens und benahm sich wie der Inhaber selbst: Seine Söhne fuhren privat in meinem Auto spazieren. Z. bewohnte mit seiner Freundin meine Wohnung, trug meine Kleidung, benutzte mein Geschirr, aß meine Vorräte und benahm sich, als würde ich nicht mehr existieren. Meinem Bruder Rudolf wurde sogar das Betreten meiner Wohnung in Waldkirchen verboten. Außer der Kriegswirtschaftssabotage versuchte Z. auch, mir wegen Selbstverstümmelung ein Kriegsgerichtsverfahren anzuhängen. Ich bin seiner Zeit von einer Dienstreise aus Russland nicht mehr zur Einheit zurückgekehrt und lag im Lazarett in Frankfurt. Z. gab Vogler davon Mitteilung, dass ich versucht hätte, eine Nierenkrankheit hervorzurufen und brachte V. auch das Beweismaterial hierfür. Nur durch meine Flucht war es damals möglich, mich den Folgen zu entziehen.

Wolfgang Lauinger

Wie ich damals von Josefs Verhaftung erfahren habe, erinnere ich nicht genau. Vielleicht hat es Josefs Bruder Rudolf mir gesagt, aber am Telefon wird er mir bestimmt nichts erzählt haben. Ich werde wohl nach Frankfurt gefahren sein und ihn dort getroffen haben. Josef saß in der Hammelsgasse im Frankfurter Gerichtsgefängnis. Irgendwann hatte Rudolf ihn dort besuchen dürfen und ihm auch einen Anwalt besorgt. Wir wussten, dass Josef

Eisen beiseite geschafft hatte, im Prozess würde es um „Verbrechen gegen die Kriegswirtschaftsverordnung" gehen; im schlimmsten Fall, das hatte der Anwalt gesagt, drohte Josef deshalb die Todesstrafe. Aber was würden sie bei ihren Nachforschungen noch finden?

Es gab eine Verordnung, der zufolge Häftlinge in der Zeit bis zur Zustellung der Anklageschrift arbeiten mussten. Rudolf fand heraus, dass Josef zusammen mit anderen Gefangenen täglich zur Möbelfabrik Wesner nach Höchst zum Arbeitseinsatz gefahren wurde. Ich erinnere nicht mehr, wie er es angestellt hat, aber er lernte die Frau kennen, die bei Wesner die Betriebskantine leitete. Durch sie erfuhr er alle Details über den Ablauf der Mittagspause: Die Gefangenen verbrachten die Pause im Hof der Fabrik, wo große Holzstapel für die Möbelproduktion gelagert wurden. Der Hof war teils von der Fabrik, teils von einer hohen Mauer begrenzt und es gab Wachen, die die Gefangenen begleiteten. Trotzdem, wir hatten eine Chance: Die Holzstapel begrenzten die Sicht, der Hof war nicht von jedem Punkt aus vollständig einsehbar. An einem bestimmten Tag – es muss im November 1944 gewesen sein – setzte sich Josef wie andere Gefangene auch zum Essen auf einen Balken, der aus einem der Holzstapel ragte. Er aß und beobachtete aufmerksam seine Umgebung. In einem Augenblick, in dem keiner der Wachhabenden ihn sehen konnte, verschwand er hinter dem Holzstapel, der direkt an der hohen Mauer lagerte. Er trat auf eins der Bretter, zog sich auf die Mauer, sprang herunter – und stand neben mir im Gebüsch des Höchster Stadtparks. Ich hatte zwei Fahrräder mitgebracht und Kleidung, die Josef eilig überzog. Dann radelten wir nach Frankfurt. Ich glaube, Josefs Verschwinden wurde erst am Ende der Mittagspause bemerkt. Da waren wir schon über alle Berge. Ich war auf der Rückreise nach Pforzheim, und Josef saß in einem vorbereiteten Versteck und wartete: Rudolf hatte über eine Freundin, deren Mutter beim Polizeipräsidium arbeitete, einen Pass mit Josefs Bild und einem falschen Namen besorgt. Als sich die Wogen geglättet hatten, wurde Josef mit diesem Pass in eine Almhütte bei Imst am Inn in den Österreichischen Alpen gebracht, wo er bis zum Kriegsende blieb. Ich habe ihn ein- oder zweimal dort besucht und ihm Kleidung und Nachrichten gebracht.

Zuerst erschien die Gestapo bei Rudolf, aber er war zu der Zeit, als Josef verschwunden war, auf seiner Arbeitsstelle in Heddernheim gewesen: Dafür gab es Dutzende Zeugen. Ein paar Tage später tauchten sie in Pforzheim auf. Ich wurde ins Büro von Herrn Rauch gerufen, dort haben sie mich erwartet und nach Karlsruhe gebracht. Sie wollten wissen, ob ich Josef kenne, wann wir uns zuletzt gesehen hatten, ob ich wisse, wo er sei. Mein Zimmer bei Frau Glocker wurde durchsucht, aber seltsamerweise überprüften sie nicht, ob ich am Tag der Flucht in Pforzheim gewesen war.

Nach zwei Tagen brachten sie mich zurück. Und nun passierte etwas Merkwürdiges: Zwei Jahre wohnte ich nun schon bei Frau Glocker, aber ich wusste so wenig von ihr wie sie von mir. An diesem Abend lud sie mich plötzlich in ihr Wohnzimmer zu einem guten Glas Wein ein und erzählte mir ihre Geschichte. Ihr Mann hatte über viele Jahre hinweg gemeinsam mit seinem Kompagnon Emil Tuteur* einen Weingroßhandel, Glocker und Tuteur, betrieben. Oskar Glocker* war früh der NSDAP beigetreten, hatte aber mit seinem jüdischen Partner weiterhin gut und einvernehmlich zusammen gearbeitet. Als Emil Tuteur Deutschland 1939 – vermutlich in der Folge der Pogromnacht – verließ, hatte Oskar Glocker keinen Anlass gesehen, den Firmennamen zu ändern. Darüber war es zum Streit mit seinen Parteigenossen gekommen, die auf einer Tilgung des jüdischen Namens bestanden. Oskar Glocker hatte sich geweigert. Zunächst war nichts geschehen, dann aber war er verhaftet und ins Konzentrationslager Dachau gebracht worden. Einige Zeit später war Frau Glocker mitgeteilt worden, er sei an Herzversagen gestorben. Die Urne hatte man ihr mit der Post geschickt. Er war ein gesunder Mann gewesen. Seine ehemaligen Parteigenossen hatten ihr außer einem „das haben wir doch nicht wissen können, wir wollten ihm nur einen Schrecken einjagen" nichts zu sagen.

Ich habe immer geglaubt, dass sie durch diese Erfahrung zu einer Gegnerin des Nationalsozialismus geworden war und mir vertraute, nachdem die Gestapo mein Zimmer durchsucht hatte; jedenfalls begrüßte sie mich nach diesem Abend, wenn ich von der Arbeit kam, immer mit den neuesten Nachrichten der BBC. Aber jetzt sehe ich, dass ihr Vertrauen Grenzen hatte: In den Dokumenten, die Du mir gegeben hast, steht, dass sie „Halbjüdin" war – das habe ich nicht gewusst. Und sie wusste es auch nicht von mir. Wir haben beide nicht darüber gesprochen.[11]

Das Ende des Krieges war absehbar. Schon im Juni waren die Alliierten in der Normandie gelandet, im August war Paris befreit worden, die Rote Armee war bis Warschau vorgedrungen. Im September waren alle wehrfähigen deutschen Männer zwischen 16 und 60 Jahren für den „Volkssturm", das letzte Aufgebot, erfasst worden.

Ich wurde im November zu einem Westeinsatz befohlen. Zusammen mit 2.000 anderen Männern zwischen 16 und 75 Jahren sollte ich Schützengräben ausheben. Wir wurden mit einem Zug nach Schirmeck gebracht. Von dort aus ging es erst den Col du Donon hinauf, dann weiter nach Raon-l'Étape, 38 Kilometer zu Fuß im Schneetreiben. Rücksichtslos wurden die meist alten Leute unter Bewachung von SA-Leuten vorwärts getrieben. In der Schule, in der wir übernachten sollten, hörten wir von fern den Geschützdonner, der in den folgenden Nächten immer näher kam. Die meisten lagen ohne Decken und Schlafunterlagen auf dem Boden. Kaum jemand hatte diese Dinge mit sich geschleppt, zumal auf dem Einberufungsbefehl gestanden hatte, dass auch das Werkzeug mitgebracht werden musste. Aber auch das war knapp. Schon am ersten Morgen stellte sich heraus, auf fünf Männer kam ein Spaten, die wenigsten hatten eine Schippe zu Hause gehabt. Auch der gefrorene Boden und die Tieffliegerangriffe erschwerten die Arbeit. Immer wieder tauchten amerikanische Jagdflieger auf und alle rannten in den Wald. Der ganze Einsatz war ein Desaster. Jeden Tag wurde weniger gegraben, es gab kaum etwas zu essen. Täglich verschwanden mehrere unserer Bewacher, sie setzten sich ab. An uns vorbei strömten die zurückweichenden deutschen Truppen. – Was ich mich heute immer wieder frage: Warum bin ich damals nicht abgehauen? Der Krieg hätte ein halbes Jahr früher für mich enden können. Stattdessen schloss ich mich dem Strom in Richtung Osten an. Zusammen mit einem Freund sprang ich auf einen Militärbus auf. Wir hielten uns hinten an einer Leiter fest. So kamen wir über den Col du Donon zurück. Kurz vor Schirmeck sprangen wir ab und landeten dabei in einem Graben. Bis auf die Haut durchnässt, kehrten wir im nächsten Gasthaus ein, um unsere Sachen am Ofen zu trocknen. An einem Tisch saßen sechs höhere SA-Offiziere, so genannte Goldfasane. Es dauerte nicht lange, da schickten sie uns auf die Straße hinaus, ihren Fahrer suchen. Wir nahmen unsere noch immer klammen Sachen, schlugen uns nach Straßburg durch und versteckten uns dort auf einem Güterzug. Es war der letzte Zug, der über den Rhein fuhr, danach wurde die Brücke gesprengt. Einen Tag später, am 23. November, eroberten amerikanische Truppen die Stadt.

Pforzheim war lange vom Krieg verschont worden, aber 1944 hatten die Luftangriffe zugenommen. Die Leute wussten, dass Pforzheim nicht mehr die alte Schmuck- und Goldstadt war und nannten sie nun die „Stadt der Zünder“. Mancher fragte sich bang, ob es auch hier noch einen großen Angriff geben würde. Ein Teil der Rauchschen Firma war vorsichtshalber aufs Land verlegt worden. Im

Betrieb fehlte es an allem. Wir hatten zum Beispiel einen LKW, der die fertigen Waren zum Bahnhof brachte, ein Teil an der Kupplung oder am Getriebe war kaputt. Das Ersatzteil konnte nicht mit der Post geschickt werden. Anscheinend war ich der einzige, dem der Meister zutraute, in diesem ganzen Chaos unterwegs zu sein: „Fahren Sie nach Köln zu den Ford-Werken und holen Sie das Ersatzteil.“ Also hab ich mich auf den Weg gemacht. Die Fahrt wurde immer wieder unterbrochen: zerstörte Züge blockierten die Gleise, es gab keinen regulären Fahrplan mehr. Irgendwann kam ich schließlich doch in Köln-Niel an, spät in der Nacht. „Heute können wir Ihnen das Teil nicht mehr geben“, hieß es. Ich wurde in einem Arbeiter-Wohnheim untergebracht. Kaum war ich dort angekommen, gab es Fliegeralarm und ich habe die ganze Nacht mit den Arbeitern in einem Bunker verbracht. Am nächsten Morgen bekam ich das Ersatzteil, es hat zwei oder drei Tage gedauert, bis ich wieder in Pforzheim ankam.

War es bei der Rückkehr von dieser Reise oder war ich wegen eines anderen Auftrags unterwegs – es war jedenfalls um den 20. Februar herum: Ich kam in den Betrieb zurück und wurde ins Büro des Chefs gerufen. Da stand Herr Rauch mit einem Brief in der Hand. Zum 21. Februar sollte ich zur Organisation Todt nach Zittau zum Bau von Schützengräben eingezogen werden. Wäre ich dorthin gefahren, es wäre das Ende gewesen. Aber dazu kam es nicht: Direktor Rauch wies die Sekretärin an, mir eine Reisegenehmigung und Geld auszuhändigen. Ich sollte Unterlagen in den Betriebsteil nach Lindenberg im Allgäu bringen. Er rief die zuständige NSDAP-Stelle an, um dort mitzuteilen, dass ich erst in einigen Tagen von einer Dienstreise zurück erwartet werde. „Kommen Sie nicht wieder“, sagte er zum Abschied. Wahrscheinlich verdanke ich ihm mein Leben.

Auch diese Reise glich einem Hindernislauf: Menschen flüchteten aus den Städten, die Züge waren restlos überfüllt, Bomben- und Tieffliegerangriffe unterbrachen die Fahrt. Am Morgen des 23. Februar kam ich schließlich in Treuchtlingen auf dem Bahnhof an. Auch dort Fliegeralarm. Oft bin ich nicht in den Bunker gegangen, aber hier habe ich es doch getan. Ich war übernächtigt und erschöpft von der langen Fahrt, auf der ich in den überfüllten Zügen hatte stehen müssen. Also ergab ich mich meinem Schicksal und ließ ich mich zusammen mit den anderen Reisenden vom Zugpersonal in den nahe gelegenen Bunker treiben. Ich hatte mich kaum auf die hölzerne Bank neben eine Frau mit einem kleinen Kind gesetzt, als die Erde bebte. Eine Trennwand sackte ein, die Luft war voller Kalkstaub, die Menschen schrien, ich verlor das Bewusstsein.

Als ich wieder zu mir kam, gähnte in der Decke über mir ein Loch. Eisenstangen hingen aus dem Beton. Es war totenstill, kein Lebenszeichen um mich herum. Dreißig oder vierzig Menschen hatten mit mir in diesem Keller gesessen, der durch stählerne Türen von weiteren Räumen getrennt gewesen war. Ich lag bis zum Hals begraben in einem Gemisch aus Sand, Steinen und Mörtel. Mit großer Mühe gelang es mir, meine Arme zu befreien. Ich versuchte, mich mit den Händen frei zu schaufeln, aber Sand, Mörtel und Trümmer rutschten immer wieder nach. Trotz der Kälte kam ich ins Schwitzen. Irgendwann hatte ich meinen Oberkörper ausgegraben. Ich zog meine Jacke aus. Auf meinem Schoß lag die Frau mit ihrem Kind, sie waren tot. Mit einer Hand versuchte ich, sie von mir weg zu drücken, mit der anderen grub ich weiter. Nach Stunden hörte ich über mir Stimmen und rief um Hilfe. Ein Mann schaute durch das Loch und versprach, zurückzukommen. Tatsächlich kam er mit einer Leiter, über die mehrere Männer in den zerstörten Bunker einstiegen. Sie gruben mich aus und ich wurde ins Krankenhaus gebracht.

Als ich einige Wochen später an Krücken nach Pforzheim zurückkehrte, war die Stadt zerstört. Ein Angriff am

23. Februar hatte sie vollkommen verwüstet und über 17.000 Menschen das Leben gekostet. Manche hatten versucht, sich vor den Flammen in den Fluss zu flüchten, viele waren dort ertrunken. Straßen waren nicht mehr zu erkennen, alles lag voller Schutt. Von der Rauch'schen Fabrik war nur ein Trümmerhaufen übrig geblieben, Frau Glockers Haus war beschädigt, sie selbst verschwunden.

Ich ging zu Robert Lehmann, genannt Bobby, der mein engster Freund in Pforzheim geworden war. Er wohnte mit seiner Mutter in einem um die Jahrhundertwende angelegten Villenviertel etwas oberhalb der Stadt. Hier war eine Reihe von Häusern stehen geblieben, auch Bobbys Haus in der Friedenstraße. Als ich klingelte, öffnete mir seine Mutter. Florance Lehmann, eine wundervolle Pianistin, stammte aus Sheffield. Ihr Mann, Bobbys Vater, war früh gestorben und sie hatte ihre beiden Kinder – Bobby hatte eine Schwester, die aber schon verheiratet war und nicht mehr zu Hause lebte – allein groß gezogen. Sie war eine ungemein liebenswürdige Frau. Als sie mich vor ihrer Tür stehen sah, bat sie mich gleich herein. Bobby war nicht da. „Mein Sohn liegt im Schwarzwald in der Klinik“, sagte sie, „aber Sie können selbstverständlich bleiben.“ Bobby war, kaum dass er seine Ausbildung als Fallschirmjäger hinter sich gebracht hatte, in Italien schwer verwundet worden. Im Lazarett sollte ihm der Arm abgenommen werden, aber er hatte sich geweigert. Ich fuhr ihn besuchen: Von seinem Arm war nur noch ein dünner Knochen übrig, er war verkrüppelt, aber die Wunden waren verheilt. Als er kurz darauf nach Hause entlassen wurde, lagen auf der anderen Seite des Flusses, in Brötzingen, schon die Marokkaner, Angehörige der französischen Armee. Auf unserer Seite standen noch Reste deutscher Truppen – ein paar Maschinengewehrnester, ein paar Kanonen. Auch ganz nah bei unserer Villa gab es einen Gefechtsstand, aber nichts geschah. Es wurde gemunkelt, die Marokkaner würden warten, bis die Amerikaner von Norden her nach Pforzheim vorstoßen würden. Ich weiß, es klingt unwahrscheinlich, aber in diesen Tagen sind Bobby und ich mehrmals hinüber nach Brötzingen und haben dort Freunde und Freundinnen besucht – die Deutschen ließen uns durch und die Franzosen auch. Es war klar, auch in Pforzheim würde der Krieg bald vorbei sein.

Ich aber wollte nach Frankfurt. Dort waren schon die Amerikaner. Vielleicht kam ich auf die Idee, weil wir so problemlos von einer Seite des Flusses auf die andere gelangt waren, ich weiß es nicht mehr, aber ich wollte unbedingt nach Frankfurt und habe Bobby überredet, mitzukommen. – Was haben wir uns nur gedacht? Jedenfalls machten wir uns auf den Weg, zu Fuß natürlich, ich immer noch auf Krücken. Wir trampten und kamen an der Bergstraße der Front schnell näher. In Bensheim wurde uns dann doch mulmig: Hektische Truppenbewegungen waren im Gange, Kanonen und Panzer fuhren hin und her, und als Zivilisten fielen wir auf. Es hat nicht lange gedauert, da haben uns zwei Kettenhunde geschnappt und brachten uns zu einer Dienststelle. Wir wurden verhört: Was wir denn hier machen und wieso wir nicht bei der Wehrmacht sind. Ich habe meine Papiere vorgezeigt und Bobby auch, sie haben uns zurückgeschickt. Noch einen Tag oder zwei haben wir gewartet, hatten die Hoffnung noch nicht aufgegeben. Am Ende mussten wir einsehen, es geht nicht. Wir sind zurückgegangen nach Pforzheim.

Dort war die Lage unverändert. Noch immer lagen auf der einen Seite des Flusses die Marokkaner, auf der anderen die Deutschen. Wir setzten uns Stahlhelme auf und spielten im Garten Karten. Über uns wurde geschossen. Eines Morgens, es war der 18. April, hörten wir ein Maschinengewehr knattern. Wir guckten oben aus dem Fenster und sahen, dass in unserem Vorgarten ein Offizier und ein Soldat mit einem Maschinengewehr saßen. Der

Vorgarten war schmal – ein paar Büsche, dann kam schon der Zaun, dahinter lag die stark abfallende Straße. Wir konnten nicht bis zur nächsten Straßenecke sehen, aber wir hörten: Irgendetwas war im Gange. Jemand war dort vorn an der Ecke und immer, wenn er sich sehen ließ, schoss der Offizier die Straße hinunter. Uns war klar, wenn es die Marokkaner sind und die Deutschen sitzen in unserem Vorgarten mit ihrem Maschinengewehr, schießt der erste Panzer, der um die Ecke kommt, unser Haus zusammen. Wir haben den beiden also zugerufen, dass sie verschwinden sollen. Nebenan waren lauter Trümmergrundstücke, ausgerechnet bei uns saßen sie im Vorgarten. Da haben wir Blumentöpfe runtergeschmissen, wir haben alle verfügbaren Blumenkästen genommen und haben sie in den Garten gefeuert. Zum Glück war ihnen die Munition ausgegangen. Der Offizier schrie zum Gefechtsstand rüber: Sie sollten ihm neue Munition bringen. Aber die trauten sich nicht, fürchteten, wenn sie sich auf der Straße sehen lassen, würden sie abgeknallt. So saß er ohne Munition da. Er schrie noch was von „Kriegsgericht" und verschwand schließlich zusammen mit dem Soldaten auf dem Nachbargrundstück. Das Maschinengewehr ließ er da. Wir sind schnell runter gelaufen, haben es genommen und auf einen Trümmerhaufen im Nachbarhaus geschmissen. Ein paar Minuten später kam ein Panzer um die Ecke rum, richtete das Zielrohr die Straße hoch auf unser Haus. Dann kam ein zweiter. Ganz langsam fuhren sie ein Stück nach oben, dann blieben sie wieder stehen. Der eine gab einen Schuss ab: Er traf das Nachbarhaus, in dem der Pfarrer wohnte. Ein Riesenloch war in der Wand, man sah ins Badezimmer, wo der Gasapparat am Boden lag. Das war der einzige Schuss, den sie abgefeuert haben. Dann sind sie die Straße weiter hinauf gefahren und als sie das Haus erreicht hatten, in dem der Gefechtsstand untergebracht war, wurde dort eine weiße Fahne aus dem Fenster herausgehalten. Zehn

Minuten später kamen alle Soldaten und Offiziere aus dem Haus, wurden auf den Panzer geladen und abgefahren. Weg waren sie. Der Krieg war aus. Keine Tiefflieger, keine Explosionen – einfach Stille.

Viele hatten Angst. Die Nazis hatten Gerüchte über Ermordungen und Versklavungen ausgestreut: „Genießt den Krieg, denn der Frieden wird furchtbar sein." Manche brachten sich um. Auf den Straßen waren Millionen von Flüchtlingen aus dem Osten unterwegs, die aus Furcht vor Vergeltung flohen. Bauernhöfe wurden ausgeraubt, die Bewohner umgebracht. Frau Lehmanns Tochter war gekommen, eine hübsche Frau – sie saß mit rußverschmiertem Gesicht im Keller, weil sie die Marokkaner fürchtete. Es gab viele Vergewaltigungen. Nichts zu essen. Überall herrschte Hunger. Plünderungen waren an der Tagesordnung. Kein Strom, kein Wasser. Die Menschen um mich herum waren voller Verzweiflung über den Verlust ihrer Angehörigen, ihrer Häuser, ihrer Habe. Waren sie noch vor kurzem überzeugt gewesen, dass alle diese Verluste durch den „Endsieg" mit der „Wunderwaffe" des Führers aufgewogen werden würden, sahen sie nun, dass sie einem „Verführer" zum Opfer gefallen waren. Nur für mich war es anders. Ich hatte nichts verloren, sondern gewonnen. Ich war befreit.

Bobby und ich sind rüber in den verlassenen Gefechtsstand und haben die Reste geklaut: Schreibmaschinen, Alkohol, Essen. Und Fahrräder, zwei, drei Fahrräder standen da noch. Dann haben wir zusammen eine Schwarzmarktfirma aufgezogen.

Kapitel 5

Josef Steingass
(Einlassung im Spruchkammerverfahren 1947)

Nach dem Einmarsch der amerikanischen Truppen begab ich mich mit meinem Bruder Rudolf nach Waldkirchen und wurde von dem amerikanischen Kommandanten wieder in den Besitz meines Betriebes gesetzt. Erich Cohn befand sich ebenfalls in Waldkirchen und stand mir mit seiner Hilfe und seinem Rat zur Seite. Z. hatte während der Zeit seiner Tätigkeit in den Jost-Werken mit verschiedenen Personen, gegen die die Jost-Werke Forderungen hatten, Abmachungen zum Schaden der Jost-Werke und zu Gunsten dieser Personen getroffen. Diesen Personen war mein Erscheinen sehr unbequem. Da diese mit Z. in Briefwechsel standen, erklärten sie mir eines Tages, dass Z. jetzt bei der amerikanischen CIC sei und Vogler im Polizeipräsidium zum Leiter der Kriminalpolizei befördert wurde. Z. werde in Kürze in Waldkirchen erscheinen um meine Verhaftung zu veranlassen. Z. erschien auch kurze Zeit darauf in einem sehr eleganten Personenwagen und verfügte über Ausweise, die ich nicht gesehen habe, die ihn aber als Mitglied der amerikanischen Geheim-Polizei ausgaben. Er ging zu der örtlich zuständigen Militärregierung und versuchte, meine Verhaftung zu erwirken. Hierzu benutzte er Angaben, die den Eindruck erwecken sollten, als würde ich kriminell gesucht werden. Die zuständige Militärregierung untersuchte seine Angaben und führte mit mir in meiner Wohnung Rücksprache.

Ich blieb unbeschadet, anscheinend hatte die dortige Militärregierung die Angelegenheit durchschaut. Z. verbreitete daraufhin das Gerücht, dass ich sofort nach meinem Eintreffen in Frankfurt a.M. verhaftet werden würde. Nachdem der Betrieb in Waldkirchen wieder soweit in Gang war, fuhr ich nach Frankfurt a.M., um auch dort meinen Betrieb wieder zu übernehmen. Sofort nach meinem Eintreffen nahm ich die Verhandlungen mit der Firma Degussa auf und stellte gleich zu Beginn klar, dass ich mich von der Degussa politisch geschädigt fühle und jede Verhandlung ablehne, sofern Z. dabei mitwirken würde, der zu diesem Zeitpunkt noch Vollmachten und das Vertrauen der Degussa hatte. Die Degussa verpflichtete sich, meinem Verlangen nachzukommen und es erfolgten verschiedene Besprechungen. Anlässlich einer Konferenz, die bei der Degussa stattfinden sollte, bemerkte ich, dass Z. sich in seinem Wagen vor dem Verwaltungsgebäude aufhielt. Beim Betreten des Besprechungsraumes wurde ich von einem deutschen Angestellten der Militärregierung verhaftet und von demselben zusammen mit Z. in einem Wagen zur Militärregierung gebracht. Ich versuchte, die deutschen Herren der Militärregierung, soweit diese mit der Angelegenheit zu tun hatten, über Z. aufzuklären; stieß jedoch auf völlige Ablehnung. Ich musste deshalb annehmen, dass diese mit Z. gut befreundet waren. Nach meinem Eintreffen im Polizeigefängnis verlangte ich, einem amerikanischen Offizier vorgeführt zu werden. Meiner Bitte wurde entsprochen. Ich habe diesem amerikanischen Gerichtsoffizier in einem kurzen Vortrag meine Erlebnisse geschildert, und er verfügte meine Freilassung. Am nächsten Tage wurde ich erneut verhaftet und in das Gebäude der Militärregierung gebracht. Ich erklärte dort mit aller Entschiedenheit, dass ich den Offizier zu sprechen wünsche, der meine Verhaftung veranlasst habe. Ich wurde daraufhin dem amerikanischen Offizier Zinzheimer vorgeführt. Ich fragte Herrn Zinzheimer, aus welchem

Grunde meine Verhaftung erfolgt sei. Er erklärte mir, dass Beschuldigungen gegen mich aus der Zeit des Nationalsozialismus vorliegen würden, die eine erneute Verhaftung angebracht erschienen ließen. Ich musste aus seinen Darlegungen entnehmen, dass er von Z. eine völlig falsche Darstellung erhalten hatte und konnte wesentliche Punkte, die zu meinen Ungunsten sprachen, sofort richtig stellen und entsprechend beweisen. Da keine Akten vorhanden waren, um alle meine Angaben zu prüfen, stellte ich den Antrag, Herrn Vogler von der Kriminalpolizei in Frankfurt a.M. herbeizurufen, da derselbe die gesamten Vorgänge, die sich seiner Zeit abspielten, kannte. Ich war mir bei diesem Verlangen nicht darüber klar, ob Vogler sich anständig benehmen würde. Ich ging allein von der Wahrheit aus und war überzeugt, dass, wenn Vogler die Wahheit sprechen würde, die Militärregierung keine Veranlassung mehr hätte, etwas gegen mich zu unternehmen. Vogler wurde dann auch gefragt und musste bestätigen, dass keinerlei Gründe für eine Verhaftung vorliegen würden. Ich wurde alsdann sofort wieder freigelassen. Ich habe bemerkt, dass Z. und zwei andere Herren versuchten, Herrn Vogler zu beeinflussen, ungünstig gegen mich auszusagen. Vogler erklärte jedoch in meinem Beisein, dass er nicht mitmache. Ich habe Z. dann erklärt, dass ich ihn für das größte Schwein halten würde, das mir je begegnet sei und habe ihn auf der Straße stehen lassen.

Ich habe von diesem Zeitpunkt an gewusst, dass es nur eins geben kann, um zur Ruhe zu kommen: Z. unschädlich zu machen. Ich habe daraufhin eine umfangreiche Zusammenstellung mit Belastungsmaterial gegen Z. bei der Militärregierung eingereicht. Des Weiteren habe ich die Leute, die Z. ins Zuchthaus gebracht hatte, aufgesucht und mir von denselben die Tatsachen schildern lassen, zu Papier gebracht und ebenfalls gegen Z. verwandt. Zum gleichen Zeitpunkt wurde von meinem Rechtsanwalt Burmann eine umfangreiche Anzeige unter Verwendung des von mir zusammengestellten Materials beim Polizeipräsidenten in Frankfurt a.M. erstattet. Dieses Material bewies auch, dass Z. ausländische Arbeitskräfte der Jost-Werke geschlagen und ins Arbeitslager gebracht hatte und sie im Übrigen für seine Zwecke ausnutzte und ihnen die Lebensmittelkarten vorenthielt, um sie selbst zu verbrauchen. Z. wurde ca. acht Wochen später verhaftet, befand sich einige Monate im Gefängnis in Höchst und wurde dann wieder entlassen. Ich habe Z. aus den Augen verloren bis ich hörte, dass er erneut verhaftet sei.

Wolfgang Lauinger

Im Juli kamen die Amerikaner nach Pforzheim. Auch in der Friedenstraße wurden Wohnhäuser für die Truppen geräumt. Wir sind schnell ins Gespräch gekommen, und ich wurde als Hausmeister für die beschlagnahmten Häuser eingestellt. Die Streitkräfte führten Generatoren mit sich, und ich hatte für die Strom- und Wasserversorgung in den beschlagnahmten Villen zu sorgen. Auch Bobby arbeitete für die Army. Die Bezahlung war schlecht, aber wir bekamen Essen. Oft kamen Soldaten oder Offiziere mit ihren Wünschen zu uns. Pforzheim war als Schmuckstadt bekannt, manche Bewohner hatten Uhren und Schmuckstücke über den Krieg gerettet, und Bobby und ich hatten gute Beziehungen. Daraus entstand ein lebhafter Schwarzhandel: Uhren und Schmuck gegen Kartoffeln und Brot. Für viele war das in den ersten Jahren nach dem Krieg die einzige Möglichkeit, sich halbwegs ausreichend mit Lebensmitteln zu versorgen. Die Rationen, die man auf Karte bekam, waren zu klein. Zigaretten waren das wichtigste Zahlungsmittel.

In einer halb zerstörten Garage fanden wir einen kaputten Opel, die Tür musste man mit einer Kordel zubinden. Wir schraubten ihn komplett auseinander und wieder zusammen: Nun hatten wir ein Auto, das uns erlaubte, unsere Geschäfte auszudehnen. Es ging immer wieder kaputt, aber das machte nichts, die Landstraßen waren übersät von liegen gebliebenen, halb oder ganz zerstörten Fahrzeugen. Dort bediente man sich, wenn man ein Ersatzteil brauchte. Nun waren wir ständig unterwegs. Bobby und ich handelten mit allem möglichen. In einem Wald lagerten wir in einem Bombentrichter Benzin, das wir bei den Amerikanern abgezweigt hatten und kanisterweise verkauften. Wir handelten mit Fleisch, das wir in Pforzheim durch unsere Beziehungen zu Metzgern und Landwirten bekamen. Ich packte es in einen Kinderwagen und legte eine Decke darauf. So sind wir nachts nach Frankfurt gefahren und wenn wir in eine Kontrolle kamen, haben sie ins Auto geguckt, den Kinderwagen gesehen und gedacht, da ist ein Baby drin: „Fahren Sie weiter." Nur einmal wäre es fast schief gegangen, irgendjemand muss uns verpfiffen haben. Wir fuhren in die Heidestraße zu einer Bekannten, die das Fleisch weiter verkaufen wollte. Es war alles vorbereitet: Ich lud den Kinderwagen aus, schob ihn in den Hauseingang, die Frau öffnete mir die Wohnungstür – und in diesem Moment erschienen draußen Kripobeamte, um zuzugreifen. Blitzschnell haben wir die Tür zugemacht, die Frau riss das Fleisch aus dem Wagen, öffnete das Küchenfenster und warf es ihrem Mann zu, der ein Stockwerk tiefer in der Waschküche stand und die ausgebreiteten Arme schon zum Fenster heraushielt. Die Kripo kam ins Haus, wir öffneten, die ganze Wohnung wurde durchsucht, auch der Kinderwagen, aber auf die Idee mit der Waschküche kamen sie nicht.

Trotzdem, ich bin oft erwischt worden. Ich erinnere noch, wie ich am Frankfurter Hauptbahnhof in eine Razzia geriet: Dort war einer der großen Schwarzmärkte der Stadt und man fand immer Leute, die Interesse an irgendwelchen Waren, Fleisch oder Brotmarken hatten.

Zwei- oder dreimal am Tag umstellte die Polizei den Platz und sammelte alle Leute ein. Mit Lastautos wurden sie zum Präsidium gefahren und im Hof abgeladen. Alle wurden vernommen, mussten ihre Personalien angeben und abliefern, was sie hatten. Der Bahnhofsplatz war wie leer gefegt. Aber eine halbe, dreiviertel Stunde später kamen die ersten zurück vom Präsidium – mit neuer Ware, die sie irgendwoher geholt hatten, und der Platz war bald wieder voll mit tausend Leuten. Es gibt Fotografien, auf denen man das sieht: Auf dem Bahnhofsplatz wimmelt es von Menschen. Da war ich oft dabei, vielleicht könnte man mich auf einem der Bilder entdecken. Nachmittags ging dasselbe Theater wieder los. Die Polizei war ununterbrochen beschäftigt, die Schwarzhändler zu verhaften, zu vernehmen, ihnen ihre Ware abzunehmen, Protokolle zu schreiben und alle wieder zu entlassen. So lief das Tag für Tag.

Als sie mich erwischten, hatte ich zwei Päckchen Chesterfield dabei, die bekam ich oft von den Amerikanern. Das habe ich auch bei der Polizei gesagt. Die Zigaretten wurden beschlagnahmt, und zwei oder drei Monate später kam eine Vorladung zum Amtsgericht wegen Vergehens gegen die Verbrauchsregelungsordnung Nr. soundsoviel und da stand drin: Besitz von 1.436 – ich sage jetzt irgendeine Zahl – Zigaretten. Ich dachte, wie kommen die auf diese Zahl, ging aber ordnungsgemäß zur Verhandlung. Der Richter sagte: „Sie sind angeklagt. Kläger ist das Zollamt. Vertreter des Zollamts ist der Herr Meier, der hier sitzt. Sie werden angeklagt …“ – und er wiederholte diese absurde Zahl. Ich sagte zu ihm: „Ich hatte zwei Packungen!“ „Ja“, erwiderte der Richter, „wir haben zwar zwei beschlagnahmt, aber der Zoll hat Erfahrungswerte.“ Nun schaltete sich der Zollbeamte ein: „Wenn wir jemanden mit zwei Päckchen, also vierzig Zigaretten, erwischen, dann hat er im Laufe von soundsoviel Monaten schon so und so viele Zigaretten verkauft.“ Bei seiner

Rechnung hatte er ganz genau die Verjährungsfrist berücksichtigt. Sagen wir: Die Verjährungsfrist für Schwarzhandel hat vier Jahre betragen, dann hatte er den Zigarettenverkauf für vier Jahre veranschlagt. „Hören Sie, ich bin Nichtraucher. Ich hatte zufällig zwei Päckchen Chesterfield, die ich gegen Brotmarken tauschen wollte!" – So ging es hin und her. Irgendwann sagte der Richter: „Also, Sie brauchen gegen Herrn Lauinger schon auch einen Beweis." Und der Zollbeamte wiederholte: „Ja, das ist die Berechnung nach der Erfahrung." Dem Richter war es nun auch zu bunt. „Damit kommen Sie nicht durch mit so einer mutmaßlichen Berechnung. Sie können ihn verklagen wegen zwei Packungen Zigaretten, aber nicht wegen 1.436. Oder wollen Sie das Verfahren einstellen?" „Das kann ich nicht, ohne meinen Vorgesetzten zu fragen." Der Beamte ging also telefonieren, am Schluss bekam ich eine kleine Geldstrafe wegen der zwei Zigarettenschachteln.

Manchmal dachte ich über die Risiken des Schwarzhandels nach. Ich weiß noch, wie ich einmal in Frankfurt hörte, dass ich in Pforzheim gesucht werden würde. Die Nächte verbrachte ich zumeist hinter den Türen einer der berüchtigten Spielhöllen, in die man nur auf Empfehlung hineinkam. Hier huldigte ich dem Glücksspiel Ecarté und bewegte mich in der so genannten Unterwelt. Wie mich die Nachricht hier erreichte, erinnere ich nicht, aber ich hörte, dass in Pforzheim Röckl, einer unserer Freunde vom Schwarzmarkt, ermordet worden war. Er hatte sich nach Süddeutschland verabschiedet, um dort ein Juwelegeschäft mit DPs abzuwickeln. Kurz darauf war seine verbrannte Leiche gefunden worden. Die Polizei hatte mich als Röckls Freund vorgeladen. Dass ich zum Termin nicht erschienen war, hatte mich in ihren Augen verdächtig erscheinen lassen. Auf dem Rückweg von Frankfurt machte ich Halt bei einem uns befreundeten Kriminalbeamten, der in einem der Dörfer zehn Kilometer vor Pforzheim lebte und fragte ihn, ob etwas gegen mich vorliegen würde. „Nichts", sagte er. „Der Stalin" – das war der Pforzheimer Kripochef, den wir so nannten, weil er einen Bart wie Stalin hatte – „der Stalin will nur mal mit Dir reden wegen Röckl." Ich war beruhigt, aß noch bei ihm zu Abend und fuhr nach Pforzheim weiter. An der Stadtgrenze, bevor man ins Tal hinunter fährt, standen zwei Polizeiautos, die blinkten mich an und stoppten mich. Ich machte das Fenster runter und sah natürlich Bekannte: In Pforzheim kannte jeder jeden. „Stalin muss Dich sprechen," sagte der eine. Ich fragte, ob das nicht Zeit hätte bis zum nächsten Tag. „Nein, er hat gesagt, ‚Sofort, wenn Du kommst.'" Auf dem Weg zum Präsidium, fuhr ich quer durch die Trümmer vor den beiden her. Nun hatte ich aber Schwarzmarktware im Auto, eine Kiste amerikanischer Desinfektionsseife, die fürchterlich stank. Ich musste sie loswerden. Irgendwo auf dem Weg gab ich Gas, fuhr um eine Ecke, stoppte und schmiss sie weg. Die beiden anderen Wagen fuhren vorbei, hielten aber sofort an. Mit einer Ausrede hab ich mich herausgewunden. Im Präsidium musste ich warten. Es war mitten in der Nacht, als Stalin kam. Er verdächtigte mich, dass ich unseren Freund Röckl umgebracht hatte. Belastend war, dass ich kurz vor meiner Abreise nach Frankfurt in der Nähe des Tatorts gesehen worden war. Ich war über eine Brücke der Enz gefahren und hatte dort einen Polizisten getroffen. Er gehörte zu meinem Freundeskreis und war einer der neu angestellten, jungen Polizisten, nicht einer von den alten aus der Nazizeit. Jedenfalls hatte ich angehalten und mit ihm geplaudert, dann war ich weiter gefahren und auf dem Rückweg noch einmal an der Brücke vorbei gekommen. Wenig später hatte dieser Freund Röckls Leiche in der Nähe gefunden. Das wurde mir nun so ausgelegt, dass ich an den Tatort hatte zurückkehren wollen. Als Beweis diente außerdem ein Einschussloch an dem Wagen, mit dem ich aus Frankfurt zurückgekommen war. Das Auto gehörte mir nicht, aber das Loch hatte ich tatsächlich in einer Werkstatt zuschweißen lassen.

Ich wurde in Haft genommen. Tagelang saß ich in einer Zelle, in der das Wasser die Wände herunterlief, dann hieß es, die Sache würde an die amerikanische Polizei nach Frankfurt abgegeben. Ein älterer Polizeibeamter sollte mich begleiten. Verkehrsmittel gab es kaum, wir benutzten einen LKW. Neben mir auf den Pritschen saßen noch andere Leute, ganz normale Frauen und Männer, die irgendwohin wollten und dem Fahrer, der ebenfalls von der Polizei war, ein Trinkgeld gegeben hatten, damit er sie mitnahm. Es war Winter und eiskalt, zu kalt für den alten Beamten. Ich sagte ihm, er solle sich ins Fahrerhaus setzen, ich würde keinen Fluchtversuch unternehmen. Tatsächlich nahm er vorn neben dem Fahrer Platz. Unterwegs hielt der Wagen immer wieder an: Jemand stieg in Mannheim ab, neue Mitfahrer stiegen auf. Anders kam man damals nicht voran.

In Frankfurt angekommen, fuhren wir zum Polizeipräsidium. „Es ist Feierabend, hier kommt keiner mehr rein", sagte der Portier dem alten Beamten. Daraufhin versuchte es der Fahrer: „Ich muss ihn aber loswerden." „Tut mir leid, hier nicht", erwiderte der Portier und empfahl, zum Gefängnis weiter zu fahren, da wären bestimmt noch Zellen frei. So führte ich den ortsunkundigen Polizeibeamten über die Trümmer zu unserer Herberge. Auch im Gefängnis in der Hammelsgasse wollte man ohne Einweisung niemanden hereinlassen. Es ging hin und her. „Ich muss doch irgendwo mit dem hin. Ich kann doch nicht auf der Straße übernachten", sagte der verzweifelte Polizist dem Wachhabenden. Schließlich einigte man sich, und wir beide bekamen jeder eine Zelle für die Nacht. Am nächsten Tag wurde ich von zwei Frankfurter Kripobeamten zur CIC-Dienststelle am Wiesenhüttenplatz gebracht. Das Haus hatte die Bombenangriffe überstanden, nun war es Sitz der amerikanischen Geheimpolizei geworden. Der Chef war ein Capt. Williams. Die Beamten warteten im Vorraum. Der Offizier hörte sich meine Geschichte an. Ich erzählte ihm, wie ich in die Sache hineingeraten war, von dem Mord und alles, was damit zusammenhing. Auch über meine Vergangenheit in der Nazizeit sprachen wir. Und er beschloss, mich durch eine Hintertür ins Freie zu schicken. Er hat mir einfach geglaubt. Ganz war die Sache damit noch nicht erledigt: Ich fuhr nach Pforzheim zurück und wollte den sicher gestellten Wagen bei der Polizei abholen. Aber dort wusste man nichts von meiner Freilassung. Für zwei Stangen Zigaretten war ein Kripobeamter bereit, mit mir noch einmal den Weg nach Frankfurt zu machen. Als wir am Wiesenhüttenplatz ankamen, hieß es, Capt. Williams sei nicht da, er wäre zu Hause. Wir fuhren weiter zu seiner Villa und wurden eingelassen. „Ja", sagte Williams dem Pforzheimer Kripomann, „das ist in Ordnung. Ich hab das Verfahren eingestellt." So war die Justiz 1945 und '46. Nur weil der Captain mir geglaubt hat, bin ich freigekommen.

Die Geschichte mit Röckl hat mir zu denken gegeben. Aber durch das leicht verdiente Geld hatte ich jeden Bezug zur Realität verloren. Ich hatte auch keine Lust, das Schicksal derer zu teilen, die früh am Morgen, wenn ich die Frankfurter Spielhöllen verließ und am Bahnhof einen Kaffee trank, zu Tausenden mit verhärmten Gesichtern vorbei liefen. Und noch etwas kommt hinzu, was ich erst später begriff: Recht und Unrecht waren damals für mich keine Begriffe. Ich hatte in der Nazizeit gegen Gesetze verstoßen, ich war rechtskräftig verurteilt worden, ich war ein Krimineller. Als ich nach dem Krieg versuchte, an meine Akten aus der Nazizeit zu kommen und meine Ehre, oder wie immer Du es nennen willst, wieder herzustellen, dachte ich, das kann nicht schwer sein. Zu den Gebäuden, die den Krieg mehr oder weniger unbeschadet überstanden hatten, gehörte das Frankfurter Amtsgericht. Ich war sicher, dass ich dort die Unterlagen über die Verhöre und den Prozess gegen mich und die anderen Mitglieder vom

Harlem-Club finden würde. Aber ich lief ins Leere, es hieß: Es gibt überhaupt keine Unterlagen, die sind alle vernichtet worden, alle verbrannt. Ich konnte es nicht glauben, es hatte dort nicht gebrannt. Heute denke ich: Niemand – außer den Verfolgten natürlich – hatte Interesse, Rechtsbrüche aus der Nazizeit aufzudecken und Kollegen in Probleme zu bringen. Du weißt, dass kein Richter in Deutschland bestraft worden ist wegen Rechtsmissbrauchs oder so etwas, die haben sich alle gegenseitig gedeckt. In den 50er Jahren hat die Frankfurter VVN sich darum bemüht, meinen Eintrag im Strafregister tilgen zu lassen, erfolglos. Der Eintrag wurde erst gelöscht, als mein späterer Arbeitgeber, die Metro-Verkehrsgesellschaft, einen Dauerpassierschein für die Einfahrt auf den militärischen Teil des Frankfurter Flughafens für mich beantragte und ich ein großes Führungszeugnis brauchte. Da bekam ich plötzlich, ohne selbst etwas unternommen zu haben, einen Brief vom Oberstaatsanwalt:

> „Aufgrund eines hier eingegangenen Ersuchens der amerikanischen Dienststelle *Office of the Provost Marshal* in Frankfurt am Main, Rhein-Main-Flughafen, um Auskunft aus dem Strafregister über Sie habe ich von Amtswegen ein Straftilgungsverfahren eingeleitet. Nach Durchführung der notwendigen Ermittlungen habe ich gemäß § 80 Straftilgungsgesetzes angeordnet, dass der Vermerk über Ihre Verurteilung durch das Amtsgericht in Frankfurt vom 6. März 42, Aktenzeichen 82Da61/42, vorzeitig im Strafregister zu tilgen ist. Sie dürfen danach sich allenthalben wieder als unbestraft bezeichnen, so weit nicht eine andere noch nicht getilgte, registrierpflichtige Verurteilung entgegensteht."[12]

Das war 1961, und ich hatte noch Glück: Bei vielen kam es erst viel später zur Löschung ihrer Strafeinträge aus der Nazizeit. Jahrzehntelang galten sie in der Bundesrepublik als vorbestraft. Manche sind gestorben und haben die Tilgung der Unrechtsurteile gar nicht mehr erlebt.

Ich galt also als Krimineller, und ich sah mich selbst so. Das jahrelange Lügen und Verdrehen von den normalsten Dingen war mir zur Gewohnheit geworden. In diesem Sinn hab ich nach Kriegsende genau so weiter gelebt wie in der Nazizeit, ich hab gelogen und betrogen. Und es war gar kein Wille da, es zu ändern. Denn so, wie die anderen mich ansahen, sah ich sie an, sie waren Verbrecher: Sie hatten den Vater vertrieben. Meine Jugend war zum Teufel gegangen. Sie hatten mich gezwungen, nach Nazigesetzen zu leben. Ich hatte die Lehre abbrechen müssen, sie hatten mich zur Wehrmacht geholt und wieder herausgeworfen. Eine ständige Demütigung. Es war gar nicht möglich, anständig – wie der Vater es verlangt hatte – zu handeln, man musste ständig tricksen, um nicht in Gefahr zu geraten. Egal, mit wem man verkehrte, egal, wo man hinging. Eine jahrelange Unterdrückung und Ungewissheit. Immer die Frage: Was ist morgen? Ich wollte mich rächen für alles, was mir widerfahren war. Den Leuten alles zufügen, was sie mir zugefügt hatten, rücksichtslos. Verstehst Du das? Ich konnte meine Position nur aufrechterhalten und mein Gewissen beruhigen, indem ich sie so ansah, wie sie mich ansahen: als Verbrecher. Ich war voller Verachtung gegen Gesetze und Verordnungen, ich erkannte keine Staatsgewalt mehr an. Zumal ich sah, dass die neuen Hüter der Ordnung oft die alten waren. Versehen mit Persilscheinen, saßen sie in den neu entstehenden Verwaltungen.

Ich bin, wie der Vater, ein Abenteurer. Er hat sein Abenteurerleben nicht weitergeführt, weil er sich in gesellschaftliche Normen hat zwingen lassen: Familie, Karriere. Ich wollte mich nicht zwingen lassen, nie. Zu nichts. Als ich 1947, '48 für die Amerikaner in Frankfurt arbeitete, hab ich mich lange mit der Idee beschäftigt, abzuhauen aus diesem Land. Ich hatte ein Schiff, an dem habe ich monatelang gebastelt, wollte über den Atlantik. Keine Ahnung, wie das hätte gehen können: Ich wollte einfach weg. Es hat viel Zeit gebraucht; sehr langsam kam die Einsicht, dass ich mein Leben nicht als Al Capone verbringen wollte; eigentlich erst, als ich die Stelle bei der Metro-Verkehrsgesellschaft erhielt, da war ich schon 40. Wie wäre mein Leben verlaufen, wenn das alles nicht passiert wäre mit den Nazis?

Im Frühjahr 1946 erhielt ich plötzlich Post von Albert Oeser. Er richtete mir Grüße vom Vater aus, es ginge ihm gut. Der Vater hatte mit Hans G. Pauls*, einem in der Schweiz lebenden Kollegen von der Frankfurter Zeitung, korrespondiert. Pauls gab die Nachrichten an Oeser weiter, und Oeser schrieb mir. Besonders die Post mit dem Ausland funktionierte noch nicht.

Artur Lauinger (zwei Briefe aus London)[13]

17, Boundary Road, N.W.8. London, den 10. Januar 1946.
Lieber Freund Pauls!
Ihr freundlicher Brief vom 7. ds. Mts., der heute morgen in meine Hände kam, war mir eine große und freundliche Überraschung. Es ist seit langen Jahren das erste Mal, dass ich vom Kontinent eine verwandte Stimme aus meinem alten Arbeits- und Freundeskreis empfangen kann. Ich bin darüber glücklich. Ich hoffe, dass Ihnen die letzten Jahre nicht all zu viel Unglück und Unheil gebracht haben, dass Sie das lange Gewitter gut überstanden haben. Ich darf doch annehmen, dass Sie immer in der Schweiz gewesen sind. Ich hatte harte Zeiten. Sie wissen wohl, dass ich 1939 in Buchenwald war, dass ich dann unter dem Ihnen bekannten Druck Deutschland verlassen musste, um nicht erneut nach Buchenwald gebracht zu werden. Man zwang mich zur Abreise ohne meinen jüngsten Sohn (meinen ältesten habe ich vorher nach Buenos Aires bringen können), mein Jüngster wurde mir unter dem Vorwand, dass er als „Halbjude“ militärpflichtig sei, abgenommen. Ich

konnte ihn zuerst bei einer mir sehr bekannten nichtjüdischen Familie als Pflegesohn unterbringen. Die Dame wurde, u.a. auch deswegen, schwer verfolgt und musste sich zu mir nach England retten. Mein Sohn kam dann zu seiner Mutter, meiner ersten, inzwischen wieder verheirateten Frau in Heidelberg. Ich hatte ihn vorher als Feinmechaniker ausbilden lassen. Er war nur kurze Zeit beim Militär, wurde dann frei und war all die Jahre unbehelligt in Heidelberg. Ich habe zunächst durch das Rote Kreuz laufend von ihm gehört, aber seit der amerikanischen Besetzung nichts mehr. Ich hoffe ihn aber wohl und gesund. Ich selbst hatte in England schwere Zeiten. Ich kam hier ohne einen Pfennig Geld an und ohne jede Kenntnis der Landessprache. Ich hatte allerdings das große Glück, die Dame, von der ich Ihnen oben sprach, hier zu haben; sie hat für mich gesorgt, hat mich nach meiner schweren Erkrankung in Buchenwalde (Gallenleiden) sorgsam gepflegt, sodass ich wieder ganz mobil geworden bin. Man hat sich jahrelang in England geweigert, mir einen Job zu geben, mein Alter (ich war damals schon über 60!) war der angebliche Hinderungsgrund. So habe ich mich als freier Mitarbeiter besonders einiger Schweizer Zeitungen, zeitweilig auch mit finanzieller Unterstützung meines inzwischen in Buenos Aires zum Direktor der jetzt von der argentinischen Regierung beschlagnahmten *El Fenix Compania de reaseguros* berufenen Sohns durchschlagen müssen. Der Vorgang beraubt aber meinen Sohn seiner Position (durch Liquidation) und mich der Unterstützung durch ihn. So habe ich immer schwere finanzielle Sorgen gehabt und habe sie noch. Erst im Alter von 66 Jahren konnte ich eine unbedeutende Anstellung halbkaufmännischer Art in der *Oxford University Press* in London, die der Universität Oxford gehört, finden. Sehr viel und verantwortungsvolle Arbeit bei sehr geringen Bezügen. So hat sich äußerlich mein Exil gestaltet. Ich bin körperlich vollkommen erholt von all dem, was ich auszustehen hatte, geistig so mobil wie nur je, an Erfahrungen und Kenntnissen reicher geworden. Sie werden mich sicher schon gelegentlich in der Schweizer Presse als „Aus London wird uns geschrieben“ oder als „ng London“ gesehen haben. In Schweizer Zeitungen arbeite ich bereits seit ca. 30 Jahren, seit der Zeit des Ersten Weltkriegs. Hauptsächlich in den *Basler Nachrichten* und *St. Galler Tageblatt*. Das aber vertraulich! Meine Absichten sind die einer möglichst sofortigen Rückkehr nach Deutschland. Ich fühle in mir die Kraft und mich auch dazu berufen, an dem Wiederaufbau meiner Heimat teilzunehmen und alle meine Kräfte einzusetzen für eine demokratische und humanitäre Erneuerung Deutschlands. Als einer der früher führenden Freimaurer in Deutschland fühle ich noch eine besondere Verantwortlichkeit. Ich petitioniere überall wegen meiner Rückkehr. In dieser Lage trifft mich Ihr Schreiben. Es ist eine erste Wiederanknüpfung mit dem alten Kreise. Sagen Sie mir bitte, von welchem der alten Kollegen haben Sie irgendeine Nachricht? Selbst Uhlig, mit dem ich hier längere Zeit zusammengearbeitet habe, ist mir wieder völlig aus den Augen verschwunden. Was wissen Sie von Oeser (Frankfurt a/M, Oederweg), was von Freitag, Hoffmann, Hellwig usw. Nachmann soll in New York sein. Lassen Sie mich hören, was Sie irgendwie wissen. Wenn Sie mit Oeser in Verbindung kommen können, so sagen Sie ihm meine herzlichsten Grüße und dass ich mich sehr danach sehne, mit ihm später wieder zusammenarbeiten zu können, wie in den langen 30 Jahren vor meiner Vertreibung. Ich bin so aktiv wie je und brenne nach meiner alten Arbeit.

Entschuldigen Sie diese lange Auslassung. Sie sollte doch nur eine Einleitung sein. Aber ich musste mir einmal das Herz frei schreiben. Nun lassen Sie mich bald Ihre Antwort wissen, mich interessiert alles. Sie haben mir heute eine glückliche Stunde bereitet. Sie können sich vielleicht denken, wie ich mich nach allem aus der alten

Heimat sehne, ich war ja, erst geistig dann körperlich, seit dem Jahre 1933, also seit 13 Jahren in Verbannung. Ich sende Ihnen meinen herzlichen Dank und meine besten Wünsche und Grüße

In alter Verbundenheit
Ihr A. Lauinger,

84, Kensington Gardens Square, W.2. London,
den 6. August 1946.

Lieber Freund Pauls!
Ich habe heute die Zeit, Ihnen etwas ausführlicher zu schreiben, als es mir das letzte Mal möglich war. Ihnen zu danken für die sehr gute Art, mit der Sie mir Ihren sehr erwünschten Rat über Fragen der Rückkehr usw. gegeben haben. Betrachten Sie es bitte nicht als Eigensinn oder als Besserwissenwollen, wenn ich unverrückbar an meinem Entschluss, in die Heimat zurückzukehren, festhalte. Bitte verstehen Sie mich. Ich habe bei all dem Antisemitismus vergangener Jahrzehnte der Versuchung leicht widerstanden, in das Ausland zu gehen. Ich habe das selbst meinem verstorbenen Großvater, der ein sehr schönes Leben in Territet führte, im Jahre 1891 verweigert. Ich habe mir immer gesagt, von Deutschland: „Wenn ich Dich liebe, was geht's Dich an?"[14] Ohne Sentimentalität fühlte und fühle ich mich als verantwortlicher Träger einer bis zum Jahre 1300 auf deutschem Boden zurückreichenden ununterbrochenen Tradition einer geistig ziemlich hochstehenden jüdischen Familie, als deren heute ältestes männliches Mitglied. So wenig nach unserer noch vorhandenen Familienchronik ab 1300 meine Ahnen in den seitdem erlittenen 14 Pogromen in Süddeutschland (ich habe den 15. durchzumachen gehabt) die Flinte ins Korn geworfen haben, so wenig kann und will ich es tun. Seit 150 Jahren nimmt meine Familie in vollem Umfange an der deutschen Kultur teil. Mein Vater und seine Brüder haben für Deutschland gekämpft, wie ich – um besserer Ziele Wil-

len, mit ehrlicherem Gewissen, als Hitler. Dass ich meinen Weg in eine vordere Linie gemacht habe, wissen Sie, auch dass ich der deutschen Heimat weder zuhause noch im Auslande Unehre gemacht habe. Weil nun die Heimat unter Wahnsinnigen sich selbst entehrt hat, weil Millionen sich schwach und unwürdig benahmen, weil man heute in Deutschland hungert und bald wieder frieren wird – deswegen soll ich der allgemeinen Not, die auch die meines Herzens ist, fern bleiben, soll nicht an dem allgemeinen Schweren mittragen, soll im ungeliebten Ausland ein ewig fremder, ewig nur Geduldeter sein? Das bringe ich nicht fertig, meine Frau v. Kayser hat genau dieselben Anschauungen. Wirklich große und befriedigende Arbeit ist für einen Mann, der sich seiner Kraft sicher weiß, nur in Notumständen zu leisten. Dort will ich mich einsetzen, nicht nur mit der Feder auf Papier. Geht es mir schlecht, so weiß ich wenigstens, warum. Geht es mir gut, dann wird auch die Allgemeinheit den Vorteil haben. Ich werde mir eine kleine Schule bilden, unter meinen Freunden, auch mit meinem erwachsenen Sohn, vor allen Dingen mit meinen geliebten Freimaurer-Brüdern, so sehr ihre Zahl vorerst leider geschmolzen ist. Dass ich von ganzem Herzen an der Neubildung der *Frankfurter Zeitung*, an der Wiedererrichtung einer kernfesten demokratischen Presse in Deutschland und als ehemaliger erster Vorsitzender an deren Organisation arbeiten will, breitet meinen Arbeitskreis aus.

Lieber Freund, noch vieles lässt sich sagen, was ich tun zu können hoffe und erstrebe. Ich bin mir darüber klar, dass ich nur ein kleines Rad im Getriebe sein und bleiben kann. Aber ich will helfen, viele solcher Räder zu finden und in Gang zu bringen und zu halten. Wenn Sie alles das freundlich bedenken und würdigen, dann werden Sie verstehen, warum es mich in die Heimat zurückdrängt, in das Land meiner Sprache und meiner Kultur, meiner sehr schön gewesenen Jugend, dem meine ganze Liebe gehört.

Ich kann nicht aus meiner Haut. Ich kann mich nicht irgendwo naturalisieren lassen und sagen, nun bin ich Engländer oder Amerikaner oder Franzose. Verstehen Sie mich bitte, ich bitte Sie darum.

Wir betreiben hier unsere Rückkehr mit allen Mitteln, aber es geht für unsere Wünsche zu langsam. Ich rechne noch damit, einige Monate hier Zwangsaufenthalt zu genießen. Inzwischen arbeite ich fleißig, auch in der Schweiz werden Sie das feststellen können. Es wäre mir wirklich erwünscht, wenn Sie mir gelegentlich ganz rückhaltlos Ihre kritischen Ansichten über meine Artikel usw. schreiben würden. Ich kann ohne Kritik aus alter Gewohnheit schwer leben. Sie regt mich an und fördert mich. Ich bin ja hier sowieso viel zu sehr auf mich selbst angewiesen.

Vielleicht haben Sie inzwischen schon die Möglichkeit gefunden, meinen Nationalisierungs-Artikel an Oeser oder an Welter* weiterzuleiten? Was können Sie mir von Oeser mitteilen? Wir sind beide sehr besorgt um ihn. Was von Welter? Schlimm, dass nun zu all den vielen Sorgen im Auslande auch noch die Sorge um die lieben Freunde in der Heimat getreten ist.

Ich werde erst wieder glücklich werden, wenn ich den Wind vom Taunus und vom Schwarzwald um mein Gesicht fühle, wenn ich an einem Tage einmal nicht leere englische Höflichkeit und versteckte Fremdenfeindlichkeit fühle. Es ist schon so: Ich bin lieber in der Heimat von einem Haufen Menschen gehasst, als in der Fremde von solchen verachtet. So wird die Rückkehr nach Deutschland für mich trotz allem eine innere Befreiung sein. Was Schweres zu tragen ist, müssen dort Millionen schweigend tragen. Warum sollte ich es nicht? Ich bin überzeugt, dass Sie mich verstehen werden. Für heute schließe ich, ich fürchte, mein Brief ist für Ihren Bedarf schon viel zu lang.

Mit herzlichem Gruß und Dank

Ihr alter A. Lauinger

Wie ist der Vater nur darauf gekommen, dass ich den Krieg „unbeschadet" bei der Mutter überstanden hätte? Und warum schreibt er, man hätte mich ihm „abgenommen"? Das ist doch gar nicht wahr! Andere jüdische Familien haben ihre Kinder auch mitgenommen! Ich verstehe es nicht.

Ich schrieb dem Vater einen Brief, ich schrieb ihm von meiner Entlassung aus der Wehrmacht und meiner Arbeitssuche, dass ich wegen der Neurodermitis lange im Krankenhaus gelegen hatte, von meinen Geldsorgen und der Verhaftung, der Arbeit in Pforzheim und dass ich am Ende des Krieges in Treutlingen verschüttet worden war. Und ich schrieb ihm auch von seinen Möbeln, von der Lagergebühr, die ich eines Tages hatte bezahlen sollen und dass Josef sie beglichen und dafür einen Teil der Möbel bekommen hatte; und dass ich ihm später weitere Möbel verkaufte.

Am 1. Oktober 1946 kam er zusammen mit Elisabeth von Kayser am Kölner Bahnhof an. Wenn ich mich richtig erinnere, hatte ich kurz nach Kriegsausbruch einen letzten Brief von Herbert aus Argentinien erhalten, der andeutete, dass es zwischen dem Vater und Emilie zu einem Zerwürfnis gekommen sei. Oder hat er es mir nach dem Krieg geschrieben? Der Vater hat es immer so dargestellt, dass Emilie ihn krank in London im Stich gelassen habe und allein nach Argentinien zu ihrer Familie weiter gereist sei. Aber stell Dir einmal ihre Situation vor: Plötzlich reiste Vaters Freundin den beiden ins Exil nach – was sollte Emilie tun?

Ich holte den Vater und Elisabeth von Kayser mit meinem Auto ab. Was soll ich sagen? Wir haben gelacht, die Freude war schon groß. Sieben Jahre hatten wir uns nicht gesehen, er war jetzt 68 Jahre alt, ich 28. Köln war schwer zerstört, bettelnde, hungrige Kinder umringten das Auto:

Das war das erste, was er sah. Wir fuhren nach Frankfurt. Manche Straßen und Plätze – der Römer und die Kaiserstraße – waren vom Schutt befreit, aber noch immer versperrten Trümmerberge die Gassen und Wege, die Anlagen waren von Bombenkratern übersät, Ruinen ragten aus dem Schutt, Balkone schwankten bedrohlich an Fassaden, die jeden Augenblick einzustürzen drohten. Abgemagerte Menschen hausten in Bunkern, in Kellern, in halb zerstörten Häusern und Ruinen, denen Wände, Türen und Fenster fehlten. Im Frühjahr und Sommer hatten sie in Blechbüchsen Gemüse gezogen, im Grünen Kräuter gesammelt und aus Brenneseln Salat bereitet. Grünflächen waren in Kohlfelder verwandelt worden: Es herrschte Hunger, und nun kamen der Herbst und die Angst vor dem Winter. Ich kann mich nicht erinnern, dass er etwas gesagt hätte, aber in seinen Briefen an Welter und Oeser kannst Du nachlesen, wie sehr es ihn getroffen hat. Welter, Oeser und auch ich hatten ihm geschrieben, wie es in Deutschland aussah und sicher hatte er in England auch Bilder gesehen, aber so hatte er es sich nicht vorgestellt. Frankfurt war eine Steinwüste, die Stadt, die er gekannt hatte, gab es nicht mehr. „Das Ganze ist ein großer Jammer, der nicht dadurch leichter wird, dass er verdient kam", schrieb er wenige Tage nach seiner Rückkehr an Oeser.[15]

Elisabeth von Kaysers Bruder wohnte am Merianplatz. Das Haus war beschädigt, aber es stand noch. Dort haben die Beiden in den ersten Tagen gewohnt, dann gab Oberbürgermeister Kolb ihnen eine Wohnung in der Eschersheimer Landstraße.

Wenn ich an diese Wohnung denke, denke ich immer an unseren ersten großen Streit. Es ging um meinen Lebenswandel. Seit dem Sommer hatte ich keine feste Arbeit. Der Truppenteil der Amerikaner, für den ich in Pforzheim gearbeitet hatte, war verlegt worden, ich musste mir etwas Neues suchen. Mit Carlo Gramlich gründete ich einen Fell-

und Häutehandel. Jeder, der konnte, hielt wegen der Ernährungslage damals Kaninchen und es gab Felle im Überfluss. Mein alter Freund Meier aus Dornholzhausen hat sie uns abgekauft. Als Gewerbetreibende hatten wir Zugang zu den heiß begehrten Benzinzuteilungen. Viel verdient haben wir nicht, aber immerhin. Oft half ich auch Heinz Gaulke. Er war mit seiner Familie während des Krieges nach Schotten evakuiert worden, wohin er nach seiner Entlassung aus der Kriegsgefangenschaft wieder zurückgekehrt war. Auch er hatte wenig Geld und überlegte, wie er etwas verdienen könnte. Er besaß einen alten, großen Wagen mit Pritsche und einem Holzvergaser, und so kam er schließlich auf die Idee mit den Leichentransporten: Er hatte gehört, dass viele Familien ihre im Krieg gefallenen Angehörigen, die irgendwo in Frankreich oder Belgien begraben waren, auf die heimatlichen Friedhöfe überführen wollten. Das hat er gemacht, und ich bin oft mit ihm gefahren. Aber mein Hauptgeschäft war noch immer der Schwarzmarkt. Irgendwie hatte der Vater es mitbekommen und so stritten wir. Was hat er geglaubt, woher das Benzin gekommen war, das ich gebraucht hatte, um ihn in Köln abzuholen? Danach fragte er nicht, für ihn war der Schwarzmarkt einfach kriminell. Ich sehe mich noch nach diesem Streit im Hausflur auf der Treppe stehen. Über Jahre hinaus war unser Verhältnis belastet. Wir haben nie darüber gesprochen, was wir in der Nazizeit erlebt hatten. Wir wussten nichts voneinander.

Der Vater steckte voller Pläne: Er hatte ein Angebot von Welter, an der neu gegründeten *Stuttgarter Wirtschaftszeitung* mitzuarbeiten; gleichzeitig hatte Kisskalt ihm geschrieben, ob er nicht als Chefredakteur der *Versicherungs-Zeitschrift* in Karlsruhe tätig werden wolle und alle Bedingungen, die der Vater ihm stellte, akzeptiert: Elisabeth sollte als seine Sekretärin eingestellt werden, und auch ich sollte mitarbeiten. Also hat der Vater gedacht, ich müsste etwas über Versicherungen lernen. Er brachte mich zum 1. November bei einem Freund unter, der Direktor bei der Allianz war. Mit diesem Mann habe ich dann in seinem Büro in einem halb zerstörten Gebäude in der Frankfurter Innenstadt gesessen. Wir haben uns gut verstanden. Für ein paar Wochen schickte er mich in die Hollerith-Abteilung, alles schien sich gut zu entwickeln. Aber dann kam eine Schwarzmarktgeschichte dazwischen, ich musste plötzlich verschwinden. Der Vater war sehr verärgert. Ich glaube, er wünschte sich, dass ich in seine Fußstapfen trete.

Dann wollte er mich bei Thompson in der Bockenheimer Landstraße unterbringen, einer großen Werbeagentur. Die sagten aber: „Wir müssen erst mal einen Test machen, ob Ihr Sohn geeignet ist." Ich ging an einem vereinbarten Tag dorthin und sie legten Papier auf den Tisch, ich sollte irgendein Ereignis schildern: „Sie haben Zeit, wenn Sie fertig sind, sagen Sie Bescheid." Ich schrieb dann auch zwei, drei Stunden lang. Nach ein paar Tagen kam der Bescheid: „Tut uns sehr leid, aber Ihre Fähigkeiten liegen auf einem anderen Gebiet." Vaters Wünsche erfüllten sich nicht.

Wenn ich in seinen Unterlagen lese, sehe ich, wie viele Enttäuschungen er damals hinnehmen und wie viel Bitteres er ertragen musste. Bald nach seiner Rückkehr begann er, seinen Bruder Hans* zu suchen, aber er fand ihn nicht. Er schrieb an den Frankfurter Oberstaatsanwalt: Er wollte wissen, wer ihn und Elisabeth von Kayser 1938 wegen Rassenschande angezeigt hatte, aber in der knappen Antwort von Anfang 1947 hieß es nur, das Ermittlungsverfahren sei eingestellt und die Akten bestimmungsgemäß vernichtet worden: „Die erbetene Auskunft über die Denunzianten kann daher nicht erteilt werden." Er schrieb dem Polizeipräsidenten und verlangte, diejenigen zu ermitteln, die in der Pogromnacht die Häftlinge in der Festhalle misshandelt hatten – erfolglos. Er schrieb erneut:

„Herrn Polizeipräsident Klapproth, den 29. Okt. 1947
Betr. Pogrom 1938
Sehr geehrter Herr Polizei-Präsident!
Ich bestätige mit bestem Dank Ihr Schreiben vom 23. Okt., des Jrs., bedaure allerdings, dass es offenbar nicht gelingt, amtliche Feststellungen über die unwürdigen Ausschreitungen gegen Juden im Jahre 1938 zu machen, obwohl Tausende Augenzeugen der damaligen Vorgänge waren. Ich muß mich bei dem Ergebnis der von ihnen erneut angestellten Ermittlungen bescheiden. Leider bleiben auf diese Weise unerhörte Verbrechen ohne Sühne.
Ich bin aus meinem Exil nach siebenjähriger Verbannung ohne Hass- und Rachegefühle in die Heimat zurückgekehrt, um an deren Wiederaufbau mitzuwirken. Aber es belastet mich schwer, dass ich nach dem Fehlschlagen der amtlichen Ermittlungen über die Vorgänge von 1939 jetzt der Gefahr ausgesetzt bin, immer wieder unwissentlich mit jenen Persönlichkeiten zusammenzutreffen, die an den Verbrechen von 1939 gegen mich und meine Leidensgefährten in Uniform aktiv teilgenommen haben. Ich kann Ihnen, sehr geehrter Herr Polizei-Präsident, die Versicherung geben, dass es vernehmlich Erwägungen dieser Art sind, die zahlreiche wertvolle, für den Wiederaufbau Deutschlands notwendige Persönlichkeiten von geistiger und materieller Geltung abhalten, in ihre Heimat zurück zu kehren.
Mit vorzüglicher Hochachtung!
Ihr sehr ergebener
A. Lauinger“

Er träumte in den ersten Jahren nach dem Krieg davon, dass die *Frankfurter Zeitung* wieder zugelassen werden könnte und wünschte sich, wie früher mit Oeser, Welter und Reifenberg zu arbeiten. Aber die Alliierten hatten 1945 alle existierenden Zeitungen verboten, um einen vollständigen Neuaufbau der Presse zu erreichen. Die

Frankfurter Zeitung war zwar 1943 eingestellt worden, aber auch sie durfte nicht erscheinen. Es gab immer wieder Hoffnungen und viele Bemühungen, aber es blieb dabei: Die Amerikaner waren misstrauisch. Er fing dann an, für die *Frankfurter Neue Presse* zu arbeiten. Kennst Du den ersten Artikel, den er 1947 für die Zeitung schrieb? In Erinnerung an die Wenigen, die im Nationalsozialismus widerstanden und ihre Menschlichkeit bewahrt hatten, verteidigte er unter dem Titel „Die jüdische Forderung eines Schuldbekenntnisses“ die Deutschen:

„Nachdem der jüdische Weltkongress in New York die Forderung nach einem dokumentarischen und einstimmigen Schuldbekenntnis aller Deutschen und nach einer bindenden, uneingeschränkten Buße für die den Juden und Jüdinnen in der Hitler-Zeit angetanen Verbrechen aufgestellt hat, ist es das Recht und nach meiner Überzeugung die Pflicht eines Juden, sich zu dieser absurden Aktion zu äußern. Es liegt mir sehr ferne, die ganze Schwere des Gewichts von Not und Leid, von Qual und Untergang zu verkennen, welches die Verbrecher des Dritten Reichs über die Juden, und nicht nur über diese, gebracht haben. Aber es scheint mir im höchsten Grade unbillig, unwahr und unlauter zu sein, für diesen Schmerz das deutsche Volk in seiner Gesamtheit verantwortlich zu machen und von ihm in dieser Gesamtheit ein Schuld- und Reuebekenntnis zu erzwingen. Wenn dieser Zwang überhaupt möglich wäre, so könnte er nur zu einer unwahren Erklärung führen. Sie wäre ethisch wertlos. Der Schreiber dieser Zeilen, und mit ihm viele andere Juden und Jüdinnen, die durch alle Schrecken und Nöte des Nationalsozialismus hindurchzugehen gezwungen waren und ihr Leben unter schwersten Bedingungen zu erhalten vermochten, vermögen an dokumentarisch zu belegenden Einzelheiten – und nur solche haben überzeugende Kraft – nachzuweisen, daß sie ihre Existenz lediglich der Aufopferung, der gutherzigen, um das eigene Schicksal nicht bekümmerten Hilfsbereitschaft deutscher Männer und Frauen zu verdanken haben, die ihr Wohl und Wehe und das ihrer Familien aufs Spiel setzten, um den ungerecht bedrohten Juden zu retten und vor der Vernichtung zu bewahren.

Ich selbst kenne sie, habe sie erlebt, weiß wie die helfende Hand das Elend, die Verfolgung, jahrelange Verbannung als Lohn ihrer Tat auf sich nahm. Wie sie ein ungewisses Schicksal in der Fremde dem gesicherten ruhigen Leben in der Heimat opferte aus dem Bewusstsein einer ethischen Pflicht heraus, um einem sittlichen Gebot Folge zu leisten. Und weil ich das weiß, und mit mir viele Leidensgefährten, widerspreche ich der Forderung des jüdischen Weltbundes auf die Gefahr hin, von unverständigen Mitgliedern meiner Religion als Abtrünniger, als Verräter an einer angeblich gemeinsamen Sache und Aufgabe gekennzeichnet zu werden."

Er hielt fest an seinem Traum von der Heimat. Vielleicht hast Du Recht damit, dass Elisabeth von Kayser, die Offizierswitwe, die nun seine Lebensgefährtin geworden war, für ihn die Verkörperung dieses Traums von Deutschland war, weil sie „ein ungewisses Schicksal in der Fremde dem gesicherten ruhigen Leben in der Heimat opferte aus dem Bewusstsein einer ethischen Pflicht heraus." Auf der anderen Seite stieß er sich auch an den realen deutschen Verhältnissen, und damit meine ich nicht die wirtschaftliche Not, sondern den Umgang mit den Verbrechen.

Artur Lauinger
(„Israel und Sarah", *Frankfurter Neue Presse*, Oktober 1947)

Es ist erstaunlich, wie lange das demokratische Deutschland von heute braucht, um Dinge zu erledigen, die nach der Abkehr vom Nationalsozialismus eigentlich selbstverständlich sein müssten. Noch immer, mehr als zwei Jahre nach dem Zusammenbruch des Nationalsozialismus, tragen in den Standesregistern die Juden und Jüdinnen die schmückenden Beinamen „Israel" oder „Sarah". Nicht, dass gegen diese alttestamentarischen Namen etwas einzuwenden wäre, sie sind so gut wie jeder andere Vornamen, den ein Mensch tragen kann. Nur haftet an ihnen die peinliche und schmerzliche Erinnerung an die Umstände, unter welchen sie ihren Zwangsträgern und Zwangsträgerinnen als ein vermeintliches Merkmal der Schande auferlegt wurden. Es hätte eine Selbstverständlichkeit sein müssen, dass alle diese Überbleibsel der Nazi-Zeit mit dem Verschwinden des Nationalsozialismus sofort wieder beseitigt worden wären, wie man ja auch das Verbot der Ehe zwischen so genannten Ariern und so genannten Nichtariern alsbald wieder beseitigt hat. Aber keine Rede! Die Bürokratie ist so leicht und so einfach nicht zu überwinden. Ich erinnere mich, dass bei meiner Zwangseinwanderung nach England die dortigen Behörden sich geweigert haben, den mir zudiktierten zweiten Vornamen „Israel" in meine englischen Ausweispapiere einzutragen. Die Beharrlichkeit, mit der man heute verlangt, dass in Deutschland der „betroffene" Jude erst einen formellen Antrag auf erneute Änderung seines Namens durch Fortfall der genannten Namensbestandteile stellen muss, mit all den notwendigen verzögernden Formalitäten, lässt sich nur auf eine Stufe stellen mit der Tatsache, dass bei der Rückwanderung ausgetriebener Juden, die durch einen Gewaltakt des Nationalsozialismus ihre deutsche Staatsangehörigkeit verloren haben, sie erst ein formales Wiedereinbürgerungsverfahren durchmachen müssen, bis sie wieder Deutsche im staatsrechtlichen Sinne geworden sind. Wofür sie dann übrigens auch noch fünfzig Reichsmark Eintrittsgebühr bzw. Einbürgerungskosten zu tragen haben. Es geht doch nichts über eine konsequente Bürokratie. Damit scheint auch die Demokratie nicht fertig werden zu können. Ein Ruhmesblatt in der deutschen Geschichte ist das gewiss nicht. Ich werde übrigens den Antrag auf Änderung meines Namens im Standesregister nicht stellen, ich habe mich des zusätzlichen Vornamens nicht zu schämen.

Wolfgang Lauinger

Der Vater trug eine große Last. Nichts war wie vor dem Krieg, aber nichts wünschte er mehr, als dass alles wieder so wäre wie früher. Vielleicht hat er deshalb so erbittert mit Josef gestritten. Er forderte von ihm seine Möbel zurück und behandelte ihn wie einen Arisierungsgewinnler. Es mag sein, dass die Möbel für ihn mit dem Gefühl früherer Behaustheit verbunden waren, aber er nahm nicht wahr, dass sie versteigert worden wären, wenn Josef mir nicht geholfen hätte, sie auszulösen. Er sah auch nicht, warum ich die Möbel verkauft und dass Josef ihm sofort nach seiner Rückkehr zurückgab, was in Waldkirchen den Krieg überstanden hatte – den Sessel zum Beispiel, auf dem Du immer sitzt, wenn wir miteinander sprechen und auf dem angeblich schon Napoleon gesessen und den der Vater von Georg von Kayser geschenkt bekommen hatte. Auch das Geld, das Josef beim Verkauf einzelner Stücke bekommen hatte, gab er dem Vater. Aber der Vater glaubte ihm nicht.

Am Anfang der Auseinandersetzung haben die beiden noch persönlich miteinander gesprochen, aber der Streit eskalierte. Ich glaube, ich habe noch versucht, zu vermitteln, aber irgendwann schaltete der Vater einen Anwalt ein, es kam zu mehreren Prozessen. Vielleicht ist es so, dass Josef für alle Enttäuschungen einstehen musste, die der Vater in diesen Jahren erlebte, dass er sich an Josef hielt, weil sonst niemand zu belangen war. Niemand trug Verantwortung für das, was geschehen war. Josef war der Sündenbock und ich der missratene Sohn, der in der „Nazizeit ein Leben vergoldet und verschleudert hatte, um sein Glück leben zu können" – so drückte er sich aus. „Ich habe mich von ihm trennen müssen, weil alle meine Bemühungen, ihn in die Familie zurückzuholen und zu geregeltem Leben zu veranlassen, gescheitert sind", schrieb er in seinem Testament 1948. Ich kannte es damals nicht und habe es erst viel später gelesen. Aber es war spürbar, wie er dachte. Wir haben uns kaum noch gesehen und wenn, dann nicht bei ihm zu Hause.

1947 fand ich Arbeit bei den Amerikanern auf der Rhein-Main-Air-Base. Ich wohnte bei einer Familie in Dreieichenhain, die ein kleines Haus besaß, in dem ich ein Zimmer mietete. Jeden Tag fuhr ich mit dem Fahrrad durch den Wald zum Flughafen. Ein Jahr lang wusch ich Gläser in der Küche, dann hatte ich Glück. Die US-Streitkräfte hatten nach dem Krieg in und um Frankfurt herum viele Wohngebiete beschlagnahmt, die nicht zerstört und noch halbwegs in Schuss waren. Im Frankfurter Westend, in der Römerstadt, in Buchschlag, Sprendlingen, Isenburg – überall gab es Wohnviertel, in denen Armeeangehörige wohnten. Die Verwaltung lag in den Händen der Amerikaner und war in einem der Flughafengebäude untergebracht. Dort wurden Leute gesucht, und ich wurde Hausverwalter im *Gateway Gardens*. Die kleine Siedlung war schon vor dem Krieg entstanden. Während die Familien in Wohnungen und Villen in der Umgebung lebten, wohnten hier die alleinstehenden Soldaten. Es herrschte ein ständiges Kommen und Gehen: Die Einen wurden versetzt oder gingen zurück in die

Staaten, andere kamen oder holten ihre Familien nach. Wir koordinierten die Umzüge, ließen Reparaturen und Renovierungen durchführen und Gärten angelegen. Mein Vorgesetzter war Major Smith, der als Building-Officer für viele Wohnungen und Häuser verantwortlich war. Ich habe schnell mitbekommen, dass er mit seinen Soldaten ziemlich rigoros umging. Außerdem war er ein Spieler. Jeden Abend saß er mit den anderen Offizieren im Kasino beim Poker, trank wahnsinnige Mengen Whisky – und gewann. Ich weiß noch, wie er frohlockend zu mir kam und sich die Hände rieb: „Heute Nacht hab ich sie wieder alle abgezockt. Morgen früh müssen sie bezahlen." Spielschulden galten bei den Amerikanern als eine Art Ehrenschuld und mussten immer sofort beglichen werden. Also kamen sie tatsächlich am nächsten Tag einer nach dem anderen mit gepumptem Geld oder Schecks und bezahlten. Da kannte er kein Mitleid. Und so wurde der Major ein ziemlich gehasster Mann. Er war hart und rücksichtslos, hatte vier Jahre den Krieg mitgemacht – vielleicht wird man dann so. Aber ausgerechnet mit dem befreundete ich mich. Ich hab eine komische Art gehabt, mir meine Freunde auszusuchen: Es waren immer Männer mit einer gewissen Brutalität; Josef war auch so. Warum habe ich mich mit Männern befreundet, die ihren Status ausnutzten, andere herum kommandierten und die ich irgendwann als Sklaventreiber empfand? Das war eigentlich in völligem Gegensatz zu meiner Psyche, aber merkwürdigerweise habe ich mich zu solchen Leuten immer eher hingezogen gefühlt als zu den sensibleren, weil mir die Sensiblen auch durch die sexuellen Geschichten ein bisschen auf die Nerven gingen. Ich kann es mir selbst nicht erklären. Sicher hat Smith mich gebraucht und er wusste, ich brauchte ihn auch: keine Versorgungsprobleme, Essen, Trinken – es ging mir gut mit ihm. Wenn er im Büro war, fuhr ich mit seinem eleganten Auto mit amerikanischem Kennzeichen und seinem Benzin spazieren. Ich hatte ein komfortables Leben durch ihn, er durch mich ein Stück Normalität. Er war fremd in Deutschland und kannte eigentlich nur das Leben in *Gateway Gardens*, das in gewisser Weise ein Ghetto war. Durch mich hatte er Verbindungen nach Frankfurt, lernte die Stadt und meine Freunde kennen. Und ich erlebte, dass dieser grobe Haudegen doch eine große Seele hatte: Er versorgte mit seinen Beziehungen ein ganzes Kinderheim.

Ich hatte ihm von einem Jungen erzählt, den ich aus Frankfurt kannte. Er war der Sohn eines Frankfurter Kriminalbeamten und erst 14 oder 15 Jahre alt. Ich erinnere nicht mehr, was mit seiner Mutter geschehen war, aber der Vater lebte mit ihm allein, war durch seinen Job dauernd unterwegs und konnte ihn nicht ausreichend versorgen. Das gab es oft damals: Ein Elternteil war tot oder man hatte sich auf der Flucht verloren. Unzählige Kinder waren sich selbst überlassen, streunten durch die Stadt, stahlen. So war der Junge also in ein Heim gekommen, in dem 200 oder 300 Jugendliche lebten, viele Flüchtlingskinder aus dem Osten oder Waisen. Ich besuchte ihn dort: Das Haus war überfüllt, die Kinder hungerten. Ich weiß nicht, was ich mir erhoffte, aber ich erzählte Smith davon und fragte ihn, ob er nicht einmal mit dem Leiter sprechen könnte.

Der Direktor des Kinderheims saß in seinem Büro als wir ankamen – ein älterer Herr – und es wurde schnell deutlich, dass er verzweifelt war. Es war kein schlechter Wille oder Vernachlässigung, ihm fehlten einfach die Mittel, um die Kinder besser zu versorgen. Smith versprach ihm, sich zu kümmern und als wir zum Flughafen zurückkamen, schickte er gleich ein Auto mit Lebensmitteln ins Heim. Von diesem Tag an ließ er die Kinder mehrmals in der Woche mit LKWs abholen. Es gab auf unserem Gelände ein Sportfeld mit Tribünen, wo die Soldaten Baseball oder Rugby spielten, und da spielten nun auch die Kinder. Mittags brachte er sie in die Kantine und sie konnten sich satt essen: Pommes Frites, Hähnchen, Eis – es muss das Paradies für sie gewesen sein. Dann hat er sie wieder zurückbringen lassen. Ich war froh, dass er für die Kinder sorgte. Eigentlich war er doch ein prachtvoller Mensch – innen eine große Seele, nach außen ein Bär. Aber auch mit dieser Aktion machte er sich nicht nur Freunde: Das Gebot der *Non-Fraternization* wurde zwar zu dieser Zeit schon nicht mehr so streng befolgt und hatte eigentlich von Anfang an Kinder ausgenommen, trotzdem spürte ich, dass anderen Offizieren Smith' Beziehungen zu Deutschen zu weit gingen.

Die Arbeit hat mir Spaß gemacht. Wochenlang fuhren Smith und ich zusammen durch die Gegend. Es kamen immer mehr Frauen und Kinder aus den Staaten, um mit ihren Männern und Vätern zusammen zu leben, wir brauchten neue Wohnungen und Häuser. Eines Tages entdeckten wir in Bad Nauheim Hilberts Parkhotel. Es war nicht bombengeschädigt, aber in einem verwahrlosten Zustand und als Hotel nicht mehr brauchbar. Nur Herr Hilbert, der alte Besitzer, lebte in einer der Zimmerfluchten und auch sein Butler wohnte im Haus, sonst stand es leer. Die Beiden konnten bleiben, aber das Hotel wurde beschlagnahmt und umfunktioniert. Wir transportierten Möbel, richteten die Zimmer und die Küche neu ein, suchten Hauspersonal. Smith sorgte für unsere Ernährung: Er fuhr in den Wald, schoss einen Hirsch, und abends gab es dann für fünf oder zehn Soldaten ein festliches Mahl. Schon nach zwei Wochen zogen die ersten Familien ein.

Bald darauf wurde ich nach Buchschlag in eine Villengegend versetzt, damit hatte ich das große Los gezogen. Ich war zuständig für die Verwaltung, musste die Hausangestellten einstellen, die die Wohnungen und Häuser putzten, die Wäsche wechselten usw.; und ich konnte mir selbst ein Haus aussuchen und hab natürlich die schönste Villa gewählt. Es war Sperrgebiet, aber ich konnte rein und raus, wann ich wollte. Ein fürstliches Leben nach allem, was in den Jahren zuvor gewesen war. Aber die wunderbare Zeit sollte nicht lange währen. An einem Juliabend im Jahr 1950 klingelte es. Auf der Straße sah ich ein Fahrzeug der amerikanischen Militärpolizei. Vor der Tür stand ein Uniformierter: „Herr Lauinger", sagte er, „Sie sollen zum Flughafen kommen, Sie werden gebraucht." Ich dachte mir nichts dabei und stieg ins Auto. Wir passierten die Kontrolle und fuhren die wenigen Kilometer bis zum Flughafen. Erst der Mann am Empfangsschalter dort erklärte mir, es handle sich um eine Bitte der deutschen Polizei. Die Amerikaner sollten mich „zur Verfügung stellen", sie würden mich abholen. Warum? – Er wusste es nicht. Unterdessen war es mitten in der Nacht. Ich bat Smith zu holen. Der Major hörte sich die Geschichte an und entschied: „Er wartet, aber nicht hier. Schicken Sie ihn nach Hause. Soll die Polizei ihn dort abholen." Ich wurde nach Buchschlag zurückgebracht, aber es kam niemand. Irgendwann legte ich mich schlafen, am nächsten Morgen ging ich wie immer in mein Büro. Bald nach mir trafen die angekündigten Polizisten ein und brachten mich ins Polizeipräsidium nach Frankfurt. Ich wusste noch immer nicht, um was es ging, aber ich sollte es bald erfahren: Otto Blankenstein hatte mich angezeigt, und nicht nur mich. Ich kannte ihn seit längerer Zeit, irgendjemand hatte mich mit ihm bekannt gemacht. Eigentlich war er ein netter, sehr hübscher, intelligenter Mann; jung, sehr jung, ziemlich herrenlos, wie es eben nach dem Krieg viele waren. Wenn er in Not gewesen war, hatte er sich nachts in Frankfurt in den Zug gesetzt und war zu mir nach Buchschlag gekommen, er hatte keine Wohnung. Manchmal war er auch länger geblieben.

Blankenstein war ein Stricher. Er war ein paar Wochen zuvor verhaftet worden, was ich nicht wusste. Ich hatte mir auch keine Gedanken gemacht. Er kam eben gelegentlich und es war normal, dass er sich manchmal für ein paar Wochen nicht blicken ließ. Ich weiß nicht, was sie ihm versprochen hatten, aber sie haben ihn sich gekauft und beschlossen, in Frankfurt mit den Homosexuellen aufzuräumen. Wochen- und monatelang war er zu Fuß und im Auto mit der Polizei in Frankfurt unterwegs. Sie beobachteten die Eschenheimer Anlage, er führte sie zu Wohnungen und in Kneipen, und er zeigte ihnen schwule Männer, die er kannte. Auch Smith und Josef, aber auch das wusste ich damals noch nicht. Er war zum Helfer und Hauptzeugen der Staatsanwaltschaft geworden. Im Verhör soll er gesagt haben, er sehe nicht ein, dass er allein sitzen solle und gab an, im vergangenen Jahr mit 70 Männern in 200 Fällen geschlechtliche Beziehungen unterhalten zu haben. Die *Frankfurter Rundschau* zitierte ihn später mit der Aussage, er habe hauptsächlich Männer namhaft gemacht, die ihm kein Geld gegeben hätten; die, die ihm Geld gegeben hätten, habe er verschwiegen, „da er nicht wisse, wie er später sein Geld verdienen müsse."[16] Und so haben sie die Leute wahllos ins Gefängnis gesperrt.

Du kannst Dir vorstellen, wie ich mich mit den Polizisten angelegt habe: „Das sind Nazimethoden!", habe ich gebrüllt, „die setzen Sie jetzt fort!" Irgendwann sprachen sie mich auf die Verhaftung 1941 an, sie wussten davon. Haben sie gesagt, dass ich schon damals verdächtigt wurde, homosexuell zu sein? Es sind nur Bruchstücke in meinem Kopf, aber etwas in diesem Sinn müssen sie erwähnt haben, denn eins weiß ich noch genau: Ich war mir damals sicher und bin es auch heute noch, dass ihnen die alten Akten aus den Jahren 1941 und '42 vorgelegen haben, die angeblich verschwunden waren. Deshalb habe ich die Verhaftung durch die Gestapo und Baldauf auch in meinem Brief an den Bundespräsidenten erwähnt.

Als ich ihm schrieb, saß ich schon sieben Monate ohne Anklageschrift in Haft. Ich war verzweifelt und suchte nach einer Möglichkeit, mich zu rechtfertigen. Der Paragraph 175 war noch immer in Kraft und zwar in der von den Nationalsozialisten verschärften Form: Für die Homosexuellen war das „Dritte Reich“ nicht zu Ende.[17] Ich kann mich an die Details in den Verhören nicht mehr erinnern, aber es gab eine enorme Spannung zwischen den Beamten und mir. Ich habe alle Vorwürfe abgestritten. Und weil ich ihnen Nazimethoden vorgeworfen hatte und sie in den Vernehmungen nicht weiter gekommen waren, ließen sie mich einfach sitzen – Monat um Monat.

Der Bundespräsident hat mir auf meinen Brief nach einer Woche geantwortet. Er ließ mir schreiben, dass er keine rechtliche Möglichkeit habe, „in der Frage der Anordnung und Fortsetzung der Untersuchungshaft eine Überprüfung vorzunehmen“ und verwies mich auf die Strafprozessordnung, die die Voraussetzungen für die Anordnung einer Untersuchungshaft regele und auf die Fristen, innerhalb derer das Gericht die Haft zu prüfen habe. Diese Haftprüfungstermine waren ein Witz: Es war wichtig, einen guten Anwalt zu haben – so wie Josef. Er wurde von Schmidt-Leichner vertreten, der als scharfer Hund bekannt war, und kam – wie ich später erfuhr – nach ein paar Tagen frei. Ich hatte einen Pflichtverteidiger, einen anderen konnte ich mir nicht leisten, und den hat das alles nicht wirklich interessiert. Er kam, wenn er kommen musste, zum Haftprüfungstermin etwa. Aber er hat nichts unternommen, als die Anklageschrift nach Monaten noch immer nicht vorlag. Einmal habe ich ihn gebeten, den Vater anzurufen und ihn um Hilfe zu bitten. Das hat er getan. Als wir uns wieder sahen, sagte er: „Ihr Vater lässt Ihnen ausrichten, Sie haben sich die Suppe eingebrockt, Sie sollen sie nun auch allein auslöffeln.“

Blankensteins Aussagen hatten eine Lawine los getreten: Manche Männer, die er angezeigt hatte, gaben – vielleicht in der Hoffnung auf ein mildes Urteil – im Verhör weitere Namen an. In mehr als 200 Fällen wurde ermittelt, 100 Männer wurden festgenommen, gegen 75 wurde Anklage erhoben.[18] Es gab Selbstmorde. Die

Verhaftungen waren nicht verborgen geblieben, insbesondere Rudolf Eims hat darüber berichtet. Er war ein stadtbekannter Journalist, ein alter Sozialdemokrat, der unter den Nazis gesessen und Berufsverbot bekommen hatte. Jetzt schrieb er für die *Frankfurter Rundschau*, sein Thema war die Justiz. Er berichtete über Gerichtsprozesse, die Zustände in den Strafanstalten, Reformvorhaben und setzte sich mit den Nazirichtern und all den Scharlatanen auseinander, die in den chaotischen Nachkriegsjahren Positionen erlangt hatten. Nach dem Beginn der Verhaftungswelle schrieb er immer wieder über die Ermittlungsmethoden von Polizei und Justiz: „Gewöhnlich leiten Staatsanwälte die Ermittlungen von ihrem Amtszimmer im Justizgebäude aus. Der von Dr. Kosterlitz als Sachbearbeiter beauftragte junge Staatsanwalt Fritz Thiede ließ jedoch für sich und einen Kollegen ein Zimmer im Frankfurter Polizeipräsidium freimachen und leitete nun hier im 5. Kommissariat selbständig die Ermittlungen und Vernehmungen. Nicht der polizeiliche Dienststellenleiter, sondern Staatsanwalt Dr. Thiede dirigierte jetzt die Kriminalbeamten."[19]

In den ersten Prozessen, die geführt worden waren, war die Glaubwürdigkeit Blankensteins angezweifelt worden. Amtsgerichtsrat Romini jedoch hatte dessen psychiatrische Untersuchung, die von den Verteidigern gefordert worden war, mit der Begründung abgelehnt, er sei selbst in der Lage, sich ein Urteil über die Persönlichkeit des Zeugen zu bilden. Blankensteins Untersuchung wurde erst angeordnet, nachdem gegen einige Urteile Berufung eingelegt worden war. Nun kam heraus: Blankenstein war ein Mensch mit hochstaplerischen Neigungen. Er hatte sich als Dolmetscher, Traktorführer und früherer Widerstandskämpfer ausgegeben, gelegentlich trat er wohl auch als Baron auf. Dem Flüchtlingsreferenten von Gießen gegenüber legitimierte er sich als Angestellter der französischen Militärregierung. Der

Sachverständige Professor Wiethold bescheinigte Blankenstein eine „willfährige, unterwürfige und fast hingabefreudige Wesensart" und sah in ihm „eine in jeder Hinsicht haltlose Persönlichkeit, die als Zeuge von vornherein äußerst bedenklich ist."[20] Es bestünden grundsätzliche Zweifel an seiner Glaubwürdigkeit, denn er sei jemand, der sich in Ausschmückungen gefalle und sich umständebedingt zu Verfälschungen hinreißen lasse. Ihm gefiel die Aufmerksamkeit, die er als Kronzeuge erhielt.

Damit nicht genug, war unter Leitung von Staatsanwalt Thiede eine Sonderkammer eingerichtet worden, was damals eigentlich schon nicht mehr erlaubt war. Die Zuweisung des zuständigen Richters hätte nach dem Anfangsbuchstaben des Nachnamens eines Verhafteten erfolgen müssen, aber in den Fällen, die nach den Denunziationen Blankensteins zur Verhandlung kamen, führte stets Amtsgerichtsrat Romini den Vorsitz. Schmidt-Leichner hatte schon im November mit Hinweis auf das Gerichtsverfassungsgesetz die Unzuständigkeit des Gerichtes moniert. Laut Grundgesetz darf niemand seinem gesetzlichen Richter entzogen werden. Dies geschehe aber, wenn vor ein und demselben Schöffengericht unter dem immer gleichen Richter alle anstehenden Verfahren wegen Vergehens gegen Paragraph 175 verhandelt würden. Romini erklärte sich jedoch für zuständig. Er begründete seinen Beschluss damit, dass die Geschäftsverteilung des Frankfurter Amtsgerichts noch nach dem Gesetz aus dem Jahr 1937 vorgenommen worden sei, weil das neue Gerichtsverfassungsgesetz erst ab 1. Oktober 1950, also des gleichen Jahres, zur Anwendung käme.[21] Er behauptete außerdem, er wende sich nur gegen die gewerbliche Unzucht, die Verführung Jugendlicher und gegen die Erpressung; er habe, so gab ihn der *Spiegel* wieder, „nichts dagegen, wenn sich gleichgesinnte Partner in ihren Wohnungen geschlechtlich verbinden, soweit es die öffentliche Ordnung nicht störe."[22] Aber es waren Zweifel an seiner Haltung aufgekommen. Manche der Angeklagten, die schon in der Nazizeit gesessen hatten, begegneten ihm in den Prozessen des Jahres 1950 zum zweiten Mal. Romini brachte Sachkenntnisse mit, denn er hatte bei den Nazis bereits die so genannten Unzuchtsachen bearbeitet und entsprechend den verschärften Paragraphen 175 und §175a angewandt. Ich glaube, es ist vor allem Rudolf Eims zu verdanken, dass all das an die Öffentlichkeit kam. Letztlich beschäftigten die Frankfurter Prozesse und Richter Romini die Presse bundesweit, auch im Ausland wurde berichtet. Vielleicht blieb das nicht ohne Wirkung. Am 1. Dezember 1950 wurde Romini zum Landgerichtsdirektor in Hanau ernannt, er wurde wegbefördert; ein anderer Richter ersetzte ihn und am 1. Januar 1951 wurde die Sonderkammer aufgelöst.

Ich saß noch immer ohne Anklage in Untersuchungshaft und suchte verzweifelt nach einer Möglichkeit, Druck auszuüben. Der Bundespräsident konnte mir nicht helfen, der Vater wollte es nicht; da bin ich schließlich in Hungerstreik getreten. Ehrlich gesagt: Ich glaube nicht, dass ich das lange durchgehalten hätte, aber ich wurde nicht auf die Probe gestellt. Plötzlich kam – nach fast acht Monaten – die Anklageschrift. Da stand dann schwarz auf weiß, dass Blankenstein mich belastete. Er war der einzige Belastungszeuge, und um seine Glaubwürdigkeit war es nicht mehr gut bestellt. Trotzdem war mein Anwalt, als er kam, pessimistisch. Er schien von der Auflösung der Kammer noch nichts zu wissen, und ich wusste es schon gar nicht. „Und wenn's nur eine Geldstrafe gibt, aber Romini und Thiede verurteilen auf jeden Fall! Wir haben eine Schutzfrist zwischen Anklageschrift und Verhandlung, sie ist vorgeschrieben, um dem Anwalt die Möglichkeit zu geben, aufgrund der Anklageschrift Maßnahmen zu ergreifen. Die sollten wir nutzen." Ich wollte nur noch aus dem Gefängnis heraus, ich wollte keine Sekunde mehr warten. „Meinetwegen kann morgen verhandelt werden“, habe ich ihm geantwortet, „ich habe nichts zu verbergen.“ Und tatsächlich kam es nach wenigen Tagen zum Verhandlungstermin in Frankfurt. Morgens wurde ich zum Gerichtsgebäude hinüber geführt. Und da erst erfuhr ich, dass die Sonderkammer aufgelöst ist und Landgerichtsdirektor Winden den Vorsitz hat. In einer Einzelzelle wartete ich, bis ich aufgerufen wurde. Wie würde die Sache ausgehen? Was würde Blankenstein sagen?

Mir kam in den Sinn, dass auch er irgendwo hier sein müsse. Ich rief ihn und prompt kam die Antwort: Er saß in der Nachbarzelle, die Wände waren dünn. „Hör mal“, sagte ich zu ihm, „Du kennst mich gut und ich hab Dir oft geholfen, wenn's nix zu Fressen gab und Du auf der Straße gestanden hast und keine Bleibe hattest. Wie kannst Du so einen Mist machen und mich in so eine Situation bringen?“ „Ich hab' das nicht freiwillig gemacht“, antwortete er, „die Polizei hat mich dazu gezwungen.“ So etwas in dieser Art sagte er; versuchte, sich raus zu reden. Aber ich hab nicht locker gelassen. „Jetzt hör mal zu: Ich hab jetzt Verhandlung, sag da endlich die Wahrheit.“ Ich wusste ja nicht, ob jemand mithört und konnte nicht konkret werden. So sagte ich nur: „Wenn Du jetzt als Zeuge aufgerufen wirst, sag bitte die Wahrheit.“ Da ist ja nichts Verbotenes dran.

Die Verhandlung wurde eröffnet, es kam zur Verlesung der Anklageschrift, dann zu meiner Vernehmung. Ich habe darauf beharrt: Es ist alles erlogen und aufgrund der alten Geschichte aus der Nazizeit konstruiert. Dann wurde Blankenstein als Belastungszeuge in den Gerichtssaal gerufen – und verweigerte nun plötzlich mit der Begründung, er würde sich selbst belasten, die Aussage. Ich nehme an, das hatte ihm sein Anwalt geraten. Aber so einfach war es dann doch nicht: Der Staatsanwalt sprach von den monatelangen Vernehmungen Blankensteins und den zahlreichen Protokollen, die er unterzeichnet hatte: Er wollte nun die Kriminalbeamten hören, die die Aussagen Blankensteins aufgenommen hatten. Der Richter war der Meinung, das könne man sich sparen, man wisse doch, was dabei heraus komme. Nun ging es ganz schnell: Die Plädoyers wurden gehalten, dann erhob sich das Gericht und verließ den Raum zur Urteilsberatung. Und ich weiß noch wie heute: Hinter dem Richtertisch war eine Tür, durch die ging der Richter hinaus und der letzte Beigeordnete war kaum verschwunden, da ging die Tür schon wieder auf, und alle kamen wieder herein. „Im Namen des Gesetzes: Der Angeklagte wird frei gesprochen." Ich weiß nicht, ob die Verhandlung fünf Minuten oder zehn Minuten gedauert hat oder eine Viertelstunde, auf alle Fälle: Damit war diese achtmonatige Geschichte erledigt.

Kurz nach meiner Freilassung begann die Untersuchung gegen Smith. Die deutschen Behörden hatten seinen Fall an die Amerikaner abgegeben. In diesen Ermittlungen hatte eine große Rolle gespielt, dass Smith so unbeliebt war, viele haben sich wohl negativ über ihn geäußert. Auch ich wurde vorgeladen und befragt. Aber am Ende ging es glimpflich ab. Blankenstein verhaspelte sich im Kreuzverhör, als er erzählen sollte, wie er Smith kennengelernt hatte. Du kennst diese Kreuzverhöre aus dem Kino: Smith' Anwalt fragte nach allem, an welchem Tag Blankenstein zum ersten Mal in Smith' Wohnung gegangen, woher er gekommen, wie das Wetter gewesen sei – bis in die kleinsten Kleinigkeiten hinein musste er von diesem ersten Besuch erzählen. Irgendwann, da lief das Verhör schon eine ganze Weile, fragte Smith' Anwalt, in welche Richtung sich die Wohnungstür geöffnet habe und ich weiß nicht mehr, was er sagte, jedenfalls sagte er es genau anders herum, als am Anfang des Verhörs – und da hatte der Anwalt ihn: Er ließ nicht mehr locker. Smith wurde am Ende in die Staaten versetzt.

Bettina Leder: Wie genau wusste eigentlich Dein Vater, wie nah Ihr Euch gestanden habt, Josef und Du?

Wolfgang Lauinger: *Natürlich wusste er das, er hat sogar dem Gericht angegeben, der Josef hätte mich durch das homosexuelle Verhältnis in der Hand gehabt.*

Bettina Leder: Was hat er getan?

Wolfgang Lauinger: *Er hat gesagt: „Mein Sohn war ihm hörig, und deshalb ist der Steingass ein Verbrecher: Er hat die Hörigkeit und Jugend meines Sohnes ausgenutzt."*

Bettina Leder: Das hast Du mir noch nie erzählt.

Wolfgang Lauinger: *Es sind so viele Sachen, die ich Dir noch nicht erzählt habe. Wir würden noch zehn Jahre brauchen, bis Du alles erfährst.*

Bettina Leder: Kann es sein, dass der Zorn Deines Vaters daher kommt? Dass es nicht nur darum ging, dass Du seine Sachen an Josef verkauft hast, sondern auch um das homosexuelle Verhältnis?

Wolfgang Lauinger: *Das weiß ich nicht.*

Bettina Leder: Ich nehme an, Homosexualität war nichts Anständiges für Deinen Vater?

Wolfgang Lauinger: *Weiß ich nicht. Ich kann mir das nicht vorstellen, weil er davon erst mal keine Ahnung hatte. Beim ersten Prozess gegen Josef, der noch vor einem Gericht der amerikanischen Militärregierung stattfand, wusste er es nicht. Er hat es erst später irgendwie herausbekommen. Was hat das aber mit den Vermögenswerten zu tun?*

Bettina Leder: Mir scheint, dass Josef für ihn nicht nur der Mann war, der seine Möbel erworben hatte, sondern zugleich der, der „Deine Abhängigkeit und Jugend ausgenutzt hat".

Wolfgang Lauinger: *Ich muss den Gerichtsbeschluss raus suchen, ich hab ihn irgendwo.* (Er geht ihn suchen und kommt zurück.) *Da steht, der Vater macht geltend, dass Steingass ausgenutzt hat „die Jugend, Unerfahrenheit und den Leichtsinn" seines alleinstehenden und in Not geratenen Sohnes, der ihm gegenüber auch in einer gewissen, sogar strafbaren Abhängigkeit gestanden habe, „um sich in den Besitz der Sachen zu setzen."*[23] *Er hat also versucht, das alles auf die Abhängigkeit zu schieben.*

Bettina Leder: Im Grunde hat er Josef und Dich mit dieser Äußerung vor Gericht angezeigt, Artur wusste doch, dass es den Paragraph 175 gibt.

Wolfgang Lauinger: –

Bettina Leder: Hat es jemals ein Gespräch zwischen Deinem Vater und Dir darüber gegeben?

Wolfgang Lauinger: *Nein, nein, das hat es nie gegeben, das war völlig witzlos.*

Bettina Leder: Erinnerst Du noch, wann und wie Du von den Äußerungen Deines Vaters erfahren hast?

Wolfgang Lauinger: *Nein. Nicht genau. Hat Josef mir davon erzählt? Nein, ich glaube, nicht. Es kann sein, dass ich den Beschluss nach Elisabeth von Kaysers Tod in den Unterlagen des Vaters gefunden habe, die sie aufbewahrt hatte.*

Bettina Leder: Als Du erfahren hast, was Dein Vater vor Gericht gesagt hat: Das muss Dich doch irrsinnig getroffen haben.

Wolfgang Lauinger: *Wen?*

Bettina Leder: Dich!

Wolfgang: *Getroffen? In welcher Form getroffen?*

Bettina Leder: Ich meine, es muss Dich verletzt haben.

Wolfgang: *Das ist eine ganz andere Sache. Ich wusste, dass mein Vater ein konservativer Mann war; die Toleranz, die es heute gibt, kannte er gar nicht. Und für mich war das ganz klar, dass er als eingefleischter Konservativer nicht aus seiner Haut raus konnte. Und die Tatsache, dass es sein Sohn war, tja. – Es war eine Kluft entstanden. Durch die Trennung während der Nazizeit. Und dann gab es nach seiner Rückkehr wegen meines Lebenswandels sofort wieder eine Trennung. Das Verhältnis wurde erst wieder besser, als der Vater älter wurde und krank. Erst als ich die neue Stellung hatte und ein anständiger Mann geworden war – solide, Auto, Wohnung, Beruf. Ich will es mal so sagen: Gerade, weil es der Vater war, hat mich die Sache nicht getroffen. Wenn es nicht der Vater gewesen wäre mit dieser Anzeige vor Gericht, dann hätte ich mir gesagt: Den mach ich fertig. Aber weil es mein Vater war, sagte ich mir: Es ist sein Recht, er ärgert sich, findet, sein Sohn ist missraten, er ist nicht in seine Fußstapfen getreten – aus welchen Gründen auch immer. Warum das so war, war völlig unwichtig für ihn. Er hat die Toleranz nicht, dann bin ich eben tolerant und sag: Lass' dem alten Mann seine Einstellung, er wird sie sowieso nie ändern, was soll ich da ein großes Theater drum machen. Also, gerade weil es der Vater war, hat es mich kaum getroffen. Ich habe eine Ungerechtigkeit gesehen. Andererseits, jeder Mensch ist mal ungerecht. Mein Vater war oft ungerecht, zum Beispiel Emilie gegenüber. Er war ungerecht sicher in vielen Dingen, obwohl er als Freimaurer Gerechtigkeit und Humanität geschworen hatte. Aber ich will da gar nicht so …, will da heute gar nicht so urteilen. Das ist passiert, und da muss man mit leben können, oder?*

Bettina Leder: Ja, Du lebst damit. Ich möchte trotzdem verstehen, wie es damals für Dich gewesen ist.

Wolfgang Lauinger: *Sieh es mal so: Die ersten vierzig Jahre meines Lebens war ich wirklich der Letzte, der sich mit Familie und Moral groß befasst hat. Ich habe mir keine Gedanken darüber gemacht. Es war die Nachkriegszeit, ich wollte leben, wollte wieder auf die Beine kommen, und da war kein Raum für solche Überlegungen; heute ja, aber damals wirklich nicht.*

Bettina Leder: Wurde Deine Homosexualität eigentlich erst nach dem Krieg zum Anlass von Auseinandersetzungen mit Deinem Vater oder hatte sich das schon vor Arturs Emigration angedeutet?

Wolfgang Lauinger: *Nein, das konnte ja gar nicht sein, weil er gar nicht wusste, wie seine Kinder leben.*

Bettina Leder: Meinst Du denn wirklich, er hat es damals überhaupt nicht gewusst?

Wolfgang Lauinger: *Der hat das nicht mitgekriegt. Er wusste gar nicht, wie der Herbert und ich leben. Wir waren seine Söhne, er hat uns versorgt, aber er wusste nicht, wie wir denken und fühlen, er hatte keine Ahnung.*

Bettina Leder: Woher wusste er nach dem Krieg von Deiner Beziehungen zu Josef?

Wolfgang Lauinger: *Ich nehme an, dass seine Anwälte, die ihn vor Gericht vertreten haben, es herausgefunden haben. Josef war ja vorbestraft.*

Bettina Leder: Wegen Verstoßes gegen Paragraph 175.

Wolfgang *Lauinger: Ja, und ich nehme an, dass die Anwälte, die den Vater vertreten haben, versucht haben, Material gegen Josef zu finden. Sie werden recherchiert haben. Aber verschwiegen haben sie, dass er Nazigegner war, obwohl sie sicher auch das wussten. Und Josef hat vor Gericht auch nicht davon gesprochen, dass er unter den Verfolgungen gelitten hatte, im Gefängnis gewesen war. Er hat es überhaupt nicht erwähnt. Es ging ihm nur darum, sich zu rechtfertigen. Zu erklären, dass er mir die Sachen abgekauft und mir das Geld gegeben hatte, damit ich leben, die Krankenhausrechnungen bezahlen konnte, dass er sich niemals an dem Eigentum eines Juden bereichern wollte, wie der Vater es behauptet hat.*

Bettina Leder: Es hat kein Gespräch zwischen Euch darüber gegeben?

Wolfgang Lauinger: *Nein, nicht darüber. Am Anfang, als die Geschichte los ging nach der Rückkehr des Vaters, da habe ich versucht zu vermitteln und es kann sein, dass die beiden da sogar noch miteinander gesprochen haben. Jedenfalls hat Josef sofort gesagt: Was ich von den Möbeln noch habe, das meiste war ja verbrannt bei den Bombenangriffen auf Frankfurt, schicke ich sofort zurück. Und der Vater hat alles angenommen, aber das hat ihm nicht gereicht: „Nein, hier ist der Verderber, der hat meinen Sohn verdorben und der kriegt jetzt eine druff." Er hat geglaubt, Josef habe meinen Lebenswandel kaputt gemacht.*

Bettina Leder: Ich frage mich, ob Dein Vater nicht schon mit Deinem Lebenswandel unzufrieden war, als er emigrierte und Dich in Deutschland ließ?

Wolfgang Lauinger: *Ich weiß nicht, wie es in anderen Familien ist, aber ich stelle mir vor, dass die meisten Eltern, die Kinder in die Welt setzen, annehmen: Die müssen so werden wie ich oder mir zumindest ähnlich. Und dann ärgern sie sich oder zweifeln, wenn sie merken, dass es anders kommt: Der eine schnupft Kokain, der andere macht jenes – es gibt unzählige Fälle, wo etwas aus dem Ruder läuft. Dann suchen sie die Schuld nicht bei sich, dass sie vielleicht falsche Wege in der Erziehung gegangen sind; sie sagen, das sind die anderen, die haben die Schuld. Eltern suchen in jedem Fall einen Sündenbock für das, was mit den Kindern schief läuft. Auf der anderen Seite wollen sie nicht sehen, dass im Leben nicht alles so wird, wie man es sich vorstellt und auch die eigenen Kinder nicht verschont bleiben. Kein Mensch kann sagen, wie ich mich entwickelt hätte, wenn die Nazis nicht gekommen wären. Ich weiß nur, dass die Entstehung des Nationalsozialismus einen wesentlichen Anteil daran hatte, dass mein Leben sich völlig anders entwickelt hat als unter normalen Umständen. Ob zum Guten oder Unguten, das ist völlig unwichtig. Es war ein Einschnitt in ein Leben, ein ganz gewaltiger Einschnitt. Die Tatsache, dass die Familie auswandern musste als ich noch jung war, hat alles verändert – mit dem Vater ja auch! Normalerweise hätte ich vielleicht studiert oder wie der Vater einen gehobenen Beruf gehabt. In der Begründung der Wiedergutmachung, als ich 5.000 Mark Entschädigung bekam, hieß es: Die Wiedergutmachungsbehörde erkennt an, dass sich alles ganz anders entwickelt hätte, und nun hat der arme Mann eben einen Anspruch drauf, ein paar tausend Mark zu bekommen, obwohl dieser Betrag lächerlich ist im Verhältnis dazu, was er in Kauf nehmen musste. Aber man hat ihm halt – wie es so schön heißt – für Ausbildungsschäden 5.000 Mark gegeben.*

Bettina Leder: Ich will noch mal zurück zu dem Sündenbock, von dem Du eben gesprochen hast. Meinst Du, dass Josef für Artur der Sündenbock gewesen ist?

Wolfgang Lauinger: *Ja, natürlich.*

Bettina Leder: Warst Du als Sohn es nicht auch?

Wolfgang Lauinger: *So habe ich das nie gesehen. – Eigentlich habe ich das ja nie richtig gekannt: liebevolle Eltern. Wenn ich heute zum Beispiel bei Peter Beutel bin und das Verhältnis zwischen ihm, auch seinen Geschwistern und seinen Eltern sehe, so sag ich mir: Eigentlich schade, dass ich so was nicht auch erleben konnte, wenn die Kinder erwachsen sind und alle sitzen zusammen: Der Vater, die Mutter, alle strahlen Freundlichkeit und Herzlichkeit untereinander aus. Man merkt, das ist echt Familie. Und das hab ich ja nie gehabt, und deshalb konnte ich es auch nicht vermissen. Das habe ich Dir ja erzählt: Wie meine Mutter mir mal den Vorwurf gemacht hat, dass ich sie nicht genug beachte. Da war sie schon sechzig, siebzig Jahre alt und wir haben in einem Restaurant am Neckar gesessen und haben gegessen, ich bin ja alle vierzehn Tage, drei Wochen mal bei ihr gewesen, und dann sagte sie: Du kümmerst Dich nicht, ich bin doch schließlich Deine Mutter. Sie wollte, dass wir mehr Kontakt haben, und dann sind wir etwas in Streit geraten, und ich hab ihr gesagt: „Hör mal, Mutter, Du kannst von mir keine mütterlichen Gefühle erwarten. Wie ich fünf Jahr alt war, bist Du weggegangen, sicher aus guten Gründen; aber ich hatte gar keine Mutter. Das andere waren Kindermädchen und Stiefmütter, die haben mehr oder weniger den Haushalt geführt, aber mütterliche Gefühle hab ich doch nie kennen gelernt. Wie kannst Du also von mir vierzig, fünfzig Jahr später plötzlich erwarten, dass ich Dich in den Arm nehme und küsse und sage: ‚Liebe Mutti, wenn Du nicht wärst, wär' ich nicht am Leben?' Das kannst Du von mir nicht erwarten, Du bist für mich eine nette Frau, Du bist für mich wie eine gute, freundliche Bekannte, die ich sehr gerne habe." Und sie war so tief beleidigt – jeder Brief, der kam, war nicht mehr mit „Deine Mutter" unterschrieben, sondern sie schrieb „Deine Bekannte". Genauso war es mit dem Vater, der war doch immer im Beruf unterwegs. Er kam nachts um eins nach Hause, morgens um sieben ist er weg, und ich hab ihn ab und zu mal zum Mittagessen gesehen. Der hat mich versorgt, fantastisch versorgt. Aber wie soll man dann in einer Auseinandersetzung dreißig Jahre später Betroffenheit erleben?*

Bettina Leder: Ich hab Dich mal – ganz früh, am Anfang unserer Gespräche – gefragt, ob Dein Vater einer war, der Dich manchmal in den Arm oder auf den Schoß genommen hat.

Wolfgang Lauinger: *Ich weiß nicht, ich hab keine Erinnerung daran. Ich habe auch keine Erinnerung, dass ich von ihm einen Kuss bekommen habe. Von der Emilie schon gar nicht, was Tilde, die erste Frau gemacht hat, weiß ich nicht, ob's die Kindermädchen getan haben, weiß ich auch nicht. Ich erinnere mich ganz dunkel, dass ich vor einem Gewitter Angst hatte, ich war drei oder vier Jahr und dass der Vater oder die Mutter mich ins Gräbele geholt haben. Aber das ist ganz vage.*

Wolfgang Lauinger

Josef hatte seine Firma nach dem Krieg zurückbekommen, große Kredite aufgenommen und von vorn angefangen. In den ersten Jahren wohnte er auf dem Firmengelände und sehr schnell schien er wieder sein altes Leben zu leben: Elegant gekleidet, fuhr er in einem Horch durch die Gegend. Den hatte er schon früher besessen, einen richtigen Horch mit einer Trennwand hinter dem Fahrersitz. Bei Kriegsbeginn hatte er ihn unter allerlei Gerümpel vergraben, damit er nicht konfisziert werden konnte und nach Kriegsende wieder herausgeholt: Er war verdreckt, aber sonst vollkommen in Ordnung. Wenn Josef abends in Kneipen oder Restaurants unterwegs war und die Sperrstunde kam, hatte er die Angewohnheit, die

Leute einzuladen: „Kommt, wir trinken daheim noch weiter.“ Manchmal waren wildfremde dabei. Er packte sie alle in den Wagen und fuhr mit ihnen nach Isenburg. Wenn er dann keine Lust mehr hatte oder zu müde war, musste ich die betrunkene Gesellschaft nach Hause fahren. Ich weiß noch, wie Josef einmal auf dem Weg von der Kneipe nach Hause am Isenburger Schwimmbad vorbei fuhr, das direkt an der Straße lag. Er bekam die Kurve nicht. Der Horch durchbrach den Zaun, streifte die hölzernen Umkleidekabinen, dass die Bretter durch die Gegend flogen und kam kurz vor dem Schwimmbecken zum Stehen. Josef stieg seelenruhig aus, lief die 50 Meter zum Haus zu Fuß und sagte zu mir: „Morgen früh musst Du den Wagen holen.“ Dann rief er den Direktor vom Schwimmbad an: „Lass alles reparieren und schick mir die Rechnung.“

Ungefähr 1953 habe ich noch einmal ein, zwei Jahre für ihn gearbeitet. Da war er schon wieder enorm erfolgreich, eine zweite Karriere. Eines Tages klingelte es und als ich die Tür öffnete, sah ich in einen riesigen Blumenstrauß – den schickte die Commerzbank, er war wieder schuldenfrei. Ich habe seinen Wagen gepflegt, jetzt war es ein teurer Chevrolet, den er bei Becker in Düsseldorf gekauft hatte; der musste jeden Tag frisch gewaschen werden. Ich habe ihn chauffiert. Manchmal fuhren wir nach Solingen, woher die Familie ursprünglich stammte. Sein alter Vater war dorthin zurückgekehrt und lebte in einem Katholischen Stift; ich glaube, er war schon um die 90 Jahre alt. Wenn Josef ihn besuchte, setzte ich ihn beim Stift ab, hatte ein paar Stunden frei und schlenderte durch die Stadt. Einmal entdeckte ich dabei ein Geschäft, im Schaufenster lag eine rote Fliege, in die ich sofort vernarrt war. Ich sah sie lange an, dann ging ich hinein und kaufte sie. Wie immer, wenn ich Josef fuhr, trug ich an diesem Tag einen dunklen Anzug und ein weißes Hemd mit Krawatte, das war Bedingung. Noch im Geschäft tauschte ich die Krawatte gegen meine neue Fliege. Als ich zum Stift zurückkehrte, sah ich, wie der alte Herr Steingass mit Josef gerade aus dem Haus kam. Ich fuhr vor, machte die Wagentür auf, sagte: „Guten Tag“, sah Josef in die Augen und wusste: Jetzt geht's los. Was hat er für ein Theater gemacht! Geschrien! „Unverschämtheit! Das Ding kannst Du in Deiner Freizeit tragen, aber nicht im Dienst.“ Es war peinlich, aber eigentlich nicht für mich, sondern für ihn. Er brüllte, weil sein Chauffeur im Dienst eine schwarze oder dunkelgraue Krawatte zu tragen hatte. Ich kannte das. Er war einer, der glaubte, andere herumkommandieren zu können. Und er war hart, unglaublich hart, aber auch durchsetzungsstark und entschlossen: Dafür hatte ich ihn in meiner Jugend bewundert. Ich glaube, ich wollte damals selbst so sein, unempfindlicher. Nun fing ich an zu verstehen, dass Josef die Beziehung zu anderen Menschen fehlte. Es schien alles da zu sein: Geld, ein gutes Leben, aber keine wirklichen menschlichen Beziehungen, keine Liebesverhältnisse. Er war nicht der Typ, in den man sich verlieben konnte. In all den vielen Jahren habe ich in seiner ganzen Umgebung niemanden kennen gelernt, von dem ich dachte, dass er ein echtes Gefühl für Josef hatte. Für Josef war alles ein Geschäft, ich glaube, er war sehr einsam und unglücklich. Er hatte wahnsinnig viel erlebt, aber kein Glück. – Fiel es mir damals erst auf? Hatte er sich verändert? Hatte ich mich verändert?

Wir lebten in Josefs großer Wohnung am Palmengarten, in der er mir ein Zimmer gegeben hatte. Ich weiß noch, wie ich dort kurz nach meinem Einzug auf dem Balkon gesessen habe und an meinen Bruder Herbert schrieb. Wir schrieben uns nicht oft, aber die Verbindung war wieder hergestellt und manchmal tauschten wir uns über den Vater, Elisabeth und Emilie aus. Herbert wollte in Argentinien bleiben. Er hatte Karriere gemacht und eine jüdische Frau geheiratet, sein Sohn Thomas, mit dem mich heute eine herzliche Beziehung verbindet, war schon geboren worden. Sie lebten alle nah bei Emilie, die für Herberts Kinder eine Großmutter wurde. In diesem Brief schrieb ich ihm, dass sich die Verhältnisse in Deutschland zu stabilisieren schienen, dass ich aber, sollte der Schein trügen, dieses Mal rechtzeitig verschwinden würde. Sonst habe ich ihm von meinem Leben wenig erzählt.

Josef hatte mich als Butler eingestellt. Ich kümmerte mich um seine eleganten Anzüge und sorgte dafür, dass die Hemden gebügelt wurden. Abends empfing ich seine Gäste und bediente sie; wenn sie ihm auf die Nerven gingen, musste ich sie hinauswerfen. Er trank viel, sehr viel. Und dann konnte man beinahe Angst vor ihm bekommen: Sein Gesicht, die Augen versteinerten, er wirkte eiskalt. Man konnte manchmal glauben, dass Menschen ihm gar nichts bedeuten. Eines Tages hat er mir gekündigt. „Lass Dir von meiner Sekretärin die Gehaltsabrechnung geben und wenn Du noch was brauchst, dann gebe ich Dir Geld." Ich bin aus den Wolken gefallen. Dachte, was soll das? Aber er sagte nur, dass ich mein Zimmer bis zum soundsovielten räumen müsse, dann käme der neue Butler und das Zimmer müsse frei sein. Damals war ich wütend auf Josef. Wir trafen uns danach noch manchmal in einer der Frankfurter Kneipen, aber der alte Zusammenhalt war verloren. Wir begegneten uns wie entfernte Bekannte und nicht wie Menschen, die eine lange Freundschaft verbunden hatte. Später ist er nach Acapulco ausgewandert.

Eine Weile war ich arbeitslos. Ich hatte eine kleine Wohnung, die ich gerade so bezahlen konnte. Da saß ich eines Morgens beim Frühstück und las die Frankfurter Rundschau. Woher kam plötzlich dieser Gedanke? Ich habe keine Ahnung, aber plötzlich dachte ich, dass es so nicht weiterginge, dass ich noch etwas aus meinem Leben machen müsse. Mein Blick fiel auf eine Anzeige von Ernst Weinig. Ich kannte seinen Namen: Weinig hatte gute Beziehungen zu den Amerikanern. Nur so hatte er schon

1947 in Frankfurt das erste Taxiunternehmen gründen können. Die „Export-Taxis" durften damals nur von Amerikanern benutzt werden. Jetzt fuhren längst Deutsche in den Taxis durch die Stadt, das Wirtschaftswunder war unterwegs, es war das Jahr 1956. Weinig verdiente sein Geld mittlerweile vor allem mit wohlhabenden amerikanischen Touristen, denen er einen Chauffeurservice für Europa- und Deutschlandreisen anbot. Er suchte einen Chauffeur und ich bewarb mich. Eigentlich sollte es nur eine Beschäftigung auf Zeit sein, aber es kam anders. Ich brauchte, um für Weinig fahren zu können, einen guten Anzug, aber ich hatte kein Geld. Nachdem er eine Weile mit mir durch die Stadt gefahren war und gesehen hatte, dass ich anständig Auto fuhr und mich auch den Anforderungen entsprechend gediegen benehmen konnte, hat er mir 100 Mark vorgeschossen. Ich kaufte den Anzug und Weinig beauftragte mich mit Touren. Als die Jobs nach ein paar Wochen erledigt waren, war ich wieder arbeitslos und saß zu Hause. Eines Tages klingelte das Telefon: „Herr Lauinger, Sie haben Ihre Schulden noch nicht abbezahlt". „Ja", sagte ich, „das kann ich auch nicht. Ich habe keine Arbeit, ich verdiene nichts." Da hat er mir wieder Aufträge gegeben und irgendwann hat er mich fest eingestellt. Hätte mir damals jemand gesagt, dass ich am Ende lebenslang in dieser Firma bleiben würde, ich hätte wohl gesagt: Niemals. 1965 verkaufte Weinig das Unternehmen an Avis, und hier habe ich dann so etwas wie eine Karriere gemacht. Aber das ist eine andere Geschichte.

Nachdem ich fest eingestellt worden war, brauchte ich eine Genehmigung, um auf das Flughafengelände fahren und die Gäste abholen zu können. Also stellte ich bei den Amerikanern einen Antrag – und da erst kam es heraus: Nach der Verhaftung 1950 war ein Flughafenverbot über mich verhängt worden. Ich verstand es nicht. Nach meiner Freilassung hatte ich drei Jahre im Lager des Offizierskasinos gearbeitet, aber offensichtlich hatte nicht nur ich keine Ahnung von dem Verbot. Niemand hatte davon gewusst, ich war problemlos eingestellt worden. Als es nun heraus kam, dachte ich, die Vergangenheit holt mich wieder ein, aber die Sache hat sich schnell klären lassen und für mich begann eine neue Zeit. Jahrelang reiste ich kreuz und quer durch Europa, überführte Wagen, fuhr mit den amerikanischen Gästen nach Nizza, Mailand, Rom und lernte dabei tolle Leute kennen. Aber auch das ist eine andere Geschichte. Einmal noch habe ich Josef wieder gesehen: Er hatte einen Prokuristen in der Firma, dem er vertraute und sein Bruder Rudolf war Geschäftsführer. Gelegentlich kam Josef aus Acapulco und sah nach dem Rechten. Bei einem dieser Besuche muss es gewesen sein: Wir sprachen darüber, wie er mich hinausgeworfen hatte. „Du musstest endlich mal selbst etwas unternehmen, selbst etwas machen", sagte er. „Wenn ich Dir diesen Tritt nicht gegeben hätte, wärest Du nie auf die eigenen Füße gekommen."

Dann wurden die Jost-Werke verkauft; ich glaube, danach kam er nie wieder. Er ist 1972 gestorben, er war noch nicht einmal 57 Jahre alt.

Heute denke ich, er hat Recht gehabt. Er musste mir den Tritt geben. Ich hatte mich an das bequeme Leben gewöhnt, aber es war nicht mein Leben. Zum ersten Mal hatte ich nun eine feste Arbeit, ein regelmäßiges Einkommen, eine Wohnung, ein Auto, war mein eigener Herr, da rief mich eines Tages Elisabeth von Kayser an. Artur hatte sich scheiden lassen und sie geheiratet. „Du warst jetzt so lange nicht da, der Vater ist alt und krank." Ich dachte: Ja, er ist alt. Und wenn er ungerecht ist, muss ich es nicht sein. Ich besuchte ihn. Damals ist das Foto entstanden, auf dem wir alle auf dem Sofa sitzen. Artur kämpfte noch immer um seine Wiedergutmachung. Schon 1950 hatte er einen Antrag auf Entschädigung für die Haft in Buchenwald gestellt. Die Antwort war weit über ein Jahr später gekommen: 150 Mark wurden ihm zugesprochen – für jeden Tag in Buchenwald 5 Mark. Mittlerweile war auch das „Gesetz zur Wiedergutmachung des nationalsozialistischen Unrechts“ erlassen worden. Der Vater hatte an den Hessischen Innenminister geschrieben und nun eine Entschädigung für den Verlust der Wohnungseinrichtung, seiner Sammlungen und Bücher sowie für all jene Gegenstände, die ihm im KZ Buchenwald abgenommen worden waren, beantragt. Auch für das ihm bei der Frankfurter Zeitung durch seine Entlassung entgangene Gehalt verlangte er Entschädigung. Er schrieb, was die Emigration für ihn bedeutet hatte, dass er im fortgeschrittenen Alter lange keine Arbeit gefunden und über lange Zeit auf die Unterstützung von Herbert, der jüdischen Wohlfahrt und von Londoner Logenfreunden angewiesen gewesen war. Die englische Regierung hatte die Kosten seiner Rückreise nach Deutschland übernommen. Er hatte zum ersten Mal in seinem Leben Schulden gemacht. Alles in allem schätzte er den ihm durch den Nationalsozialismus zugefügten Schaden damals auf einen Betrag zwischen 150.000 und 200.000 Mark. In der Antwort hatte es geheißen, dass man zur weiteren Bearbeitung des „Antrages auf Wiedergutmachung von Schaden im wirtschaftlichen Fortkommen“ noch einige Punkte klären müsse, unter anderem die Frage, wer 1937/38 das Berufsverbot ausgesprochen habe, eine staatliche oder nazistische Stelle. „Oder ergab sich dies aus einer vom Arbeitgeber ausgesprochenen Kündigung?“[24] So kurz war das Gedächtnis!

Es war der Anfang eines jahrelangen Schriftwechsels zwischen dem Vater und den verschiedenen zuständigen Behörden. Die Gesetzeslage war schwierig und die Stimmung ohnehin gegen die Wiedergutmachung. Der Vater hat das, wie es seine Art war, bis zu einem gewissen Punkt nachvollzogen. In einem Artikel schrieb er, dass es für die Bundesrepublik schwer sei, die hohen Wiedergutmachungsbeträge aufzubringen. Aber auch sein Antrag wurde jahrelang von einem Schreibtisch auf den nächsten geschoben: Immer neuen Nachfragen folgte die Auszahlung irgendeines kleinen Betrages, dann eine Ablehnung, neue Anträge, Beweisforderungen. Es ging vielen wie ihm. Am 12. Februar 1958 erging schließlich der Bescheid.

> „Der Antrag wegen Entschädigung der in Verlust geratenen Bücher, Uhr mit Kette, Bargeld und Kleiderverlust konnte keinen Erfolg haben und mußte abgelehnt werden. Die Bücher wurden von SA-Leuten mit Lastautos aus der Wohnung des Antragstellers abgeholt, also beschlagnahmt. Dabei kann dahingestellt bleiben, ob der vom Antragsteller angegebene Wert in Höhe von 30.000 RM nicht überhöht ist. Auf keinen Fall ist der Tatbestand einer Plünderung gegeben, da laut Einlassung des Antragstellers die von der SA abgeholten Bücher später über Holland nach Amerika zwecks Devisenbeschaffung verkauft wurden und außerdem bei Übernahme demselben ein kleines Entgelt gezahlt wurde. Die dem Antragsteller bei der Einlieferung ins KZ abgenommenen Wertgegenstände, wie Uhr, Kette, Bargeld und Kleidung gingen ihm nicht durch Plünderung verloren, da allgemein bekannt ist, daß den Häftlingen bei der Einlieferung ins Gefängnis beziehungsweise KZ-Lager Wertgegenstände zu dem Zwecke abgenommen wurden, damit diese in einer Asservatenkammer aufbewahrt und bei Entlassung wieder zurückgegeben werden können. Es handelt sich einwandfrei um eine Entziehung von Wertgegenständen, die gemäß §5 BEG nicht entschädigungsfähig ist. Es wird dem Antragsteller anheimgestellt wegen des ihm entstandenen Schadens Ansprüche nach dem Bundesrückerstattungsgesetz bei dem hierfür zuständigen Verwaltungsamt für innere Restitution zu stellen."[25]

Der Vater hat den Antrag gestellt. Noch einmal schrieb er seitenlang die Geschichte seiner Ausplünderung auf: Wie die SA seine Bücher mitgenommen und ihm wie zu Hohn 50 Pfennige pro Band bezahlt hatte, wie er Gold-, Silber- und Schmuckgegenstände hatte abliefern müssen, wie er die Uhr des Großvaters in Buchenwald nicht zurückbekommen hatte. Sein Anwalt bat – mit Rücksicht auf das hohe Alter des Vaters – um beschleunigte Bearbeitung, aber es vergingen noch einmal fast zwei Jahre, bevor am 14.12.1959 die Sache endlich ihren Abschluss fand. Der Vater bekam zwei Jahre vor seinem Tod 16.000 Mark Schadensersatz nach Maßgabe des „Bundesrückerstattungsgesetzes". Als er 1959 seinen 80. Geburtstag feierte, gab er ein Interview: „Im Übrigen habe ich die erfreuliche Erfahrung gemacht, dass ich in Deutschland mit offenen Armen aufgenommen worden bin. Nicht nur bei den staatlichen und städtischen Behörden, nicht nur in Kollegenkreisen, sondern bei den Menschen überhaupt. Und so ist es tatsächlich so gekommen, dass ich in meinen höheren Jahren – als ich zurückkam war ich schon über 65 Jahre alt – eigentlich jedes Jahr schöner war als das vorangegangene. Ich habe sehr rasch Anschluss an die alte Welt, aus der ich gekommen war, gefunden. Und so kann ich nur sagen: Ich fühle mich in Deutschland wieder sehr wohl und bin glücklich, wieder hier zu sein."[26]

So war er. Als er starb, ließ er sich im Familiengrab der Familie von Kayser in Darmstadt beisetzen: Das hatte er sich gewünscht. Unser Verhältnis hat sich nie wieder hergestellt.

Wolfgang Lauingers erstes Auto nach dem Krieg; im Hintergrund die Ehefrau Carlo Gramlichs

Artur Lauinger beim Diktat, 1950er Jahre

Verleihung des Großen Verdienstkreuzes der Bundesrepublik Deutschland an Artur Lauinger durch den hessischen Ministerpräsidenten Georg-August Zinn, 1953. In der Mitte Benno Reifenberg.

Hochzeit von Artur Lauinger und Elisabeth von Kayser, 1954

Thomas, der im argentinischen Exil geborene Sohn Herbert Lauingers, zu Besuch bei seinem Großvater Artur Lauinger und dessen Ehefrau Elisabeth in Frankfurt 1960

Wolfgang, Elisabeth und Artur Lauinger, Ende der 1950er Jahre

Wolfgang Lauinger, ca. 1953

Wolfgang Lauinger und Franz Kremer, ca. 2003

Nachwort

Was ist aus Wolfgang Lauinger geworden, wird vermutlich mancher fragen und ich will nachtragen, was mir wichtig erscheint.

1965 verkaufte Ernst Weinig sein Unternehmen an die Firma Avis. Wolfgang blieb in der Firma und hat weit über den Beginn seines Rentenalters hinaus für Avis gearbeitet. Wolfgang ist jedoch auch ein politisch aktiver Mensch. 1974 trat er gemeinsam mit einigen Freunden aus dem Nerother Wandervogel aus. In der Hoffnung, alte Freundschaften weiter pflegen zu können und eine Auseinandersetzung mit rechten Tendenzen innerhalb der Bünde initiieren zu können, kauften sie ein Burggelände und gründeten das Freie Bildungswerk Balduinstein als überbündische Begegnungsstätte. Wolfgang ist überzeugt davon, dass Bildung und Aufklärung von Jugendlichen eine entscheidende Rolle im Kampf gegen den Rechtsextremismus spielen. Nicht nur auf der Burg, auch in zahlreichen Schulen führt er Veranstaltungen durch, in denen er mit jungen Leuten ins Gespräch kommt. Die Auseinandersetzung mit der Vergangenheit versteht er politisch; er begreift die Vergangenheit als Teil unserer Gegenwart. Es ist ihm unverständlich, wie die deutsche Politik und Teile der Gesellschaft sich beispielsweise Flüchtlingen gegenüber verhalten. Viele Jahre lang hat er dafür gekämpft, dass sein Freund Ramadan die deutsche Staatsbürgerschaft bekommt und die mazedonische behalten kann. Er hat sich um Arbeit für ihn bemüht und ist auf Ämter gegangen, die den jungen Familienvater mit unverständlichen Antworten abgespeist hatten.

Wolfgang verfolgt nicht nur ein politisches Bildungsideal, er handelt auch in seinem unmittelbaren Umfeld, er mischt sich ein und wird Manchem unbequem. Vor allem aber ist er vielen Menschen ein guter Freund.

Niemanden, der die Debatte um die Wiedergutmachung der Homosexuellen verfolgt hat, wird es wundern: Wolfgang hat bis heute keine Entschädigung erhalten. Vor einigen Jahren hat er sich entschieden, dafür zu kämpfen. „Wiedergutmachung" ist für ihn nicht unbedingt gleichbedeutend mit Geld; was er aber fordert, ist die Auseinandersetzung der Gesellschaft und insbesondere auch der Justiz mit dem Unrecht. Wie konnte es geschehen, dass der § 175 in seiner durch die Nationalsozialisten verschärften Form bis 1969 in Kraft blieb? Dass Richter und Staatsanwälte, die am Unrecht des Nationalsozialismus beteiligt gewesen waren, nach Kriegsende in Amt und Würden blieben? Ich möchte hinzufügen: Empfindet die Gesellschaft in der Bundesrepublik keine Verpflichtung gegenüber den Überlebenden, die heute hoch betagt und oft arm unter uns leben? „Nach 1945 habe ich erleben müssen, dass sich weder die Gefängniszellen noch die Richter in der jungen Bundesrepublik geändert hatten", schrieb er mir in einem Text für dieses Nachwort. „Eindeutige Distanz zum so genannten Dritten Reich war nicht zu erwarten. Auch heute wird bei konkreten Anfragen, wie es dazu kommen konnte, dass man von den gleichen Staatsanwälten auch nach der Befreiung gejagt werden konnte, entweder auf nebulöse Verjährungsfristen oder auf mangelnde Aktenlage verwiesen." Damit spielt er darauf an, dass er in den vergangenen Jahren mit seiner Forderung nach Wiedergutmachung von einem Ministerium zum nächsten und von einem Schreibtisch auf den anderen „verschoben" wurde. Kaum jemand hat es für nötig erachtet, Wolfgang Lauinger wenigstens ein Bedauern oder Anteilnahme auszusprechen oder ihm gar sachkundige Beratung zuteilwerden zu lassen.

Er bleibt hartnäckig. „Mein persönliches Anliegen ist, dass niemand wieder Opfer eines menschenverachtenden Systems wird, besser noch, dass es solches Gedankengut erst gar nicht mehr gibt. Ich möchte mit 100 Jahren nicht die Fortsetzung von Hoyerswerda, Rostock-Lichtenhagen, Mölln, Solingen, Magdeburger Himmelfahrtskommando oder des NSU in einer Zeitung oder einem Blog lesen. Mein Traum wäre es, dass die Worte Fritz von Unruhs wirklich werden. In seiner Paulskirchenrede forderte er, dass der ‚morastige Boden unserer letzten Vergangenheit wieder trockengelegt' werde. Ich bin ein Zeuge einer Zeit, die so unvorstellbar ist, dass ich jedem gerne in sein Pflichtenheft schreiben möchte: Setz Dich zur Wehr! Lass niemals braunes Gedankengut in deiner Umgebung zu. Erspare deinen Kindern eine Zeit des Hasses und der Gewalt. Lebe friedlich und frei!"

Anmerkungen

1 Schreiben der NSDAP, Gaugericht Hessen-Nassau, vom 19.9.1934 an das Oberste Parteigericht, II. Kammer, München. In: Herbert Westenburger: Wir pfeifen auf den ganzen Schwindel. Versuche jugendlicher Selbstbestimmung. Baunach. 2008. Anhang. Die weiteren Zitate in diesem Abschnitt vgl. ebd.

2 Die Urkunde ließ sich nicht auffinden, doch ist die Vertreibung wahrscheinlich Teil der „Rintfleisch-Verfolgung" gewesen. 1298 hatte „der verarmte Ritter Rintfleisch eine Hostienschändung im fränkischen Röttingen (behauptet), was gleichlautende Vorwürfe u.a. in Iphofen, Lauda, Weikersheim, Möckmühl und Würzburg auslöste. Rintfleisch sah sich durch eine persönliche Botschaft vom Himmel zum Vernichter aller Juden ernannt und zog ein halbes Jahr lang mit einer Bande von Totschlägern durch über 140 fränkische und schwäbische Ortschaften. Sie vergewaltigten, folterten und verbrannten bis zu 5000 Juden und Jüdinnen und töteten deren Kinder. Nur die Bürger von Augsburg und Regensburg schützten ihre jüdischen Einwohner." http://de.wikipedia.org/wiki/Hostienfrevel, 17.11.2014. Zur genauen Verbreitung des Pogroms vgl. http://www.frankenwiki.de/index.php/Rintfleisch-Pogrom.

3 Mathilde Schneider an Albert Oeser, Bad Homburg am 4. März 1946. Institut für Stadtgeschichte Frankfurt am Main, S1 / 130, Nachlässe, Nr. 484.

4 Josef Steingass. Siehe Personenregister.

5 Hans' Schwester Marlies Flesch-Thebesius hat das Schicksal der Familie im Nationalsozialismus ausführlich beschrieben. Flesch-Thebesius, Marlies: Hauptsache Schweigen. Ein Leben unterm Hakenkreuz. Stuttgart 1988.

6 In einem Beschluss in der Rückerstattungssache des Artur Lauinger gegen Joseph Steingass, Willy Lang und Firma H. Delliehausen vom 21.12.1950 wird Wolfgang Lauingers Aussage wiedergegeben: Josef Steingass habe „die Familienverhältnisse" der Lauingers „nicht gekannt, insbesondere nicht gewußt, daß der Antragsteller [d.i. Artur Lauinger] Jude und deshalb ausgewandet sei." Das Dokument befindet sich im Besitz Wolfgang Lauingers.

7 Spruchkammerakten Darmstadt, Vernehmung Carlo Ernst August Gramlich, geb. am 31.3.20 in Frankfurt, selbständiger Kaufmann, unverheiratet (HHStaW 461-31970-1).

8 Wahrscheinlich verwechselt Carlo Gramlich hier den Zeitpunkt der Vorladungen – November 1941 – mit dem Beginn der Gerichtsverhandlung im Februar 1942.

9 „Bericht über politisch unerwünschte Erscheinungen unter Jugendlichen im Bezirk der Staatspolizeistelle Frankfurt Main". Institut für Stadtgeschichte Frankfurt am Main, Signatur 1.794, S. 6f.

10 Ebd.

11 Margarete Glocker hat in dem Gespräch mit Wolfgang Lauinger die Hintergründe der Verhaftung ihres Mannes vermutlich nicht vollständig geschildert. In einem Brief vom 21.1.1946 heißt es: „Mein Mann ist wegen negativer politischer Einstellung zum ‚Dritten Reich', wegen meiner jüdischen Abstammung (ich bin rassemäßig Halbjüdin), Verweigerung des deutschen Grußes, staatsfeindlichen Äußerungen usw. öfters von der Gestapo verwarnt worden."
Zur Klärung der tatsächlichen Todesursache ihres Mannes wandte sich Margarete Glocker nach dem Krieg am 22.1. 1946 an das Informationsbüro im Konzentrationslager Dachau: „In der Prozeßverhandlung in Nürnberg vom 15.1.1946 sagte Herr Dr. Blaha [tschechischer Pathologe, der sowohl im Nürnberger Hauptkriegsverbrecherprozess als auch in den Dachauer Prozessen über medizinische Experimente an Häftlingen berichtete], Block 30, ist 3mal ausgestorben'. (…) Ich möchte Sie nun bitten, mir offen und wenn es für mich noch so schmerzlich ist über diesen Block 30 oder sonstige Versuche, die man evtl. mit meinem Mann gemacht haben könnte, Mitteilung zu machen." (Arolsen, Doc.No. 10068306#1 (1.1.6.2/GLGOC/ 00028 433/0002). Margarete Glocker wusste aus Nachrichten, die sie von ihrem Mann erhalten hatte, dass er in Block 30 untergebracht gewesen war. Ihr Verdacht konnte nicht geklärt werden.

12 Das Dokument befindet sich im Besitz Wolfgang Lauingers.

13 Institut für Stadtgeschichte Frankfurt am Main. Nachlässe S. 1 / 48, Nr. 19.

14 Mit Bezug auf das Gedicht von Kathinka Zitz-Halein: „Was geht es dich an".

15 Artur Lauinger an Albert Oeser, Frankfurt, 4.10.1946. Institut für Stadtgeschichte Frankfurt am Main. Nachlässe S1 / 130 Nr. 330.

16 Rudolf Eims: „Kronzeuge Blankenstein – unglaubwürdig". In: *Frankfurter Rundschau* vom 1.2.1951. Institut für Stadtgeschichte Frankfurt am Main, Nachlass Rudolf Eims, S1 / 169, Nr. 80.

17 Wolfgang Lauinger spielt an auf einen Satz von Hans Joachim Schoeps aus: „Überlegungen zum Problem der Homosexualität". In: „Der homosexuelle Nächste". Ein Symposion mit Hermanus Bianchi, Adriaan Leendert, Janse de Jonge u.a., Furche-Verlag, 2. Auflage, 1965, S. 86.

18 Diese Zahlen nennt Elmar Kraushaar in „Hundert Jahre schwul – eine Revue." Berlin, Rowohlt, 1997, S. 61. In *Der Spiegel* (Heft 48/1950) ist dagegen von 140 Anklagen die Rede, in der *Frankfurter Rundschau* vom 23. Januar 1951 von 185 Ermittlungen, „Hunderten von Vernehmungen", ca. 60 eingestellten Verfahren, 75 bereits erhobenen Anklagen und 50 zu diesem Zeitpunkt noch anhängigen Verfahren, „von denen etwa die Hälfte zur Anklage führen wird". Dieter Schiefelbein, der die bislang umfassendste Recherche und Einordnung der Vorgänge vorgelegt hat (D. Schiefelbein: „Wiederbeginn der juristischen Verfolgung homosexueller Männer. In: *Zeitschrift für Sexualforschung*, Jg. 5, H 1, März 1992, S. 59–73) zählt – „... berücksichtigen wir dazu auch einige Ermittlungen, die bisher nicht genannt sind, weil sie nicht eindeutig in den untersuchten Zusammenhang gebracht werden können" – bis zu 240 Ermittlungen gegen 280 Personen. „Etwa 100 Personen wurden verhaftet, 75 Anklagen wurden bis zum Jahresende [gemeint ist 1950] fertiggestellt, wovon die meisten ihren Abschluss in Prozessen mit Verurteilungen noch im Jahr 1950 fanden". (ebd., S. 64).

19 Rudolf Eims: „Frankfurter Staatsanwaltschaft auf Menschenjagd". In: *Frankfurter Rundschau* vom 23. Januar 1951, Institut für Stadtgeschichte Frankfurt am Main, Nachlass Rudolf Eims, S1 / 169, Nr. 80. Der Artikel erschien auch in *Der Kreis*, Eine Monatszeitschrift, XIX. Jahrgang, März 1951, Nr. 3.

20 Vgl. Rudolf Eims: „Kronzeuge Blankenstein – unglaubwürdig“; a.a.O.

21 Vgl. Rudolf Eims: „Ausnahmegerichte sind unzulässig“, *Frankfurter Rundschau*, 9.11.1950. Institut für Stadtgeschichte Frankfurt am Main, Nachlass Rudolf Eims, S1 / 169, Nr. 80.

22 „Eine Million Delikte“. In: *Der Spiegel*, Heft 48/1950.

23 Beschluß in der Rückerstattungssache des Artur Lauinger gegen Joseph Steingass, Willy Lang und Firma H. Delliehausen vom 21.12.1950. Das Dokument befindet sich im Besitz Wolfgang Lauingers.

24 Der Regierungspräsident in Wiesbaden an Artur Lauinger am 8. Mai 1952. Der Brief befindet sich im Besitz Wolfgang Lauingers.

25 Regierungspräsident, Entschädigungsbehörde, Wiesbaden, am 12. Februar 1958 an Artur Lauinger. Der Bescheid aus dem Nachlass Artur Lauingers ist im Besitz Wolfgang Lauingers.

26 Interview mit dem Hessischen Rundfunk aus dem Jahr 1958.

Glossar

Detaillistenverband
Verband der Einzelhändler (heute noch in der Schweiz gebräuchlicher Ausdruck)

Favag / Favag-Skandal
Die „Frankfurter Allgemeine Versicherungs-AG“, kurz Favag, hatte sich nach der Jahrhundertwende zu einem international operierenden Versicherungskonzern entwickelt. Im August 1929 kam es zum „Favag-Skandal“ Der zweitgrößte deutsche Versicherer musste Bilanzmanipulationen und Bilanzfälschungen einräumen. Mit hoch riskanten Geschäfte und steigenden Umsatzzahlen wurden über Jahre anwachsende Verluste verdeckt. Der Vorsitzende des Aufsichtsrats der Favag war letztlich ein Strohmann des Generaldirektors Dumcke, später seines Nachfolgers Becker. (Der Aufsichtsratsvorsitzende trug „in eingeweihten Kreisen den Namen ‚Unterschreibmaschine des Herrn Dumcke'“, Artur Lauinger, Typoskript) Da auch die anderen Mitglieder des Aufsichtsrats ihrer Funktion nicht nach kamen, konnten das Geschäftsgebaren über lange Zeit verheimlicht werden. „Das nahmen die Großbanken und die Großprivatbankhäuser offenbar sehr leicht: Die Tantiemen und Dividenden flossen, auch ließ sich wohl sonst bei manchen Geschäften mit der Favag und deren Gründungen allerhand verdienen: Der Favag-Prozess hat es gezeigt. Dass immer wieder in Millionenbeträgen Garantiescheine bzw. Bürgschaften des Favag-Konzerns für Geschäfte auftauchten, die einer Versicherungsgesellschaft nach jedem guten Brauch gar nicht zukamen; dass allerhand Wechsel, die Verdacht erregen mussten, in den Bankbüchern umliefen, störte niemanden im Kreis dieses Aufsichtsrats.“ (Ebd.) Bereits über zwei Jahre vor dem Zusammenbruch hatte Lauinger das Reichsaufsichtsamt für Privatversicherung auf die Finanzgeschäfte des Versicherungskonzerns hingewiesen und eine amtliche Untersuchung gefordert. Nichts geschah –, als die Schieflage schließlich öffentlich wurde und die beteiligten Banken nicht bereit waren, die volle Garantie für die Verpflichtungen der Favag – Verpflichtungen in zunächst unbe-

kannter Höhe – zu übernehmen, brach der Konzern zusammen. Lauinger begleitete im Anschluss den Prozess gegen die rechtlich Verantwortlichen journalistisch.

KZ Columbia/KZ Columbia-Haus
Ein frühes nationalsozialistisches Konzentrationslager am nördlichen Rand des Tempelhofer Feldes im Berliner Ortsteil Kreuzberg.

Monikaheim
Fürsorgeeinrichtung für sittlich gefährdete Mädchen und junge Frauen (im Volksmund: Heim für gefallene Mädchen). Die Trägerschaft lag häufig in den Händen der kath. Kirche/Caritas.

Nerother Wandervogel
Ein Wandervogelbund in der Tradition der Jugendbünde. Zweck des Bundes sind Wanderfahrten im In- und Ausland, Pflege von Volksliedgut und weitere gemeinsame Unternehmungen außerhalb der Städte. Der Nerother Wandervogel ist gegliedert in Orden, die aus einzelnen Fähnlein bestehen. Er hat eine aristokratische Führungsstruktur und ist ein reiner Jungenbund.
Der Name geht auf ein Treffen in der Mühlsteinhöhle am Nerother Kopf in der Vulkaneifel zurück, bei dem zu Silvester 1919 Angehörige des Wandervogel e.V. den neuen Bund gründeten und sich vom Wandervogel abspalteten.
Neben dem traditionellen Wandervogelleben war es das Ziel des Nerother Wandervogels, eine eigene Jugendburg als Denkmal für die gefallenen Wandervögel des (Ersten) Weltkriegs zu erbauen. Im Jahr 1922 wurde die Burgruine Waldeck im Hunsrück erworben. Der Umbau wurde begonnen, aber nicht vollendet. Im Juni 1933 wurde Burg Waldeck von HJ- und SA-Gruppen besetzt und der Nerother Wandervogel zur Selbstauflösung gezwungen. Zahlreiche Gruppen trafen sich jedoch weiterhin zu Fahrten und Wanderungen. Der „Bundesführer" Robert Oelbermann wurde 1936 wegen Verstoß gegen Paragraph 175 verhaftet und nach Verbüßung einer Haftstrafe in verschiedenen KZs interniert. Er starb 1941 in Dachau. Zahlreiche weitere Mitglieder des Nerother Wandervogels wurden in diesen Jahren verhaftet und verfolgt.

Paragraph 175

Mit Gesetz vom 28. Juni 1935, in Kraft getreten am 1.9.1935, hatten die Nationalsozialisten den Anwendungsbereich des seit 1872 bestehenden § 175, der sexuelle Handlungen zwischen Personen männlichen Geschlechts verfolgte, ausgeweitet und den Strafrahmen verschärft: Aus einem Vergehen wurde ein Verbrechen, das mit einer Höchststrafe von 5 Jahren bestraft werden konnte. Die Beschränkung auf beischlafähnliche Handlungen wurde aufgehoben, der Straftatbestand war nun erfüllt, wenn objektiv „das allgemeine Schamgefühl" verletzt und subjektiv eine „wollüstige Absicht" vorhanden war, so das Reichsgericht. Darüber hinaus wurde ein neuer § 175a geschaffen, der bestimmte Fälle als „schwere Unzucht" mit Zuchthaus zwischen einem und zehn Jahren bestrafte. Hierzu zählten die Ausnutzung eines Abhängigkeitsverhältnisses, homosexuelle Handlungen mit Männern unter 21 Jahren und die männliche Prostitution.

Die Verschärfung des § 175 führte zu einer Vervielfachung der Verurteilungen. War es 1933 zu 853 Verurteilungen erwachsener Männer gekommen, kam es beispielsweise 1935 zu 2363, 1936 zu 5801 und 1938 zu 9536 Verurteilungen. Insgesamt ergingen ca. 50.000 Urteile aufgrund von §§ 175 und 175a RStGB, eine unbekannte Zahl von Männern wurde in psychiatrische Anstalten eingewiesen. „Nur etwa 40 Prozent der ca. 10.000 Männer, die aufgrund eines Vorbeugungs- oder Schutzhaftbefehls in ein Konzentrationslager eingewiesen ... wurden, gelang es, das Lagersystem zu überleben." (wikipedia. Abrufdatum: 23.11.2014)

Der § 175 galt in der von den Nationalsozialisten verschärften Fassung bis 1969.

Nach Reformen in den Jahren 1969 und 1973 wurde er 1994 aus dem Strafgesetzbuch gestrichen.

Im Jahr 2002 bekannte sich der Bundestag zum Unrecht der Homosexuellenverfolgung und zur symbolischen Rehabilitierung der Verurteilten der Jahre zwischen 1935 und 1945.

Pardubice (dt. Pardubitz)

Die Stadt liegt etwa 100 Kilometer östlich von Prag im damals als „Protektorat Böhmen und Mähren" besetzten Teil der Tschechoslowakei.

Personenregister

Abendroth, Elisabeth
Geboren 1947 als Tochter des Politologen Prof. Wolfgang Abendroth und seiner Frau Lisa in Potsdam, Sozialwissenschaftlerin, ab 1989 als Koordinatorin im Institut für Stadtgeschichte – Organisation der Lindenstraßen-Konferenz, Initiatorin der Johanna-Kirchner-Medaille.

Bamberger, Elisabeth
Geboren am 25.12.1898 in Saaz (Böhmen), verheiratet mit dem Kaufmann Heinrich Bamberger (geb. am 17.1.1877 in Worms, gestorben am 28.2.1934 in Frankfurt am Main), der das Bekleidungsgeschäft Bamberger & Hertz auf der Frankfurter Zeil leitete. Bamberger & Hertz-Geschäfte gab es außerdem in Köln, Leipzig, München und Stuttgart.
Elisabeth Bamberger gelang 1940 die Flucht aus Frankfurt: Sie führte über Berlin nach Moskau, durch Sibirien und die Mandschurei, Korea und Japan nach Ecuador, später in die USA. Auf Wunsch ihres Sohnes Willi Bamberger schrieb sie ihre Erinnerungen unter dem Titel „Geschichte und Erlebnisse der Familie Heinrich Bamberger, Frankfurt, während der Hitlerzeit in Deutschland" kurz nach Kriegsende nieder.

Cohnstaedt, Ludwig
Geboren 1847, gestorben 1934.
Ludwig Cohnstaedt war der erste Leiter des Handelsteils der Frankfurter Zeitung. Später wurde er Geschäftsführer des Blatts. Sein Sohn Wilhelm Cohnstaedt war von 1906 bis 1934 Redakteur des parteipolitischen Ressorts der *Frankfurter Zeitung*. Er emigrierte 1934 in die USA und nahm sich dort im gleichen Jahr das Leben.

Fiege, Hans Werner
Geboren am 17.8.1920 in Hamm.
Hans Werner Fieges Mutter galt im NS als „nicht arisch", er wurde als „Halbjude" 1942 nach Auschwitz deportiert, überlebte und war nach dem Krieg in Frankfurt/Main als Kaufmann ansässig. Zeuge im Auschwitzprozess.

Flesch-Thebesius, Hans
Geboren am 28. Februar 1924 in Frankfurt am Main, gestorben am 6. Dezember 1944 beim Absturz seines Flugzeuges in der Nähe von Pardubice.
Eine ausführliche Schilderung des Schicksals der Familie Flesch-Thebesius gibt Hans' Schwester, Marlies Flesch-Thebesius, in ihrem Buch: Hauptsache Schweigen. Ein Leben unterm Hakenkreuz. Stuttgart 1988.

Gaulke, Heinz
Geboren am 1. Januar 1921, gestorben am 6. November 2004. Ingenieur, gründete nach dem Krieg in Waldems die Firma HGC-Bau

Glocker, Oskar
Geboren am 22.8.1890 in Schwäbisch Gmünd, gestorben am 11.8.1942 in Dachau. Glocker wurde am 6. August 1940 durch die Kriminalpolizei Pforzheim verhaftet, der Geheimen Staatspolizei Karlsruhe übergeben und ins Konzentrationslager Dachau gebracht. Dort wurde er in der Rubrik PSV (Polizeiliche Sicherheitsverwahrung) als „Arbeitszwanghäftling" registriert und gehörte somit zu den Häftlingen mit dem schwarzen Winkel. „Mit unterschiedlichen Begriffen wurden sie in die Häftlingskartei eingeordnet: Asozial, Arbeits-Erziehungshäftling, Arbeitszwang Reich bzw. Arbeitszwang Gemeinde, Zivilarbeiter. (…) Hinter diesen Begriffen verbarg sich eine äußerst heterogene Gruppe von Menschen, Kleinkriminelle ebenso wie Suchtkranke, Obdachlose und Nichtsesshafte, Prostituierte und Bettler, Unterhaltsverweigerer, so genannte pflichtvergessene Mütter, Menschen, denen man querulatorische Neigungen zuschrieb, Alkoholiker, Zigeuner, so genannte asoziale Offentuberkulöse, sexuell Freizügige, Bettler und viele andere. Die Einordnung eines Menschen als asozial war im Grunde beliebig und die Kategorie der ‚Asozialen' konnte von den Nationalsozialisten jederzeit erweitert werden." (Dr. Robert Sigel: „Häftlingsgesellschaft. Das Häftlingsregister des Konzentrationslagers Dachau – ein historisches Soziogramm". www.gedenkstaettenpaedagogik-bayern.de, Abrufdatum: 23.11.2014)
Oskar Glocker wurde im Januar 1941 von Dachau nach Neuengamme und von dort nach Buchenwald verschleppt. Nach

dem Rücktransport im Juni oder Juli 1942 starb er in Dachau am 11. August 1942. Als Todesursache wurde im Sterbebuch des Standesamtes Dachau eingetragen: „Versagen von Herz und Kreislauf bei Darmkatarrh". Seine Frau Margarete Glocker wandte sich zur Klärung der tatsächlichen Todesursache nach dem Krieg an das Informationsbüro im Konzentrationslager Dachau, erhielt jedoch keine weiterführenden Auskünfte.

Kayser, Georg von
Geboren am 6.7.1870 in Neisse, gestorben am 10.5.1937 in Frankfurt/Main.
Sohn des Generalleutnants Robert von Kayser (*28.04.1838 +30.12.1894) und seiner Frau Adelheid geb. Kuh (*04.05.1851 +13.04.1923), durch seine Schwester Elisabeth Adelheid Agnes Hedwig verschwägert mit Karl von Friedeburg,
1888 Eintritt in die Armee, ab 1908 Dolmetscher-Offizier und zugleich Platzmajor in Tsingtau, ab August 1914 Adjudant des Gouverneurs, ab November 1914 gefangen im Lager Fukuoka, später im Lager Narashino. 1919 wurde er entlassen und gehörte ab 1920 der Reichswehr an, letzter Rang: Oberstleutnant.
Ab ca. 1930 arbeitete von Kayser für die Frankfurter Zeitung.
1923 heiratete er Ellen Abramova (geboren am 02. November 1901), die Artur Lauinger 1939 in die Emigration folgte und nach dem Krieg seine dritte Ehefrau wurde.

Kisskalt, Wilhelm
Geboren am 21. Oktober 1873 in Würzburg, gestorben am 14. Februar 1958 in München.
Kisskalt war von 1923 bis 1938 Generaldirektor und Vorstandsvorsitzender der Münchener Rückversicherungs-Gesellschaft. Nach der Entlassung Herbert Lauingers bei der Deutschen Bank verhalf er ihm zunächst zu einer Stelle in Zürich, später in Buenos Aires.

Kremer, Franz
Geboren am 6. Februar 1925 in Frankfurt, gestorben am 29. Juli 2005.
Kremer war Metzgerlehrling als er 1941 Kontakt zunächst zu den „Tigers" in Höchst, später zum Harlem-Club in Frankfurt

fand. Ende September 1941 wurde er verhaftet. Wegen des Vorwurfs der „Verwahrlosung“ und des „Verbrechens gegen die Kriegswirtschaftsverordnung“ wurde er in der Frankfurter Gestapozentrale in der Lindenstraße verhört und gefoltert. Schließlich kam noch die Behauptung hinzu, dass es sich bei den Treffen in Oberreifenberg um verbotene „homosexuelle Ausschweifungen“ gehandelt habe. Nach dem Krieg wurde Franz Kremer Opernsänger.

Lauinger, Edwin; Sohn von Heinrich und Flora Lauinger
Geboren am 19. April 1884 in Augsburg. Wie sein Bruder Richard besuchte er nach der Rückkehr der Familie aus der Schweiz vermutlich das Institut Garnier in Friedrichsdorf. Das letzte aufzufindende Lebenszeichen ist seine Abmeldung von Frankfurt nach Köstritz vom 1.4.1901.

Lauinger, Emil; Sohn von Heinrich und Flora Lauinger
Geboren am 20. September 1878 in Augsburg, gestorben am 21. Februar 1907 beim Untergang der Berlin. Vor seinem Tod hatte Emil Lauinger als Kaufmann in London gelebt. Die Berlin wurde am 21.2.1907 vor Hoeck van Holland bei starkem Sturm während der Einfahrt in den Hafen gegen eine Mole geworfen und zerbrach. 168 Passagiere ertranken, nur 15 überlebten. Emil Lauingers Leiche wurde nach Berlin überführt und am 1.3.1907 bestattet. Das Grab befindet sich auf dem Jüdischen Friedhof Weißensee, auf dem später auch Emils Mutter Flora bestattet wurde.

Lauinger, Emilie; Tochter von Heinrich und Flora Lauinger
Geboren am 26. August 1885 in Nürnberg, Todesdatum unbekannt. Nach der Rückkehr der Familie aus der Schweiz besuchte Artur Lauinger vermutlich ab 1899 das Viktoria-Pensionat in Dornholzhausen. Einem Dokument des Entschädigungsamtes Berlin vom 29. April 1965 (Entschädigungsverfahren nach Hans Otto Lauinger) lässt sich entnehmen, dass Emilie eine Tochter hatte: Berta Bobath (oder Bobarth), geborene Busse, die als Emilie Lauinger bereits verstorben war, in London lebte. Näheres konnten nicht ermittelt werden.

Lauinger, Flora, geb. Liebmann
Geboren am 16. August 1857 in Koblenz, Todesdatum unbe-

kannt. Flora war die Tochter von Isaak Liebmann (geb. 10.11.1826 in Wankheim) und seiner Ehefrau Henriette (geb. 1836 oder 37). Isaak Liebmann und sein Bruder Benjamin, die aus einer armen Familie stammten, betrieben in Konstanz gemeinsam die Firma Liebmann und Oehme, Seidenstoffe und brachten es zu beträchtlichem Ansehen und Wohlstand.
Benjamin Liebmann war von 1876 bis 1898 Stadtrat in Köln. Er war Mitglied der Nationalliberalen Partei, Stadtverordneter, Verwaltungsratsmitglied des Stadtkölnischen Theater-Aktien-Vereins sowie Vorstandsmitglied des Kölner Wohltätigkeits-Vereins, Vorstandsmitglied des Israelitischen Wohltätigkeits-Vereins, Präsident der Rheinlandloge, Stifter zugunsten der Armen der jüdischen Gemeinde der Stadt Köln.
Isaak Liebmann lebte ab 1874 als Rentier in Koblenz und zog zu einem unbekannten Zeitpunkt mit seiner Frau in die Schweiz.
Ihre Tochter Flora heiratete 1878 Heinrich Lauinger aus Augsburg; das Paar hatte sechs Kinder: Emil, Artur, Hans Otto, Richard, Edwin und Emilie. 1884 oder 85 siedelte die Familie nach Nürnberg über, wo Heinrich Lauinger die frisch gegründete Niederlassung der Hopfenhandlung seines Vaters leitete.
Nach dem frühen Tod ihres Mannes im Jahr 1889 und einem Zerwürfnis mit der Familie Lauinger, in dem es vermutlich um die jüdische Erziehung der Kinder ging, übersiedelte Flora Lauinger im Herbst 1890 nach Hottingen (Zürich). Dort lebten damals ihre Eltern. Ihre Aufenthaltsbewilligung datiert vom 20. Oktober 1890. Als Herkunftsort ist lediglich „Ausland" angegeben. Bereits am 8. Oktober 1892 meldete sie sich in Hottingen ab und zog nach Montreux (Kanton Waadt).
Die Anmeldung für Flora Lauinger und ihre Kinder in Frankfurt Main erfolgte – „von Zürich kommend" – am 12. Mai 1893; sie hat also vermutlich von 1890 bis Mai 1893 mit ihren Kindern in Zürich bzw. Montreux gelebt. Der Frankfurter Adresseintrag ist teilweise unleserlich.
Am 15.03.1902 meldet sie sich ab nach Berlin, Nürnberger Str. Nr.?. Ein weiterer Eintrag – vermutlich aus dem Jahr 1920 – ist unleserlich bis auf den Namen „Wittkowska". Am 25. August 1925 heißt es nur noch „Charlottenburg".
Flora Lauinger starb am 13.10.1930 in Berlin und ist auf dem Jüdischen Friedhof Weißensee an der Seite ihres Sohnes Emil

bestattet worden. Die Beerdigung fand ohne Rabbiner statt und wurde von Artur Lauinger beauftragt.

Lauinger, Hans Otto; Sohn von Heinrich und Flora Lauinger
Geboren am 4. Oktober 1880 in Augsburg, für tot erklärt zum 31. Dezember 1945.
Nach dem Tod des Vaters Heinrich 1889 lebte Hans Otto Lauinger mit seiner Mutter und den Geschwistern einige Jahre in der Schweiz und besuchte danach gemeinsam mit seinem Bruder Artur Lauinger die Schule in Karlsruhe. Die Brüder lebten in Pension bei einer evangelischen Familie.
Nach der Rückkehr aus der Emigration bemühte sich Artur Lauinger um Aufklärung über das Schicksal seines Bruders Hans. In einem Schreiben des Comité International de la Croix-Rouge, Service international de Recherches (Internationaler Suchdienst des Roten Kreuzes), vom 26. Juni 1956 wurde ihm mitgeteilt, dass sein Bruder Hans, zuletzt wohnhaft in Berlin-Charlottenburg, Gutenbergstr. 4b Blumenfeld, am 26. Oktober 1942 von der Gestapo Berlin mit dem Osttransport, Nr. 35/ 1965 (vorgesehen für Theresienstadt) „nach dem Osten evakuiert" wurde. Das Dokument befindet sich im Besitz Wolfgang Lauingers.

Lauinger, Heinrich
Geboren am 14. Januar 1849 in Binswangen, gestorben 25. September 1889 in Nürnberg. Heinrich Lauinger war das erste von sechs Kindern des Hopfenhändlers Marx Lauinger (geb. 23. April 1824 in Binswangen) und seiner Ehefrau Emilie (auch: Emilia od. Esther), geborene Binswanger (geb. 4.12.1826 in Binswangen).
Heinrich Lauinger leitete bis zu seinem Tod die Nürnberger Niederlassung der Hopfenhandlung seines Vaters Marx Lauinger.
Heinrich Lauinger wuchs in Binswangen auf und zog in den 1860er Jahren mit seinen Eltern und Geschistern nach Augsburg. Er hatte eine Schwester, Rosa (geb. 15.11.1860 in Binswangen), und vier Brüder:
- Leopold (geb. 26.6.1850 in Binswangen), lebte ab den 1880er Jahren in Nürnberg als kaufmännischer Vertreter der Hopfenhandlung M. Lauinger in Augsburg und war der Vormund der Kinder seines Bruders Heinrich nach dessen Tod.

Er hat – lt. Arturs Memoiren – 1892 die Ausbürgerung der Kinder und der Mutter aus der deutschen Staatsbürgerschaft erfolgreich betrieben; die Staatsangehörigkeit der Familie Heinrich Lauinger war damals vermutlich bayerisch.

- Julius (geb. 3.3.1852 in Binswangen), wurde Kaufmann und zog mit seiner Frau Johanna, geborene Worms (geb. 2.4.1863 in Straßburg) kurz nach der Eheschließung im Frühjahr 1885 ebenfalls nach Nürnberg, wo am 12.8.1889 der gemeinsame Sohn Karl geboren wurde. Julius Lauinger starb am 24.05.01 in Nürnberg. Die Familie seines Sohnes – Karl, dessen Ehefrau Hildegard und die gemeinsame Tochter Hanna – floh 1938 nach Amsterdam; laut Eintrag auf der Nürnberger Meldekarte vom 20.4.1940 wurde „die ganze Familie (…) lt. Erlaß des Reichsmin. des Innern v. 10.4.40, Reichsanzeiger 84 v. 10.4.40, der deutschen Staatsangehörigkeit für verlustig erklärt." Hildegard Lauinger gelang die Flucht in die Schweiz, Karl und Hanna Lauinger kamen in Auschwitz ums Leben.
- Max (geb. 16.3.1855 in Binswangen), wurde Kaufmann und heiratete am 12. Mai 1894 Maria, geborene Ehrmann (geb. 22.11.1872 in Fürth), mit der er drei Töchter bekam: Emilie (geb. 29.7.1895 in Nürnberg), Ida (geb. 9.6.1900 in Nürnberg), und Pauline. Max Lauinger starb am 14. September 1919, seine Ehefrau am 11.12.1940 im Israelischen Krankenhaus in Müchen. Den Töchtern gelang die Flucht.
- Jacob (geb. 20.6.1857 in Binswangen), von Beruf wie seine Brüder Kaufmann, heiratete 1891 Luci (Lucy), geborene Cohn (geb. 5.2.1875 in New York). Das Paar lebte ebenfalls in Nürnberg und hatte zwei Kinder: Max (geb. 1895) und Anna. Jacob starb bereits am 1. Juli 1903 in Nürnberg. Anna gelang mit ihrem Mann, Rechtsanwalt Dr. Martin Tuchmann, und ihrer Mutter Luci, die amerikanische Staatsbürgerin war, am 29.12.39(?) die Auswanderung nach New York, wo Luci Lauinger am 18.7.1944 starb. Max Lauinger emigrierte nach Amsterdam und heiratete Dora Sofie, geborene Brüll(?) (geb. 5.4.1905 in Fürth). Der letzte Eintrag auf seiner Meldekarte vermerkt, er sei der deutschen Staatsbürgerschaft für verlustig erklärt und verweist auf die Veröffentlichung im Reichsanzeiger 135 vom 12. Juni 1940. Im Rückerstattungsantrag Anna Tuchmanns wird als Todestag ihres Bruders Max der 11. April 1945 im Lager Bergen-Belsen angegeben. Das Lager wurde am 15. April befreit.

Lauinger, Mathilde „Tilde"
Geboren am 28. März 1889 in Biebrich/Rhein als Tochter des Chemikers Eduard Hepp und seiner Frau, gestorben am 24. Juni 1974 in Heidelberg.
Die Ehe mit Artur Lauinger wurde am 8. April 1924 geschieden.

Lauinger, Richard; Sohn von Heinrich und Flora Lauinger
Geboren am 12. Februar 1882 in Augsburg.
Nach der Rückkehr der Familie aus der Schweiz besuchte er vermutlich das Institut Garnier in Friedrichsdorf. Aus den Lebenserinnerungen Artur Lauingers lässt sich entnehmen, dass er Ende der 30er Jahre bereits gestorben war. Näheres ist nicht bekannt. Sein letztes Lebenszeichen findet sich in den Unterlagen des Jüdischen Friedhofs Berlin Weißensee, aus denen hervorgeht, dass er die Beerdigung für seinen ertrunkenen Bruder Emil bestellt hat und zu dieser Zeit als Kaufmann in „Cala"(?) ansässig war.

Lazarus, Dr. Arnold
Geboren am 9. Oktober 1877 in Breslau, gestorben am 13. Juni 1932 in Frankfurt am Main.
Sohn des Direktors des Jüdisch Theologischen Seminars in Breslau, Leser Lazarus. 1896 Eintritt in das Breslauer Rabbinerseminar, gleichzeitig Studium der Orientalistik in Breslau. Der liberale Rabbiner war 1905 nach Frankfurt am Main berufen worden (vgl.: Paul Arnsberg: Die Geschichte der Frankfurter Juden seit der Französischen Revolution. Darmstadt 1983. S. 266). Er war Logenbruder Artur Lauingers.

Merzbach, Siegmund
Geboren 1805, gestorben 1869.
Er gründete 1832 in Offenbach ein Wechsel- und Geldgeschäft, aus dem sich das renommierte Bankhaus S. Merzbach entwickelte. In den 1920er und 30er Jahren wurde es von den Enkeln des Gründers, Bernhard (geb. 1871), Rudolf (1881–1955) und Carl Merzbach, geleitet und unterhielt ab 1927 eine Niederlassung in Frankfurt am Main. Vermutlich sind es der Anwalt Rudolf Merzbach und seine Ehefrau Paula gewesen, die mit Artur Lauinger befreundet waren und an die sich Wolfgang erinnert. Das Unternehmen wurde 1938 „arisiert". Das Ehe-

paar emigrierte mit seinen Kindern, 1939 zunächst nach England, dann in die USA.

Oeser, Albert
Geboren am 16. April 1878 in Heilbronn, gestorben am 2. Oktober 1959 in Frankfurt/Main. Redakteur und Korrespondent der *Frankfurter Zeitung* ab 1902, Leiter des Handelsteils ab 1926, pensioniert 1938. Nach dem Krieg fungierte Albert Oeser neben Ernst Benkard, Bernhard Guttmann, Robert Haerdter und Benno Reifenberg als Herausgeber der *Die Gegenwart*.

Pauls, Hans G. (eigentlich Johann Georg Pauls)
Geboren am 29.05.1890 in Dollendorf; gestorben am 21.06.1950 in Koblenz. Schweizer Korrespondent der *Frankfurter Zeitung*, lebte bis 1949 in Kreuzlingen.

Reifenberg, Benno
Geboren am 16. Juni 1892 in Oberkassel (Bonn), gestorben am 9. Februar 1970 in Kronberg im Taunus. Leiter des Feuilletons der *Frankfurter Zeitung* von 1924 bis 1930, Pariser Korrespondent des Blattes von 1930 bis 1932, danach Leiter der politischen Redaktion. Von 1945 bis 1958 Herausgeber der Halbmonatsschrift *Die Gegenwart*, von Ende 1958 bis 1966 Mitherausgeber der *Frankfurter Allgemeine Zeitung*.

Steingass, Josef
Geboren am 6. Mai 1915 in Solingen, gestorben am 29. März 1972 in Palm Beach, Florida. Josef Steingass nannte sich nach seiner Emigration in die USA Josef H. Steinway.

Swarzenski, Georg
Geboren am 11. Januar 1876 in Dresden, gestorben am 14. Juni 1957 in Brookline/Boston. Er wurde 1906 nach Frankfurt a.M. als Direktor des Städelschen Kunstinstituts berufen, ab 1928 als Generaldirektor der städtischen Museen, Gründer der Städtischen Gemäldesammlung und Skulpturensammlung (Museum für alte Plastik im Liebighaus). In verband eine langjährige Freundschaft mit Max Beckmann. Swarzenski emigrierte 1938 in die USA. Georg Swarzenskis Söhne Wilfried und Wolfgang waren mit Wolfgang Lauinger befreundet.

Tuteur, Emil
Geboren am 19. Oktober 1890 in Winnweiler/Pfalz, gestorben am 1. März 1971 in den USA. Er emigrierte 1939 nach Großbritannien und später in die USA.

Westenburger, Herbert „Berry"
Geboren am 5. Januar 1920 in Frankfurt, war ab 1932 Mitglied des Nerother Wandervogels. 1934 widersetzte er sich dem Versuch der NSDAP, die Jugendbewegung in HJ bzw. BDM „gleichzuschalten", trat in die verbotene Deutsche Autonome Jungenschaft ein und war einer der Organisatoren des Bündischen Selbstschutzes. Von September 1938 bis April 1939 war er inhaftiert und wurde anschließend zur Wehrmacht einberufen. Seine Mutter wurde als „Halbjüdin" nach Auschwitz deportiert und ermordet.
Seine Erlebnisse hat Berry Westenburger in seinem Buch „Wir pfeifen auf den ganzen Schwindel" festgehalten. Er ist Träger der Johanna-Kirchner-Medaille und des Bundesverdienstkreuzes.

Welter, Erich
Geboren am 30. Juni 1900 in Straßburg, gestorben am 10. Juni 1982 in Frankfurt am Main. Welter war lange Jahre Redakteur der *Frankfurter Zeitung*, zeitweise ihr stellvertretender Chefredakteur. 1946 gründete er die *Wirtschaftszeitung Stuttgart* und lud Artur Lauinger zur Mitarbeit ein. 1949 war Welter neben Hans Baumgarten, Erich Dombrowski, Karl Korn und Paul Sethe einer der Gründer der *Frankfurter Allgemeinen Zeitung*.

Über die Autorin

Bettina Leder
geboren 1954 in Berlin (Ost), 1977 Ausreise in die Bundesrepublik, Studium der Germanistik, Theaterwissenschaften und Philosophie, seit 1992 freie Mitarbeiterin des Hessischen Rundfunks. Als Ausstellungsmacherin u.a. beteiligt an der Konzeption und Realisierung des Ausstellungsprojekts „Legalisierter Raub. Der Fiskus und die Ausplünderung der Juden in Hessen 1933 bis 1945“.

JÜDISCHE MEMOIREN Band 24

Dan Kampelmacher

Mein ungewisser Weg in die Freiheit

268 Seiten, Hardcover, 14 Abbildungen

ISBN 978-3-95565-059-9, Euro 24,90

JÜDISCHE MEMOIREN Band 21

Enrico Loewenthal

Hände hoch, bitte!

Erinnerungen des Partisanen Ico

208 Seiten, Hardcover, 34 Abbildungen

ISBN 978-3-95565-060-5, Euro 22,00

JÜDISCHE MEMOIREN Band 18

Gilbert Michlin

„Nicht im Interesse der Nation"

Eine jüdische Familie in Frankreich

170 Seiten, Hardcover, 3 Abbildungen

ISBN 978-3-942271-75-2, Euro 19,90

JÜDISCHE MEMOIREN Band 25

Seitdem...
Schicksal und Selbstbestimmung
im Leben einer ehemaligen Deutschen
168 Seiten, Hardcover, 37 Abbildungen
ISBN 978-3-95565-079-7, Euro 19,90

JÜDISCHE MEMOIREN Band 22

Ulrike Unschuld

***You banfa* – Es findet sich immer ein Weg**

Wilhelm Manns Erinnerungen an China 1938–1966

240 Seiten, Hardcover, 33 Abbildungen

ISBN 978-3-95565-040-7, Euro 22,00